D1930428

Wolfgang Thönissen

Dogma und Symbol

Wolfgang Thönissen

Dogma und Symbol

Eine ökumenische Hermeneutik

HERDER

FREIBURG · BASEL · WIEN

© Verlag Herder GmbH, Freiburg im Breisgau 2008
Alle Rechte vorbehalten
www.herder.de

Umschlaggestaltung: Finken & Bumiller, Stuttgart
Satz: Barbara Herrmann, Freiburg
Herstellung: fgb · freiburger grafische betriebe
www.fgb.de

Gedruckt auf umweltfreundlichem, chlorfrei gebleichtem Papier
Printed in Germany

ISBN 978-3-451-29806-6

Inhaltsverzeichnis

Vorwort

Der seit über sieben Jahrzehnte geführte ökumenische Dialog hat wie kaum eine andere religiös-kirchliche Bewegung das Leben der Kirchen im zwanzigsten Jahrhundert bestimmt. Heute hat es freilich den Anschein, als ob die Beweggründe für die Aufnahme ökumenischer Beziehungen unter den Christen aus dem Gedächtnis der ökumenischen Bewegung verschwunden seien. Die gemeinsame Überzeugung, dem einen Glauben an Jesus Christus sichtbar Ausdruck zu verleihen, wie dieser biblische Ruf aus dem Johannes-Evangelium über lange Zeit die ökumenische Bewegung inspiriert hat, ist allenthalben der Skepsis gewichen. Kritisch wird heute nicht nur das Ziel der ökumenischen Bewegung gesehen. Mittel und Wege des ökumenischen Dialogs, die sog. Konsens- und Konvergenzmethodik, werden prinzipiell infrage gestellt. Die Ergebnisse des Dialogs werden als Kompromissformeln charakterisiert. Versuche, die Vielfalt der Motive, Überzeugungen und Bekenntnisse miteinander in einer differenzierten Weise zur Sprache zu bringen, werden unter das Verdikt der Verunklarung gestellt. Man könnte den Eindruck gewinnen, die ökumenische Bewegung leide nicht nur an Krankheitssymptomen, nein sie selbst scheint inzwischen offenbar krank und alt geworden zu sein. Die Häufigkeit, mit der heute in der Öffentlichkeit über einen Paradigmenwechsel in der Ökumene gesprochen wird, lässt vermuten, dass die Christenheit im einundzwanzigsten Jahrhundert scheinbar andere Aufgaben zu leisten hat als die ökumenische. Das ökumenische Anliegen hat sich offensichtlich erschöpft.

Ursachen für diese Erschöpfung sehen Kritiker der ökumenischen Bewegung in der Unklarheit der ökumenischen Theologie. Im Kern geht es dabei um den Begriff der Einheit. In Ermangelung einer geeigneten Theorie werden die Begriffe Einheit, koinonia, unitas und communio in einer der gegenwärtigen ökumenischen Problemlage nicht angemessenen Weise verwendet. Hier steht letztlich die Tauglichkeit des begrifflichen Instrumentariums zur Diskussion. Begriffe, vielmehr ihre Anwendung auf die ökumenische Situation, leisten keine Orientierung mehr, sondern führen in die Irre. Statt ständig an Einheitsbegriffen herumzudoktern, sollte ein zureichender Begriff der Differenz ausgearbeitet werden, der das Problem der Einheit und Vielfalt erklären könne. Dahinter verbirgt sich freilich, schaut man näher hin, die von vielen vorgetragene Überzeugung von der Unaufhebbarkeit der Differenz; diese wird als das ökumenische Problem schlechthin identifiziert.

Das Verhältnis von Einheit und Vielfalt stellt sich tatsächlich als das Hauptproblem heraus. Aber hier sind Nachfragen angebracht. Die Gegenfrage ist keineswegs erledigt: Kann die ökumenische Bewegung wirklich auf die Vorstellung, ja die Idee der Einheit, verzichten? Ist das Wort von der Unaufhebbarkeit der Differenz das letzte Wort? Ich bin der festen Überzeugung: nein. Freilich bedarf diese Überzeugung der ausführlichen Begründung. Diese zu leisten, ist eine Aufgabe ökumenischer Hermeneutik.

Dieser geht es nicht darum, die Ergebnisse des Dialogs aufzunehmen, zu präsentieren, zu analysieren und zu bewerten. Das ist die Aufgabe einer ökumenischen Theologie. Ökumenische Hermeneutik will dem ökumenischen Prozess, der ökumenischen Bewegung im wahrsten Sinn des Wortes selbst folgen. Denn es handelt sich hier um einen historischen Weg. Konvergenz- und Konsensmethode, methodologische Fragen insgesamt, bedürfen sorgfältiger Erwägung und Reflexion. Darauf ist bisher zu wenig Wert gelegt worden. Allerdings hängt von einer klugen Hermeneutik nicht die Rezeption des im ökumenischen Dialog erzielten Ergebnisses ab. Aber ohne sie wird der Weg, den der Dialog genommen hat, nur schwer verständlich. Deshalb ist es unerlässlich, sich über die Bedingungen und Voraussetzungen, aber auch über die Folgen eines gelingenden Gespräches, wie es der ökumenische Dialog zweifellos darstellt, zu verständigen. Hermeneutik will zu einem solchen Verstehen hinführen.

Der Autor macht sich keine Illusionen darüber, die Skeptiker der Ökumene überzeugen zu können. Mit dem heiligen Thomas von Aquin ist er jedoch der Überzeugung, Gründe aufzeigen zu können, die den ökumenischen Dialog plausibel erscheinen lassen und Argumente, die dagegensprechen, zu entkräften. Begründen und beweisen lässt sich aber nichts (S.th. I, q. 1, a. 8). Sinn und Bedeutung des ökumenischen Dialogs lassen sich zwar verstehen, können aber niemandem andemonstriert werden.

Der Enthusiasmus, der die ökumenischen Pioniere in den Dreißigerjahren des letzten Jahrhunderts auszeichnete, ist auch heute noch ansteckend, nicht nur aus historischen Gründen. Dass das apostolische Erbe der Christenheit trotz seiner Vielfalt und in seiner historisch nicht zu leugnenden zerrissenen Erscheinung das eine Evangelium Jesu Christi repräsentiert und zur Geltung bringt, ist eine Gewissheit, die der Hoffnung im Glauben entspringt.

Ich bin für viele Anregungen dankbar, die ich von meinen Kollegen und von Teilnehmern in den Kursen des Johann-Adam-Möhler-Instituts für Ökumenik in Paderborn und von Studierenden und Doktoranden der Theologischen Fakultät Paderborn erhalten habe. Insbesondere danke ich meinem ehemaligen Doktoranden und Instituts-Assistenten Dr. Tim Lindfeld für die Bereitschaft, in vielen persönlichen Gesprächen und ökumenischen Sozietäten das Projekt einer ökumenischen Hermeneutik mit mir gemeinsam beraten zu haben.[1] Viele neue Einsichten, die den Anfang und die Beweggründe der ökumenischen Bewe-

[1] Das Ergebnis seiner eigenen Überlegungen hierzu legt T. Lindfeld in folgendem Werk vor: Einheit in der Wahrheit. Konfessionelle Denkformen und die Suche nach ökumenischer Hermeneutik (KKTS 78) Paderborn 2008.

gung in Deutschland betreffen, verdanke ich dem jüngeren Kollegen Prof. Dr. Jörg Ernesti.[2]

Zu danken habe ich auch Frau Regina Hasse für das sorgfältige Korrekturlesen.

In die nun vorlegte Studie habe ich einige, schon vor Jahren ausgearbeitete und in der Vierteljahresschrift „Catholica" veröffentlichte Beiträge aufgenommen und verarbeitet. Ich hoffe, es so getan zu haben, dass ein Fortschritt in der Erkenntnis wahrgenommen werden kann.

Paderborn, Ostern 2008 *Wolfgang Thönissen*

---

[2] J. Ernesti, Ökumene im Dritten Reich (KKTS 77) Paderborn 2007.

1. Die Ökumenische Bewegung als Einheitsbewegung

1.1 Das Einheitsmotiv als Grundimpuls

Die moderne ökumenische Bewegung ist aus dem Grundimpuls der Einheit heraus entstanden. Als zu Beginn des zwanzigsten Jahrhunderts während der Weltmissionskonferenz von Edinburgh (1910) der Appell laut wurde, Vertreter aller christlichen Gemeinschaften sollten an einer Konferenz teilnehmen, um dem Bekenntnis zu Jesus Christus als Gott und Heiland neu Ausdruck zu verschaffen, führten alsbald Bemühungen von Anglikanern und der protestantischen Episkopalkirche der USA zur Ersten Weltkonferenz für Glauben und Kirchenverfassung (engl. Faith and Order) im Jahre 1927 in Lausanne (Schweiz). Als Grund für ihre Existenz verstand die Bewegung für Glauben und Kirchenverfassung von Anfang an das Bekenntnis zur Einheit der Kirche. In der Satzung der Kommission heißt es hierzu: „die Einheit der Kirche Jesu Christi zu verkünden und die Kirchen aufzurufen zu dem Ziel der sichtbaren Einheit in einem Glauben und einer eucharistischen Gemeinschaft, die ihren Ausdruck im Gottesdienst und im gemeinsamen Leben in Christus findet, damit die Welt glaube"[1]. Seit 1948 ist dieses Ziel die Mitte der gemeinsamen Berufung des Ökumenischen Rates der Kir-

---

[1] So die Satzung der Kommission im Jahre 1982, zitiert im Vorwort der von der Kommission für Glauben und Kirchenverfassung herausgegebenen Konvergenzerklärungen zu „Taufe, Eucharistie und Amt" (Frankfurt a.M.–Paderborn 1982). Ebenso in einem der neueren Dokumente der Kommission: Das Wesen und die Bestimmung der Kirche. Ein Schritt auf dem Weg zu einer gemeinsamen Auffassung, hrsg. von D. Heller, Frankfurt a.M. 2000. Vgl. dazu die Dokumente der Kommission in: Die Einheit der Kirche. Material

chen (ÖRK), in welchen die Kommission für Glauben und Kirchenverfassung 1952 aufgegangen war. „Faith and Order" hat seitdem die Aufgabe, den ÖRK beständig an dieses Ziel der sichtbaren Einheit der Kirche zu erinnern und für seine Umsetzung zu sorgen. Die fünfte Weltkonferenz der Kommission in Santiago de Compostela hat diese Grunderkenntnis nochmals bekräftigt.[2] Bis in die Neunzigerjahre hinein hat der lutherisch-katholische Dialog die Suche nach der sichtbaren Einheit zu dem programmatischen Ziel des internationalen Dialogs gerechnet.[3]

Das hier genannte und bis heute immer wieder neu zum Ausdruck gebrachte Ziel der sichtbaren Einheit umfasst vier Grundoptionen. Darüber muss zunächst einmal Verständigung erzielt werden: (1) Das gemeinsame Bekenntnis zum dreieinen Gott ist eine der wesentlichen Voraussetzungen für alle weiterführenden Bemühungen um die Einheit der Kirche. Christen verpflichten sich deshalb, ihren Glauben an den dreieinen Gott gemeinsam zu bekennen.[4] (2) Das Bekenntnis des Glaubens kommt nur gemeinschaftlich, d. h. in der Gemeinschaft der Christen zur Geltung. Deren Gestalt ist das gemeinsame Gebet und der Gottesdienst, vor allem die gemeinsame Feier der Eucharistie. (3) Die christliche Gemeinschaft braucht eine gemeinsame sichtbare Gestalt und Struktur. Die Gemeinschaft ist nie nur ungreifbar und unsichtbar, aber auch keine ekklesiale, Kirchen und Gemeinschaften umfassende Großorganisation. Sie bedarf angemesse-

der ökumenischen Bewegung, hrsg. von L. Vischer (Theologische Bücherei, Bd. 30) München 1995.

[2] Santiago de Compostela. Fünfte Weltkonferenz für Glauben und Kirchenverfassung. 3. bis 14. August 1993. Berichte, Referate, Dokumente, hrsg. von G. Gassmann und D. Heller, Frankfurt a. M. 1994.

[3] Vgl. Kirche und Rechtfertigung. Das Verständnis der Kirche im Licht der Rechtfertigungslehre, in: DwÜ 3, 317.

[4] Vgl. hierzu: Gemeinsam den einen Glauben bekennen. Eine ökumenische Auslegung des apostolischen Glaubens, wie er im Glaubensbekenntnis von Nizäa-Konstantinopel (381) bekannt wird. Studiendokument der Kommission für Glauben und Kirchenverfassung, Frankfurt a. M.–Paderborn 1991.

ner Formen des Dienstes. (4) Das Bekenntnis des Glaubens an Gott, das in der gemeinsamen gottesdienstlichen Feier der Eucharistie zum Ausdruck kommt, ist nur dann glaubwürdig, wenn es von Christen gemeinsam bezeugt wird. Es ist von Anfang an die (!) grundlegende Überzeugung der ökumenischen Bewegung und ihr treibender Impuls, dass der Glaube an Christus eine gemeinsame Gestalt nach sich zieht. Von dorther erscheint es berechtigt, die ökumenische Bewegung als eine Einheitsbewegung zu verstehen.

Doch wird dieser Zusammenhang heute weithin nicht mehr verstanden oder gar abgelehnt. Sowohl der Ökumenische Rat der Kirchen selbst als auch die am Dialog beteiligten Kirchen lassen immer mehr Zweifel an diesem ökumenischen Grundimpuls aufkommen. Der Dialog wie auch die in ihm erzielten Ergebnisse in Form von Texten werden nicht selten immer neuen Überprüfungen unterworfen und finden sich hinhaltenden Praktiken seitens der Kirchen ausgesetzt. Offensichtlich hat sich der ökumenische Imperativ im Laufe des zwanzigsten Jahrhunderts erschöpft. Immer mehr Kritiker sehen die ökumenische Bewegung an einem Wendepunkt oder bereits in einem tiefen Umbruch.[5] Freilich ist die hier aufkommende Kritik nicht neu. Seit etwa zwanzig Jahren lassen sich diesbezügliche Einwände vernehmen.[6] Unklarheiten, Vernebelungen, Kompromissformeln im Dialog hätten die ursprüngliche Intention der ökumenischen Bewegung längst verwässert, von substanziellen Fortschritten könne keine Rede sein, die Ökumene stecke insgesamt in einer Sackgasse.[7] Orthodoxe Kirchen, die ihre Mitgliedschaft im Öku-

---

5 Hier macht das Wort vom Paradigmenwechsel schon seit Jahren seine Runde: vgl. K. Raiser, Ökumene im Übergang. Paradigmenwechsel in der ökumenischen Bewegung, München 1989.

6 Vgl. dazu E. Geldbach, Ökumene in Gegensätzen (Bensheimer Hefte 66) Göttingen 1987.

7 So etwa E. Jüngel, Um Gottes Willen – Klarheit! Kritische Bemerkungen zur Verharmlosung der kriteriologischen Funktion des Rechtfertigungs-

menischen Rat der Kirchen ruhen ließen wie die Weigerung der katholischen Kirche, weitere Schritte hin auf eine eucharistische Gastfreundschaft zu tun, indem sie deren innerkirchliche Verfechter unter Strafe stellt, verschärften die Krise der ökumenischen Bewegung. Neuorientierung tut Not, doch wohin sollen sich die Kirchen neu orientieren? Ist ein Paradigmenwechsel in der ökumenischen Theologie nötig? Muss sich die auf Konsens getrimmte Ökumene von ihrem Grundimpuls verabschieden, indem sie heute stärker auf die Differenzthematik eingeht?

Der Ruf zur sichtbaren Einheit der Kirche Jesu Christi scheint also heute keineswegs mehr selbstverständlich zu sein. Jede Einheitsforderung muss deshalb eigens begründet werden. Wir leben zwar mehr und mehr in einer Welt, aber Ausdruck dieser einen Welt ist nicht ihre Uniformität, sondern ihre Vielgestaltigkeit, die Pluralität der anthropologischen Lebensformen, der ökonomischen Lebensweisen, der wissenschaftlichen Techniken und politischen Organisationsformen. So paradox es klingen mag: Nicht die Pluralität und Verschiedenheit unter den Christen muss begründet werden, sondern ihre Einheit. Wer heute noch undifferenziert von Einheit redet, hat die Begründungspflicht für solche Rede zu tragen. Ökumene lebt längst an der Grenze der Vielfalt. Nicht die Einheit ist mehr das Thema der ökumenischen Theologie, sondern ihre Differenz.[8] Das Differente erweist sich als unaufhebbar, das Eine lässt sich nicht länger mehr einholen. Von daher findet die Formel von der versöhnten Verschiedenheit großes Gehör. Freilich erweist sich der von den christlichen Kirchen seit vielen Jahrzehnten geführte ökumenische Dialog keineswegs von einem monolithischen Einheitsverständnis beherrscht. Sieht man genauer hin, verfolgt man

artikels – aus Anlaß einer ökumenischen „Gemeinsamen Erklärung zur Rechtfertigungslehre“, in: ZThK 94 (1997) 394–406.

[8] U.H.J. Körtner, Wohin steuert die Ökumene? Vom Konsens- zum Differenzmodell, Göttingen 2005, 26.

den Weg des Dialogs sowohl nach formalen wie inhaltlichen Kriterien, so lässt sich als seine Grundkonstante die zunehmende differenzierte Wahrnehmung des Einheitsimpulses feststellen. Der Dialog ist daher keineswegs so konsensfixiert, wie ihm seine Kritiker seit Jahren unterstellen.

1.2 Die Einheitsbewegung im Lichte des Zweiten Vatikanischen Konzils

Kann man das Zweite Vatikanische Konzil selbst als ein Ereignis innerhalb der umfassenden weltweiten ökumenischen Bewegung des zwanzigsten Jahrhunderts verstehen, so hat dieses Konzil im Blick auf die ökumenische Bewegung des zwanzigsten Jahrhunderts jedenfalls drei Dinge unmissverständlich und unaufhebbar hervorgehoben: (1.) Die ökumenische Bewegung, außerhalb der katholischen Kirche entstanden, ist eine Gnade Gottes. Sie ist eine Einheitsbewegung. Sie wird von Menschen getragen, die den dreieinigen Gott anrufen und Jesus als Herrn und Erlöser bekennen. (2.) Spaltungen unter Christen und Trennungen von der Gemeinschaft der katholischen Kirche sind oft nicht ohne Schuld auf beiden Seiten entstanden: Sie entsprechen nicht dem Willen Christi. Gerade diese Spaltungen sind für die katholische Kirche selbst ein Hindernis, die ihr eigene Fülle der Katholizität, ihr eigenes Wesen, voll auszuprägen. (3.) Die katholische Kirche verpflichtet sich selbst zur Teilnahme an der Wiederherstellung der Einheit der Christen: „Die Einheit aller Christen wiederherstellen zu helfen ist eine der Hauptaufgaben des Heiligen Ökumenischen Zweiten Vatikanischen Konzils."[9] Seit den Zeiten des Zweiten Vatikanischen Konzils ist daher die ökumenische Arbeit für die ganze katholische Kirche zur Aufgabe geworden. In erster Linie sind zwar die Bischöfe, einzeln für

---

[9] Vgl. Nr 1. des Dekrets über den Ökumenismus „Unitatis redintegratio".

ihre Diözesen und kollegial für die ganze Kirche, verantwortlich für die ökumenische Arbeit. Aber auch jeder Katholik ist eingeladen zur Mitarbeit in der Kirche und in verschiedenen Organisationen, um die Einheit der Christen wiederherzustellen. Dies geschieht in den vielfältigen Formen ökumenischer Zusammenarbeit und durch den ökumenischen Dialog. In besonderer Weise ist das Gebet für die Einheit der Christen ein vorrangiges Mittel, diesem Ziel zu dienen. Mit dem vom Zweiten Vatikanischen Konzil vorgelegten Begriff „Einheit der Christen“ will die katholische Kirche alle Gläubigen zur Teilnahme an der ökumenischen Einheitsbewegung aufrufen. Diese Bewegung ist – zur Klarheit gesagt – kein katholisches Unternehmen, sondern ein Miteinander von Christen, die ganz unterschiedlichen Kirchen und kirchlichen Gemeinschaften angehören. Zur Mitarbeit an dieser Bewegung von Christen hat die katholische Kirche sich unmissverständlich verpflichtet.

Mit dem Zweiten Vatikanischen Konzil nimmt die katholische Kirche die ökumenische Verpflichtung an und teilt den Grundimpuls mit der ökumenischen Bewegung. Das Konzil untermauert dies durch die theologische Begründung der praktischen Erfordernis. Das ist ein untrüglicher Hinweis auf die prinzipielle Begründung des ökumenischen Anliegens durch die katholische Kirche. Die Hoffnung auf die Einheit aller Christen hat nach katholischem Verständnis ihre Quelle in der trinitarischen Einheit Gottes des Vaters und des Sohnes und des Heiligen Geistes. Das Konzil siedelt also das Geheimnis der Einheit theologisch im Geheimnis Gottes selbst an. Dieses Geheimnis der Einheit ist nach katholischer Überzeugung in Person und Werk Jesu Christi verwirklicht. Es ist ein Geschenk des Heiligen Geistes. Ja, er ist selbst das Prinzip der Einheit. Es ist der Kirche zur Verwirklichung aufgetragen. Nach dem Johannesevangelium (Kap. 17) steht im Zentrum von Jesu Wirken die Einheit. Danach bilden Verkündigung des Evangeliums, der Glaube an das Evangelium, d. h. an Jesus Christus selbst, und die Einheit einen unauflöslichen Zusammenhang. Gott will die Kirche, weil er die Einheit will, sagt Papst Johannes Paul II. in seiner Enzyklika „Ut unum sint" von 1995. Von daher ist die seit alters her überlieferte Auffassung zu verstehen, welche die katholische Kirche im Zweiten Vatikanum erneut vorgelegt hat: Jesus Christus hat eine einige und einzige Kirche gegründet (Nr. 1). Das heißt: Die Einheit der Kirche ist ein Geschenk der Gnade; sie ist nicht zerbrochen. Diese Einheit existiert, und sie ist in der katholischen Kirche verwirklicht (subsistiert). Die Einheit der Kirche wird durch die Predigt des Evangeliums, durch die Sakramente, durch die Apostel und ihre Nachfolger – die Bischöfe mit dem Nachfolger Petri als Haupt – zustande gebracht. Diese von Gott kommende Einheit ist das endgültige Ziel der ökumenischen Bewegung. Sie bedeutet nach katholischer Auffassung freilich nicht, die Vielfalt der Spiritualitäten, Ordnungen der Kirchen und kirchlichen Gemeinschaften, liturgischen Riten und der Theologien unter den Christen aufzugeben. So sagt das Konzil etwa, die von Rom getrennten Kirchen des Ostens haben, im Bewusstsein der notwendigen Einheit der ganzen Kirche, die Fähigkeit, sich nach ihren eigenen Ordnungen zu regieren. Einheit bedeutet danach nicht Einheitlichkeit, nicht Uniformität. Das Zweite Vatikanische Konzil hat sich unter Wahrung der Tradition für ein offenes Kirchenbild und damit für ein erneuertes Einheitsverständnis ausgesprochen. Das bedarf einer weiterführenden Erläuterung.

Das Ökumenismusdekret „Unitatis redintegratio" wird zwar seit langem als „kopernikanische Wende" im Verhältnis der katholischen Kirche zur ökumenischen Bewegung und zu den nichtkatholischen Kirchen und Gemeinschaften eingeschätzt, doch muss diese Perspektive erst mit Blick auf die Vorgeschichte des Zweiten Vatikanischen Konzils offengelegt werden. Trotz aller Erneuerung greift „Unitatis redintegratio" selbst auf eine lange wirksame Tradition der Kirche zurück. Von den Glaubensbekenntnissen der ersten Jahrhunderte bis hin zur Enzyklika Leos XIII. „Satis cognitum" von 1896, welche die damaligen

Unionsbemühungen des Papstes zum Ausdruck brachte, spannt sich ein thematischer Bogen, in dem die katholische Kirche sich klar und deutlich für das Bekenntnis zur einen und einzigen Kirche ausgesprochen hat: unam et unicam Ecclesiam catholicam credere. Das Zweite Vatikanische Konzil, „Unitatis redintegratio" selbst, schreibt diese eine Tradition der Kirche fort. Als eine und einzige ist die Kirche von Christus gegründet worden, heißt es im Vorwort des Ökumenismusdekretes: una et unica Ecclesia. Isoliert man diesen Satz vom sprachlichen und historischen Kontext des Dekretes, so erscheint eine ungebrochene, über 1000-jährige Tradition. Erst der Vergleich mit „Satis cognitum" von 1896 zeigt die „kopernikanische Wende" auf, die „Unitatis redintegratio" tatsächlich darstellt. Heißt es in „Satis cognitum" noch ziemlich unverblümt, dass alle, die vom Weg und Willen Jesu Christi abweichen, dem Unheil und Untergang entgegengehen[10], so beschreibt „Unitatis redintegratio" einen neuen Weg.[11] Wohl wird das Bekenntnis zur Einheit der Kirche festgehalten, dennoch aber wird anerkannt, dass mehrere christliche Gemeinschaften unter den Menschen Anspruch auf das wahre Erbe Jesu Christi erheben. Denn sie alle bekennen Christus als den Herrn und geben durch ihr jeweiliges Zeugnis auf verschiedenen Wegen Ausdruck, so als ob Christus selber geteilt wäre.

---

[10] Der Text lautet: „Die Kirche Christi ist also eine einzige und fortwährende: alle, die gesondert gehen, irren vom Willen und von der Vorschrift Christi, des Herrn, ab, verlassen den Weg des Heiles und gehen dem Untergang entgegen. Der sie aber als die einzige gründete, der gründete sie ebenso als die eine" (DH 3304).

[11] Der Text lautet: „Denn Christus der Herr hat eine einige und einzige Kirche gegründet, und doch erheben mehrere christliche Gemeinschaften vor den Menschen den Anspruch, das wahre Erbe Jesu Christi darzustellen; sie alle bekennen sich als Jünger des Herrn, aber sie weichen in ihrem Denken voneinander ab und gehen verschiedene Wege, als ob Christus selber geteilt wäre. Eine solche Spaltung widerspricht aber ganz offenbar dem Willen Christi, sie ist ein Ärgernis für die Welt und ein Schaden für die heilige Sache der Verkündigung des Evangeliums vor allen Geschöpfen" (UR 1).

Diese Trennung widerspricht dem Willen Christi, heißt es nun, und sie ist ein Schaden für die Predigt des Evangeliums. In der unvermittelten Konfrontation dieser beiden Texte fällt auf, was das Zweite Vatikanische Konzil wirklich leistet: den Verzicht auf die Verurteilung und Verdammung derer, die vor langer Zeit, durch historische Umstände bedingt, einen anderen Weg als Christen gingen. Stattdessen stellt es realistisch fest, dass es Trennungen in der Christenheit gibt. Zugleich wird damit aber auch der Anspruch auf die Gemeinsamkeit und das gemeinsame Bekenntnis festgehalten.

Wie leicht zu erkennen ist, tritt hier unvermeidlich eine Spannung auf, die sich bereits im Text von „Unitatis redintegratio" zeigt und die nicht allein ein Textproblem markiert. Das Festhalten an der Verpflichtung zur Einheit der Kirche hat das Problem, die Trennungen in der Christenheit ernst nehmen zu müssen. Wer die Trennungen innerhalb der Christenheit wirklich ernst nimmt, muss erklären, was mit der Einheit der Kirche tatsächlich gemeint ist. Können Einheit und Trennung überhaupt zusammen bestehen? Hier ergibt sich eine weitreichende Erkenntnis: Das Zeugnis für die Einheit der Kirche ist nicht unabhängig vom jeweiligen historischen Kontext. Der Vergleich der hier herangezogenen Texte zeigt die Bedeutung der je unterschiedlichen Kontexte auf. Zugleich wird klar, dass das Ernstnehmen eines bestimmten historisch verifizierbaren Kontextes eine Änderung in der Gestalt des Zeugnisses verlangt, und zwar so, dass dabei die grundsätzliche Verpflichtung erhalten bleibt. Freilich ist ebenso leicht zu erkennen, dass auch die grundsätzliche Verpflichtung, die im Wortlaut bestehen bleibt, in Wirkung und Rezeption eine veränderte Haltung hervorgerufen hat. Die so auftretende Spannung ist nicht zu umgehen, sie bleibt ein Merkmal des vorgestellten Textkorpus. Damit tritt eine erste hermeneutische Problemstellung auf. Zu fragen wird sein, warum das Zweite Vatikanische Konzil auf die Verurteilung derer verzichtet, die sich von der Kirche beizeiten abgewandt haben.

1.3 Konsensbestrebungen und das Auftauchen der Differenzproblematik

Führten Anglikaner und Orthodoxe, Altkatholiken und Anglikaner, Orthodoxe und Altkatholiken schon vor dem Zweiten Weltkrieg miteinander Dialoge, so begannen in den Sechzigerjahren Kirchen anderer Traditionen, bilaterale Gespräche über grundlegende theologische Themen aufzunehmen. Bald entstand ein Netzwerk derartiger Dialoge auf Weltebene.[12] Nach dem Ende des Zweiten Vatikanischen Konzils, als sich die römisch-katholische Kirche entschloss, aktiv an der ökumenischen Bewegung teilzunehmen, wurden interkonfessionelle Dialoge auf Weltebene intensiviert. Die katholische Kirche nahm rasch Kontakte zum Ökumenischen Rat der Kirchen in Genf auf, dem eine Vielzahl unterschiedlicher konfessionell geprägter Kirchen und Gemeinschaften angehören. Aufgrund ihres Selbstverständnisses suchte die römisch-katholische Kirche aber vorwiegend Kontakte zu den großen kirchlichen Traditionen und weltweiten christlichen Gemeinschaften. Ende der Sechzigerjahre wurden bilaterale Arbeitsgruppen und Vorbereitungskommissionen mit Anglikanern, mit Lutheranern, mit Orthodoxen eingesetzt, aber auch Dialoge mit Freikirchen, wie den Methodisten, wurden erstmals aufgenommen. Heute führt die römisch-katholische Kirche mit einer Vielzahl von Kirchen und kirchlichen Gemeinschaften einen bilateralen Dialog auf Weltebene.

Das Hauptmerkmal solcher bilateraler oder multilateraler ökumenischer Dialoge beruht auf einer prinzipiellen Entscheidung. Es handelt sich um Lehrgespräche, die mit dem Ziel geführt werden, bestehende theologische und ekklesiologische Dif-

---

[12] Vgl. hierzu die inzwischen auf drei Bände angewachsene Sammlung: Dokumente wachsender Übereinstimmung. Sämtliche Berichte und Konsenstexte interkonfessioneller Gespräche auf Weltebene, hrsg. von H. Meyer, D. Papandreou, H.J. Urban, L. Vischer, Frankfurt a.M–Paderborn 1983ff.

ferenzen auszuloten und zu überwinden, indem man tragfähige Übereinstimmungen in Fragen des Glaubens, der Sakramente, des kirchlichen Amtes festzustellen sucht. Die Dialoge haben kirchlich-offiziellen Charakter, da die Teilnehmer, meist Theologen und kirchenleitende Persönlichkeiten, von den Kirchenleitungen ernannt und delegiert werden. Die römisch-katholische Kirche bedient sich hierzu des Päpstlichen Rates zur Förderung der Einheit der Christen. Nach dem Ende einzelner Phasen im jeweiligen Dialog werden die erzielten Ergebnisse den Kirchenleitungen zur Prüfung und Annahme vorgelegt.[13]

Der ökumenische Dialog ist ein Instrument, um die verschiedenen Standpunkte in Dogma und Lehre miteinander zu vergleichen und die Gegensätze zu untersuchen, die der vollen Gemeinschaft im Wege stehen. So sollen die theologischen Hindernisse überwunden werden, die in der Vergangenheit zur Spaltung der Christenheit beigetragen haben. Hierbei hat sich durch einen besonderen Rhythmus des ökumenischen Gesprächs eine bestimmte Methode als hilfreich erwiesen. Es ging zunächst darum, einander kennenzulernen und das Verbindende und Trennende herauszuarbeiten. Die Kirchen sollten lernen, ihr Verhältnis auf eine präzise Grundlage zu stellen, nicht mehr von Vorurteilen, Missverständnissen und Irrtümern auszugehen. In einer nächsten Phase lernten die Kirchen bzw. ihre theologischen Sachverständigen, die verschiedenen Ausgangspunkte ihrer tra-

---

[13] Das ist bisher zweimal geschehen: im anglikanisch-katholischen Dialog und im lutherisch-katholischen Dialog, allerdings mit sehr unterschiedlichem Ergebnis. Die erste Phase der anglikanisch-katholischen Gespräche (ARCIC I) wurde mit einem Schlussbericht 1982 abgeschlossen, in dem eine substanzielle Übereinstimmung in Anspruch genommen worden war, zumindest in der Frage der Eucharistie. Die 1991 erfolgte Antwort der katholischen Kirche würdigte die erzielte Übereinkunft, mahnte aber auch weitere Klarstellungen an. Anders verlief der Prozess im lutherisch-katholischen Dialog; hier konnte mit der „Gemeinsamen Erklärung zur Rechtfertigungslehre" ein Konsens in Grundwahrheiten der Rechtfertigungslehre beiderseits einvernehmlich festgestellt werden.

ditionellen Lehren auf eine gemeinsame Grundlage zu beziehen. Die Methode des Vergleichs konnte zugunsten einer Methode der konzentrierten Reflexion überwunden werden. Bald konnte von der in Christus gegebenen Einheit gesprochen werden. Unterschiedliche Positionen wurden nun auf Konvergenzen hin überprüft. Diese geben zu verstehen, dass die Kirchen noch keinen vollen Konsens erreicht haben.[14]

Hier ist schließlich der Lima-Prozess eines der bedeutendsten Ereignisse in der jüngeren ökumenischen Bewegung. Dabei handelt es sich um die Konvergenzerklärungen der Kommission für Glauben und Kirchenverfassung des Ökumenischen Rates der Kirchen „Taufe, Eucharistie und Amt". Dieser ökumenische Studienprozess hat in den genannten Themenbereichen zu einem bemerkenswerten Grad an Übereinstimmung geführt. Es konnte aber kein voller Konsens in einzelnen Problemstellungen erzielt werden. Allerdings haben die Kirchen begonnen, Konvergenzen in ihren Überzeugungen zu entdecken und zu formulieren. Konvergenzen zeigen an, dass die Kirchen trotz unterschiedlicher theologischer Ausdrucksformen in ihrem Verständnis des Glaubens vieles gemeinsam haben. Der von der Kommission angenommene Text wurde den Mitgliedskirchen nach 1983 mit der Maßgabe übersandt, eine offizielle Stellungnahme hierzu auf der höchsten hierfür zuständigen Ebene der Autorität der jeweiligen Kirchen abzugeben. Auch die katholische Kirche hat eine Stellungnahme 1987 abgegeben.[15]

Die Texte haben einen weltweiten Rezeptionsprozess aus-

---

[14] „Wir haben einen entscheidenden Punkt in unseren ökumenischen Gesprächen erreicht", heißt es in der Dritten Weltkonferenz für Glauben und Kirchenverfassung 1952 in Lund (Die Einheit der Kirche. Material der ökumenischen Bewegung. Im Auftrag des Referates für Glauben und Kirchenverfassung hrsg. von L. Vischer [Theologische Bücherei 30] München 1965, 94). Vgl. L. Vischer, Wesen und Bedeutung der Berichte von Glauben und Kirchenverfassung, in: Die Einheit der Kirche, a. a. O., 9–28.

[15] Eine katholische Stellungnahme zu den Konvergenzerklärungen der Kom-

gelöst.[16] Dieser führte zu weiteren Diskussionen und Reaktionen, an denen fast 200 Kirchen, vornehmlich in Europa und Nordamerika, teilgenommen haben. Dieser ökumenische Lernprozess umfasst nicht nur die Abfassung eines Textes, sondern bezieht auch die Aufnahme und Bearbeitung des fertigen Textes in das Leben der Kirchen mit ein. Die Kirchen waren nicht nur gefragt, in welchem Maße sie im Text selbst den Glauben ihrer Kirche erkennen können, welche Folgerungen sie hieraus für ihre Beziehungen zu anderen Kirchen ziehen. Sie waren auch gefragt, welche Folgerungen sie im Blick auf den Glauben, die Lehre und das Leben der eigenen Kirche zu ziehen bereit sind. In den Stellungnahmen spiegelt sich das Resultat wieder: In der Frage der Taufe sehen die antwortenden Kirchen ein hohes Maß an Übereinstimmung, in der Frage der Eucharistie eine breite Übereinstimmung in vielen Teilaspekten, in der Frage des Amtes eine erstaunlich große Zahl positiver Anmerkungen. Insgesamt ließen die Stellungnahmen ein Gefälle der Zustimmung von der Taufe bis hin zur Amtsfrage erkennen. Auch die katholische Kirche gab in ihrer Stellungnahme eine solche Abstufung ihrer Zustimmung zu erkennen, wenn sie auch insgesamt dem Text ein hohes Maß an Übereinstimmung zugestehen konnte. Freilich, der Lima-Text stellt nur eine Etappe auf dem Weg zur sichtbaren Einheit im Glauben dar. Er ist nach katholischer Auffassung noch keine ausreichende Basis für eine gemeinsame Eucharistiefeier. Hier blieben noch zu viele Fragen offen.

Anfangs der Achtzigerjahre des letzten Jahrhunderts konnten die evangelischen Landeskirchen und die katholische Kirche in Deutschland schon auf eine bemerkenswerte Tradition von ge-

---

mission für Glauben und Kirchenverfassung des Ökumenischen Rates der Kirchen. Taufe, Eucharistie und Amt (VApS Nr. 79).

[16] Die Diskussion über Taufe, Eucharistie und Amt 1982–1990. Stellungnahmen, Auswirkungen, Weiterarbeit. Hrsg. vom Ökumenischen Rat der Kirchen, Kommission für Glauben und Kirchenverfassung, Frankfurt a.M.–Paderborn 1990.

meinsamen Gesprächen und ökumenischen Institutionen zurückblicken. Unter allen ökumenischen Bemühungen ragt allerdings das 1986 herausgebrachte Studienprojekt „Lehrverurteilungen – kirchentrennend? Rechtfertigung, Sakramente und Amt im Zeitalter der Reformation und heute“ hervor. Die Aufarbeitung der Lehrverurteilungen des 16. Jahrhunderts ist zu einem Markenzeichen des Ökumenischen Arbeitskreises evangelischer und katholischer Theologen geworden. Mit der dort angewendeten Methode, nach der heutigen Wirkung der einstmals gegenseitig ausgesprochenen Verurteilungen in zentralen Gebieten des christlichen Glaubens – etwa in der Rechtfertigungslehre – zu fragen, hat der Ökumenische Arbeitskreis Maßstäbe für den gegenwärtigen ökumenischen Dialog gesetzt. Ausgangspunkt der aufgegebenen Fragestellung war die Feststellung, dass der bisher erreichte Stand des Gesprächs zwischen den Kirchen – im Blick waren vornehmlich die Konvergenzerklärungen von Lima und die Ergebnisse der lutherisch-katholischen Gespräche – nicht erlaubte, Kirchen- und Eucharistiegemeinschaft untereinander zu praktizieren. Zwar sind Übereinstimmungen in den Grundlagen des christlichen Glaubens gefunden worden, doch sie stehen offenbar in Spannung zu den gegenseitigen Verwerfungen des 16. Jahrhunderts. Diese Spannung wird als unerträglich empfunden, vor allem deshalb, weil die Verwerfungen Teil der Bekenntnisschriften bzw. der Konzilstexte sind und damit die Kirchen in ihrer Lehrverkündigung jeweils verbindlich festlegen. So entsteht die Frage, wie man mit den Verurteilungen umgeht, wenn zugleich gilt, dass bereits in zentralen Fragen des Glaubens Übereinstimmungen bestehen. Einheit im Glauben und Differenzen in der Lehre der Kirchen markieren zusammen den Rahmen für diese wichtige Phase des evangelisch-katholischen Gesprächs.

Für das Studiendokument „Lehrverurteilungen – kirchentrennend?“ hat die „Leuenberger Konkordie“ die Funktion einer Initialzündung bekommen. Zwar ist von Anfang an darauf hingewiesen worden, das neue Projekt solle keine Lehrkonkordie anstreben, doch die hermeneutischen Methoden erwiesen sich als gleichartig. Die zwischen lutherischen, reformierten und unierten Kirchen vereinbarte Konkordie von 1973 enthält eine Erklärung zur Verwirklichung von Kirchengemeinschaft auf der Grundlage der neu gewonnenen Übereinstimmung im Verständnis des Evangeliums. Diese Erklärung setzt die gemeinsame Überzeugung voraus, dass die im 16. Jahrhundert gegenseitig ausgesprochenen Verwerfungen in den reformatorischen Bekenntnisschriften – gemeint sind die Differenzen in der Christologie, des Abendmahls und der Prädestinationslehre – heute nicht mehr den Stand der Lehre des Partners treffen. Deshalb stellen die damaligen Differenzen heute kein Hindernis für die Verwirklichung von Kirchengemeinschaft dar.[17] Ähnlich ging es in dem Studienprojekt „Lehrverurteilungen – kirchentrennend?" um die Feststellung, dass die im 16. Jahrhundert wechselseitig ausgesprochenen Verurteilungen eine engere Gemeinschaft verhindern. Deshalb stellte sich die Aufgabe, diese Verwerfungen zu überprüfen und zu untersuchen, gegen wen sie sich richten, wo sie den damaligen Partner trafen, ob sie den heutigen Partner noch treffen und welchen Rang die verbleibenden Differenzen

[17] E. Schieffer hat in ihrem Buch über Entstehung und Bedeutung der Leuenberger Konkordie nachgewiesen, dass die lutherisch-reformierten Gespräche, die zur Konkordie von 1973 führten, sich den Anregungen durch die Kommission für Glauben und Kirchenverfassung verdanken. Weil es in der Konkordie um die Verwirklichung der Kirchengemeinschaft zwischen Kirchen geht, die verschiedenen Bekenntnisstandes sind, spielt die Frage des Umgangs mit den dort entfalteten Trennungen eine große Rolle. Die Diskussionen, die der Konkordie vorausgingen, kreisten deshalb um zwei Fragekomplexe: die historische Situation der Kirchen und ihre Bekenntnisverschiedenheit und die Suche nach der Einheit der Kirche nach CA VII (E. Schieffer, Von Schauenburg nach Leuenberg. Entstehung und Bedeutung der Konkordie reformatorischer Kirchen in Europa [KKTS 48] Paderborn 1983, 645–681). Insoweit lässt sich die „Leuenberger Konkordie" nicht einseitig auf eine Differenzhermeneutik festlegen.

besitzen. Die historisch teilweise sehr komplexen Untersuchungen haben ein breites Spektrum differenzierter Beurteilungen ergeben: Eine Reihe von Verwerfungsaussagen beruhen auf Missverständnissen der Gegenposition. Andere treffen die Lehre des Partners heute nicht mehr, bei einigen konnten neue Einsichten zu einem hohen Maß an Verständigung führen, bei bestimmten Verwerfungsaussagen konnte noch kein Konsens festgestellt werden. Kann gezeigt werden, dass die Verwerfungsaussagen der Reformationszeit ihre kirchentrennenden Wirkungen für heute verlieren, so wird der Weg zu weiterführenden Verhandlungen über Kirchengemeinschaft frei, wenn auch nicht alle Bedingungen für eine sofortige Verwirklichung von Kirchengemeinschaft erfüllt sind.

Für die Entwicklung des ökumenischen Dialogs ist die „Gemeinsame Erklärung zur Rechtfertigungslehre", zwischen Lutherischem Weltbund und Römisch-katholischer Kirche 1999 vereinbart, stilbildend geworden.[18] Die Gemeinsame Erklärung bezieht methodisch betrachtet die bestehenden Unterschiede und die inzwischen im lutherisch-katholischen Dialog gewonnenen Übereinstimmungen aufeinander. Ihr liegt die Erkenntnis zugrunde, dass die angestrebte Einheit im Glauben nicht Einheitlichkeit bedeutet. Verbleibenden Unterschieden kommt aber keine kirchentrennende Kraft mehr zu. Ziel eines solchen Vorgehens ist es also nicht mehr, eine volle Deckungsgleichheit aller Glaubensaussagen zu erzielen. Diese Methode verfolgt zwei Aufgaben: (1.) Es wird eine Übereinstimmung gesucht, und zwar in den Grundwahrheiten der betreffenden Lehrfrage. Dazu wird eine gemeinsame Aussage in einheitlicher Sprache formuliert. (2.) Die bisher einander widersprechenden Lehraussagen – meist in Form von gegenseitigen Verurteilungen – werden im Lichte der gewonnenen Übereinstimmung daraufhin überprüft, ob sie sich immer noch ausschließen oder ob sie sich nicht eher ergänzen können. Es wird keine gemeinsame Sprache gesucht, man

[18] Text in: DwÜ 3, 419–441.

muss weiterhin von einer konfessionell geprägten theologischen Aussage in die des Gesprächspartners übersetzen. Es wird aber verlangt, dass die unterschiedlichen Lehraussagen sich nicht mehr – kontradiktorisch – widersprechen dürfen. Die unterschiedlichen konfessionellen Positionen sind somit von dem Zwang befreit, in jeder nur erdenklichen Frage eine volle Übereinstimmung erzielen zu müssen. Eine solche Methode verlangt Einheit in den Grundwahrheiten des christlichen Glaubens, erlaubt aber weiterhin Unterschiede in der Sprache, der theologischen Ausgestaltung und der Akzentsetzung. Die verschiedenen Entfaltungen des einen Rechtfertigungsglaubens etwa sind in ihrer Verschiedenheit offen füreinander und heben die Übereinstimmung in den Grundwahrheiten nicht wieder auf.

Sieht man von hier aus auf den bilateralen und multilateralen Dialog insgesamt zurück, so lassen sich mehrere entscheidende Phasen des Gesprächs unterscheiden, die sich wohl nicht immer zeitlich genau zuordnen lassen, sondern ineinander übergehen:

(1) Zunächst geht es darum, die verschiedenen Vorstellungen vom Wesen der Kirche und die Traditionen, denen sie verhaftet sind, miteinander zu vergleichen. Ausgangspunkt ist das Bewusstsein einer Einigkeit im Bekenntnis zu Jesus Christus.

(2) Dann steht die Suche nach einem Konsens in Grundfragen des christlichen Glaubens im Vordergrund. Sie soll auf dem Weg der Konvergenz, wie er in den meisten bilateralen und auch in multilateralen Dialogen beschritten wurde, verwirklicht werden.

(3) Die Einsicht in wachsende Gemeinsamkeiten bezüglich der Grundfragen des christlichen Glaubens lässt die Aufarbeitung der gegenseitigen Lehrverurteilungen und Verdammungen, wie sie in den jeweiligen Lehr- und Bekenntnistexten der Kirchen enthalten sind, immer klarer hervortreten. Dies geschieht im Sinne einer an historischer Methodik orientierten kritischen Hermeneutik.

(4) Der Versuch, Übereinstimmungen in Grundwahrheiten der christlichen Lehre festzustellen, macht die bisher unausgesprochene, aber erkennbare Kombination beider Verfahren in einem sog. differenzierten Konsens nötig.

Die bisherige Analyse zeigt, dass das Projekt der Aufarbeitung der Lehrverurteilungen vom Gang der ökumenischen Gespräche über Konvergenzen in den Lehren der Kirche nicht abgekoppelt werden kann, es vielmehr diese Gespräche und die dort angewendete Methode voraussetzt. Es kann deshalb keine Rede davon sein, dass in den ökumenischen Gesprächen der letzten Jahrzehnte, an denen die evangelischen Kirchen und die katholische Kirche beteiligt waren, zwei unterschiedliche, nicht kompatible Methoden angewandt wurden.[19] Es ist ebenso wenig plausibel, von einem Paradigmenwechsel zu sprechen, „der sich als Übergang vom Modell der Konsensökumene zu demjenigen einer Differenzökumene charakterisieren läßt"[20]. Blickt man vom Ergebnis der „Gemeinsamen

---

[19] S. Peura spricht ausdrücklich von einer methodischen Ähnlichkeit der zwei ökumenischen Vorhaben: Leuenberg und die ökumenische Methode der Gemeinsamen Erklärung zur Rechtfertigungslehre: Unitatis visibilis. Studia Oecumenica in Honorem Eero Huovinen Episcopi Helsingiensis, hrsg. von J. Jolkkonen u. a. (Schriften der Luther-Agricola-Gesellschaft 57) Helsinki 2004, 174–194.

[20] U.H.J. Körtner, Wohin steuert die Ökumene? Vom Konsens- zum Differenzmodell, Göttingen 2005. Dorothea Wendebourg sucht den Nachweis zu führen, dass die „Gemeinsame Erklärung zur Rechtfertigungslehre" ursprünglich nur eine Erklärung über die Anwendbarkeit der Lehrverurteilungen sein sollte. Stattdessen sei unter der Hand, gegen die ursprüngliche Intention, eine Konsenserklärung daraus gemacht worden. Dagegen steht folgender Sachverhalt: Der Text, den der Päpstliche Einheitsrat im Laufe des Jahres 1994 an ausgewählte katholische Fachleute versandte, um diesen prüfen zu lassen, stellte in Wirklichkeit eine Erklärung zur Überwindung der Lehrverurteilungen bezüglich der Rechtfertigungsfrage dar, allerdings mit einer knappen Verständigung über das gemeinsame Verständnis der Rechtfertigung versehen. Der Text wurde insgesamt als Konsenstext angekündigt. Ohne dies ausdrücklich hermeneutisch zu erläutern, will die „Gemeinsame

Erklärung zur Rechtfertigungslehre" auf den bisherigen Gang des ökumenischen Gesprächs zurück, so erkennt man, wie beide hermeneutischen Fragestellungen allmählich ineinander zu greifen beginnen. Deshalb macht es auch keinen Sinn, wie es heute üblich zu sein scheint, zwischen Konvergenz- und Konsensmethodik einerseits und der Differenzmethodik andererseits zu unterscheiden. Was hier als zwei nicht miteinander kompatible Methoden ausgegeben wird, muss im Blick auf die Genese des ökumenischen Gesprächs als unterschiedliche Phasen innerhalb eines umfassenden ökumenischen Prozesses bezeichnet werden. Es kommt vielmehr darauf an, beide in geeigneter und angemessener Weise miteinander zu verbinden.

1.4 Die hermeneutische Dimension der ökumenischen Fragestellung

Die „Gemeinsame Erklärung zur Rechtfertigungslehre" wirft eine Reihe von neuen Problemen auf. Viel zu wenig ist dabei in all dieser Zeit über die hiermit verbundene hermeneutische Fragestellung nachgedacht worden.[21] Wir fassen zwar heute diese Fragestellung mit dem Hinweis auf einen differenzierten Konsens zusammen. Freilich ist es bisher nur bedingt gelungen auszuloten, was ein differenzierter Konsens meint.[22] Das nicht eigens in

---

Erklärung" ausdrücklich den Konsens in Grundwahrheiten der Rechtfertigungslehre mit einer Erklärung über die gegenseitigen Verurteilungen in dieser Frage verbinden. Vgl. D. Wendebourg, Zur Entstehungsgeschichte der „Gemeinsamen Erklärung", in: ZThK, Beiheft 10 (1998), 140–206.

[21] Vgl. L. Ullrich, Praxis und Prinzipien einer ökumenischen Hermeneutik. Dargestellt an der „Gemeinsamen Erklärung zur Rechtfertigungslehre", in: Dem Ursprung Zukunft geben. Glaubenserkenntnis in ökumenischer Verantwortung, hrsg. von B. Stubenrauch (FS Wolfgang Beinert), Freiburg–Basel–Wien 1998, 185–224.

[22] Vgl. dazu Einheit – aber wie? Zur Tragfähigkeit der ökumenischen Formel vom „differenzierten Konsens", hrsg. von H. Wagner, Freiburg–Basel–Wien

der „Gemeinsamen Erklärung“ angesprochene Verfahren kann folgendermaßen beschrieben werden: Der sogenannte differenzierte Konsens umfasst zwei Stufen, aus denen sich eine entscheidende Folgerung ergibt:[23]

(1) Die „Gemeinsame Erklärung“ enthält im Kern einen Konsens in Grundwahrheiten, der in bekenntnishafter Form zur Aussage gebracht wird (vgl. Nr. 15). Es handelt sich hierbei und an sieben weiteren Stellen der Gemeinsamen Erklärung (Nr. 19, Nr. 22, Nr. 25, Nr. 28, Nr. 31, Nr. 34, Nr. 37) um knappe, kurz gefasste Sentenzen, um Formeln, die den zentralen Gehalt, das Zentrum und die Zielrichtung der Rechtfertigungslehre zusammenfassen. Der feierliche Sprachstil weist auf die hohe Bedeutung dieser Sentenzen hin und hebt sie in den Rang bekenntnishafter, an der Schrift orientierter verbindlicher Aussagen.

(2) Diesem Konsens in Grundwahrheiten gegenüber verbleiben Differenzen, welche die „Gemeinsame Erklärung“ als unterschiedliche Ausgestaltungen in Theologie, Sprache und Akzentsetzungen bewertet. Diese verschiedenen Gestaltungen gehen auf die im 16. Jahrhundert ausgesprochenen Lehrverurteilungen zurück. Da diese Teil der Trienter Dekrete oder der evangelischen Bekenntnisschriften sind, bleiben sie in ihrer Verbindlichkeit bestehen. Soweit sich die unterschiedlichen Ausgestaltungen auf solche Lehrverurteilungen zurückbeziehen, müssen Erklärungen über die von ihnen ausgehenden Wirkungen erfolgen.

2000; vgl. insbesondere H. Meyer, Die Prägung einer Formel. Ursprung und Intention, in: Einheit – aber wie?, a. a. O., 36–58; H. J. Urban, Jenseits von Häresie und Schisma, oder: Differenziertes voneinander Lernen als Prinzip der Ökumene: Einheit – aber wie?, a. a. O., 81–101; W. Thönissen, Dialog auf neuer Basis. Was kommt nach der Gemeinsamen Erklärung zur Rechtfertigungslehre?, in: ThGl 90 (2000) 559–574.

[23] Vgl. dazu das Vorwort in: Bilaterale Arbeitsgruppe der Deutschen Bischofskonferenz und der Kirchenleitung der Vereinigten Evangelisch-Lutherischen Kirche Deutschlands, Communio Sanctorum. Die Kirche als Gemeinschaft der Heiligen, Frankfurt a.M.–Paderborn 2000, 12.

(3) Aus den ersten beiden Stufen ergeben sich Folgerungen. Die „Gemeinsame Erklärung" hält deshalb fest, dass die Verurteilungen im Lichte der gefundenen Übereinstimmungen bezüglich der Rechtfertigung nicht mehr die Lehre der anderen Kirche treffen. Es erfolgen jeweils „Erläuterungen, daß und warum die verbleibenden Lehrunterschiede als zulässig gelten können".[24] Weil Differenzen bestehen bleiben, muss zwischen verschiedenen theologischen Sprachen, die Ausdruck unterschiedlicher Traditionen und Positionen sind, hin und her übersetzt werden.

Diesem differenzierten Konsens liegt eine weitreichende Einsicht zugrunde: Die eine Botschaft der Heiligen Schrift, hier die Botschaft von der Rechtfertigung, kann in unterschiedlichen theologischen Sprachen ausgedrückt werden. Ja, noch schärfer: Es gibt einen legitimen Pluralismus von theologischen Traditionen und konfessionell geprägten Sprachen. Der lutherisch-katholische Dialog hat seit seinem Beginn immer wieder auf diese Unterscheidung hingewiesen. Hierzu lassen sich einige wichtige Hinweise aus der Geschichte der Theologie anführen:

(1) Papst Johannes XXIII. hat zur Eröffnung des Zweiten Vatikanischen Konzils zwischen der sicheren und unwandelbaren Lehre der Kirche und der Art und Weise ihrer Verkündigung unterschieden.[25] Das Zweite Vatikanische Konzil hat gegenüber allen bisherigen Konzilien darauf verzichtet, dogmatische Definitionen neu zu formulieren. Es hat lediglich bekannte Lehren aufgenommen. So ist dieses Konzil auch das erste in der Geschichte der Konzilien, das formell keine neuen Verurteilungen ausgesprochen hat. Damit hat dieses Konzil ein ungeschriebenes Gesetz der Konzilien erstmals durchbrochen.[26] Das Zweite Vati-

---

[24] A. a. O.

[25] Johannes XXIII., Ansprache bei der Eröffnung des Zweiten Vatikanischen Konzils: AAS 54 (1962), 792.

[26] H. Jedin, Geschichte des Konzils von Trient, Bd. 2, Freiburg 1957, 201.

kanische Konzil wollte sich in Abkehr von der bisherigen Tradition in seiner Absicht und Sprechweise als ein pastorales Konzil verstehen. Diese pastorale Sprechweise ist ein Novum.[27]

(2) Das Ökumenismusdekret „Unitatis redintegratio" macht sich die programmatische Unterscheidung des Papstes zu eigen und differenziert zwischen der Lehrverkündigung der Kirche einerseits und dem depositum fidei (Glaubensschatz) andererseits (UR 6).

(3) Es hat sich auch im ökumenischen Dialog inzwischen die Einsicht herauskristallisiert, zwischen der geoffenbarten Wahrheit, die unantastbar und unveränderlich ist, und den verschiedenen Formulierungen, die unterschiedlichen historischen Situationen gerecht werden wollen, zu unterscheiden. Es wird zwischen Grund-Gehalt und Grund-Gestalt unterschieden.[28]

(4) Die Leuenberger Konkordie unterscheidet zwischen Botschaft und Lehre, zwischen Evangelium und Verständnis des Evangeliums.[29]

(5) Papst Johannes Paul II. hat in seiner Enzyklika „Ut Unum Sint" von 1995 mit Blick auf seine Rolle als Zeuge der Einheit eine wichtige Unterscheidung in die Diskussion über das Papstamt eingefügt. Es gehe ihm darum, „eine Form der Primatsausübung zu finden, die zwar keineswegs auf das Wesentliche ihrer Sendung verzichtet, sich aber einer neuen Situation öffnet"[30]. Damit eröffnet sich die Möglichkeit, zwischen dem Wesen des Primats auf der ei-

---

[27] W. Kasper, Die bleibende Herausforderung durch das Zweite Vatikanische Konzil. Zur Hermeneutik der Konzilsaussagen, in: ders., Theologie und Kirche, Mainz 1987, 292.

[28] Vgl. dazu jetzt Bilaterale Arbeitsgruppe der Deutschen Bischofskonferenz und der Kirchenleitung der Vereinigten Evangelisch-Lutherischen Kirche Deutschlands, Communio Sanctorum. Die Kirche als Gemeinschaft der Heiligen, Frankfurt a.M.–Paderborn 2000, 31–45.

[29] W. Lohff, Die Konkordie reformatorischer Kirchen in Europa, in: Leuenberger Konkordie, Frankfurt a.M. 1985, 15, Nr. 6–12.

[30] Nr. 95 (VApS, Nr. 121).

nen Seite und der konkreten, historisch verifizierbaren Form seiner Ausübung andererseits unterscheiden zu können.

Insgesamt betrachtet scheinen diese Hinweise auf einen Konsens hinzudeuten, zwischen dem Grundgehalt der biblischen Botschaft und ihrer je durch die Traditionen bestimmten Gestalt zu unterscheiden.[31] Gibt es Hinweise zur Lösung des damit zusammenhängenden Problems der Verhältnisbestimmung beider Größen? Es ist keine Frage mehr: sowohl im ökumenischen Dialog wie in der dogmenhermeneutischen Reflexion hat sich längst die Einsicht in eine notwendige Differenzierung des grundlegenden Sachverhaltes von Grund und Gestalt, Botschaft und Lehre, Wesen und Form durchgesetzt. Wie immer im Einzelnen derlei Differenzierungen lauten, sie weisen zumindest auf einen Grundzug hermeneutischer Reflexion hin, angesichts zunehmender Wahrnehmung der historisch verifizierbaren Fakten die sich durchhaltende Grundüberzeugung durch eine Ausdifferenzierung des gesamten Sachverhaltes festhalten zu wollen.

Um auf die hier skizzierte Herausforderung zu antworten, zeichnet sich folgendes Modell ab: Kirchen einigen sich im Kern der christlichen Wahrheit, in der Substanz der christlichen Botschaft, indem sie eine Grundkonsens genannte Sentenz als gemeinsame Aussage im Kontext einer bestimmten Lehrfrage formulieren und festhalten. Von dieser gemeinsamen Grundlage aus ließen sich dann je von Tradition und Herkunft bestimmte sprachliche Ausgestaltungen, theologische Ausfaltungen, die unterschiedliche Akzentsetzungen und Schwerpunktsetzungen enthalten, festmachen. Diese müssen daraufhin überprüft werden, ob sie sich im Lichte der gefundenen Grundüberzeugung ausschließen oder doch eher einzuschließen vermögen. Hier entsteht der Anspruch auf Komplementarität unterschiedlicher

---

[31] Jetzt neuerdings: Die Kirche Jesu Christi. Der reformatorische Beitrag zum ökumenischen Dialog über die kirchliche Einheit (Leuenberger Texte, Heft 1) Frankfurt a.M. 1995, 21–36.

theologischer Gestaltungen, die aus ehemals kontroverstheologischen Auseinandersetzungen hervorgegangen sind und sich bisher kontradiktorisch zueinander verhielten. Der so beschriebene „differenzierte Konsens" ist daher als Versuch zu werten, das gemeinsame Erbe der Christenheit, exemplarisch an einem Hauptstück der christlichen Lehre demonstriert, in den unterschiedlichen Traditionen aufzuspüren, zu formulieren, festzuhalten und zu prüfen, ob die gefundenen Gemeinsamkeiten die bestehenden Unterschiede und Differenzen, die bis heute Lehrverurteilungen umfassen, zu tragen vermögen.

Aus diesen Darlegungen ergibt sich ein umfangreiches Programm hermeneutischer Fragestellungen.

(1) Was kann Substanz der christlichen Botschaft genannt werden, die Grundlage des gemeinsamen christlichen Erbes ist?
(2) In welchem Verhältnis steht der Kern des christlichen Glaubens zu den Akzentsetzungen, Schwerpunktsetzungen und theologischen Ausgestaltungen? Kann überhaupt zwischen Kern, Substanz einerseits und Formen, Gestaltungen andererseits unterschieden werden, wie dies der Dialog erfordert? Oder ist dies nicht eher eine nicht angemessene Redeweise?
(3) Solche Unterscheidungen einmal vorausgesetzt, kann man dann zu Recht von einer Komplementarität zwischen konfessionellen Typologien sprechen?
(4) Ist der festgestellte Vorgang einer Differenzierung in den Lehren der Kirchen und Gemeinschaften überhaupt legitim oder nur ein heuristisches Mittel, nicht überbrückbare Gegensätze nachträglich zu heilen?

1.5 Aufgaben ökumenischer Hermeneutik

Hermeneutik im Kontext des ökumenischen Dialogs steht heute nicht selten vor der Frage, ob sie nicht in erster Linie dazu dienen soll, die offenbar nicht zu klärenden dogmatischen Streitfragen zu umgehen. Ihr hängt dann von vornherein das Urteil an, sie habe es in der Regel mit Texten und ihrer Interpretation zu tun. Zwar folge deren Interpretation gewissen Regeln, doch letztlich ließe sich jeder Text in bestimmten Umfang und zu beliebigen Zwecken umdeuten. Die in Dialogen seit Jahrzehnten geübte Praxis, die zwischen bisher noch getrennten Kirchen vorhandenen Differenzen in der Lehre und im Leben so aufeinander zu beziehen, dass die einstmals ausgesprochenen gegenseitigen Verurteilungen heute ihre Kirchen trennende Wirkung verlieren, beruhe wesentlich darauf, gemeinsame konsensuale Texte zu erstellen, denen jene Wirkungen gar nicht mehr anhaften. Das erinnere doch, so die nicht selten geäußerte Kritik, an Manipulation um des Friedens und der Eintracht willen, setzt aber keinen ehrlichen Umgang zwischen den Konfessionen mehr voraus. Ja, der Vorwurf der Kritiker geht noch weiter: Die am Dialog beteiligten Theologen sind überhaupt gar nicht mehr an der konfessionellen Profilierung interessiert, sie geben damit den Ursprungsimpuls ihrer Gemeinschaft auf und verlieren die wirklichen Gründe für die Trennung der Kirchen aus den Augen. Ökumenische Konsenstexte seien daher mehr Ausdruck für den Willen zur Harmonie der am Dialog beteiligten Personen, nicht aber authentischer Darstellung kirchlicher Lehre. Konflikte lassen sich nicht durch gemeinsame Texte lösen, Spaltungen nicht durch neue Formulierungen, die letztlich Formelkompromisse sind, überwinden. Urteile dieser Art sind längst Legion. Deshalb kommt es hier darauf an, ökumenische Hermeneutik nicht nur als Methode zur Interpretation von Texten und als Aufstellung von Prinzipien der Auslegung zu verstehen.

Dabei ist die Notwendigkeit hermeneutischen Nachdenkens keine Besonderheit unserer Zeit. Die von der Kommission für Glauben und Kirchenverfassung 1999 veröffentlichte Anleitung zum ökumenischen Nachdenken über Hermeneutik[32] macht zu

[32] Ein Schatz in zerbrechlichen Gefäßen. Eine Anleitung zu ökumenischem

recht darauf aufmerksam, dass solches Denken die ökumenische Bewegung seit den Anfängen begleitet. Die Bedeutung der hermeneutischen Aufgabe kristallisierte sich im Umfeld des Entstehungsprozesses der sog. „Lima-Texte" über Taufe, Eucharistie und Amt heraus. Hier muss besonders darauf verwiesen werden, dass es sich bei „Taufe, Eucharistie und Amt" nicht nur um einen Text handelt, der von einer Kommission ausgearbeitet wurde, sondern der insgesamt aus einem ökumenischen Prozess hervorgegangen ist. Konvergenzen zwischen den bisher voneinander abgetrennten kirchlichen Lehren wahrzunehmen und zu erläutern, setzt voraus, dass sich die Kirchen selbst in einem Prozess wechselseitiger Öffnung und neuer Verständigung befinden, der es ihnen erlaubt, Trennungen in der Lehre und im Leben der Kirchen zu überwinden. Das geschieht im Wesentlichen dadurch, dass zunächst Missverständnisse, Fehlurteile, falsche Schwerpunktsetzungen, Abgrenzungen und Verurteilungen falscher Lehren im Blick auf die gesamte Lehre des anderen im Kontext der eigenen Lehre erkannt und aufgelöst werden. Bedingung dafür ist das gemeinsame Hören auf das Wort Gottes im Zeugnis der Heiligen Schrift. Die wachsende Einsicht in die Gemeinsamkeit des christlichen Erbes gewinnt im Prozess des gemeinsamen Lernens und der gemeinsamen geistlichen Praxis Gestalt. Diese führt dann dazu, die gewonnenen Erkenntnisse gemeinsam zu formulieren und festzuhalten. Texte sind Teilergebnisse auf dem Weg der Kirchen zueinander. Schließlich gehen solche Texte wieder in die am Dialog beteiligten Kirchen zurück und lösen einen neuen Prozess einer beginnenden gegenseitigen Rezeption und Anerkennung aus. Dieser ganze ökumenische Prozess ist als ein hermeneutischer Vorgang im gemeinsamen Verstehen der einen christlichen Botschaft aufzufassen. Hermeneutik stellt innerhalb dieses umfassenden öku-

---

Nachdenken über Hermeneutik. Studiendokument von Glauben und Kirchenverfassung, hrsg. von D. Heller, Frankfurt a.M. 1999.

menischen Prozesses den Anteil notwendiger Reflexion, und ist so ein Moment im gemeinsamen Verstehen des einen christlichen Erbes.

Innerhalb dieses umfassenden Verstehensprozesses selbst lassen sich nun verschiedene einzelne hermeneutische Aufgaben identifizieren:

(1) Die Tatsache, dass Gespräche nach Jahrhunderten der Trennung und gegenseitigen Abgrenzung in Gang kommen, versteht sich nicht von selbst, ist vielmehr auf einen ekklesialen Vorgang der inneren Bekehrung, Umkehr und der Erneuerung innerhalb der eigenen Kirchen zurückzuführen.

(2) Jedes Gespräch, jeder Dialog steht vor dem Problem, die historisch angehäuften Hindernisse in Lehre und Dogma wahrzunehmen, zu identifizieren, zu analysieren und Folgerungen für den neuen Umgang miteinander zu ziehen. Jeder Dialog braucht deshalb praktikable Regeln. Das Zweite Vatikanische Konzil hat hierzu bedeutende Hinweise gegeben, wie: der Dialog muss par cum pari geführt werden, beim Vergleich der Lehren muss eine Hierarchie der Wahrheiten angewandt werden.

(3) Kirchen und Gemeinschaften können sich von ihrer eigenen Geschichte nicht lösen. Sie bleiben ihren Bekenntnissen und lehramtlichen Entscheidungen verpflichtet. Einmal getroffene Entscheidungen bleiben in Kraft. Gehen sie mit Verurteilungen und Verdammungen ausgeschiedener Lehren und Lehrentwicklungen einher, ist nach Aufnahme eines Dialogs zwischen bisher getrennten Kirchen ihr Verhältnis zur neu getroffenen Grundentscheidung zu prüfen. Das wirft die Frage einer Konzils- und Dogmenhermeneutik auf.

(4) Der Vorgang der Ausdifferenzierung von historischen und dogmatischen Sachverhalten beruht nicht vordergründig auf Uminterpretation von Texten, sondern ist verantwortlicher Umgang mit der eigenen Geschichte. Die Aufarbeitung der Geschichte bedarf sorgfältiger philosophisch-theologischer

Reflexion. Diese zieht heute sprachphilosophische, transzendentalphilosophische, aber auch metaphysische Überlegungen heran.

(5) Schließlich setzt die hermeneutische Reflexion eine theologische Grundentscheidung voraus: Die Wahrheit des Glaubens ist an die Wahrheit der Geschichte des Wirkens und Lebens Jesu Christi gebunden, sodass die darin wirksame Geschichte der Selbstoffenbarung Gottes eine Denkform mit sich führt, die dieser geschichtlichen Selbstentfaltung Gottes gerecht zu werden vermag. Das Zweite Vatikanische Konzil hat sich hierzu auf die sakramental-heilsgeschichtliche Explikation der religiösen Wahrheit verpflichtet. Eine Hermeneutik theologischer Prägung unter ökumenischen Vorzeichen sucht diese Denkform explizit zu entschlüsseln und für den Dialog fruchtbar zu machen.

Die vorliegende Studie will die hier skizzierten Aufgaben wahrnehmen und Vorschläge zur Lösung der ökumenischen Problematik unterbreiten. Sie tut dies unter der als Spannung zu verstehenden Direktive von „Dogma und Symbol". Sie will damit andeuten, dass das Dogma der Kirche immer bezogen werden muss auf die Aufgabe der Vergegenwärtigung der christlichen Botschaft vom Evangelium Jesu Christi. Diese Vergegenwärtigung geschieht unter dem Wirken des Heiligen Geistes, der sakramentalen Gestalt der Kirche und ihrer apostolischen Verkündigung. Somit weisen „Dogma und Symbol" zugleich auf ein theologisches Programm hin.

2. Begriff und Geschichte der Hermeneutik

2.1 Wortbedeutungen

Das Substantiv „Hermeneutik" ist ein modernes Wort.[1] Zum ersten Mal erschien es 1654 in einem von Johann Conrad Dannhauer gewählten Buchtitel: Hermeneutica sacra sive methododus exponendarum sacrarum litterarum.[2] Schon früher hatte der Autor dieses Thema in einer umfassenderen Sicht systematisch dargestellt, in dem die Bibel als vornehmlicher Ort der Anwendung des Wortes „Hermeneutik" erscheint.[3] So fungierte sie noch bei Friedrich Schleiermacher zu Beginn des 19. Jahrhunderts.[4] Doch führte die bald einsetzende Säkularisierung die „Hermeneutik" aus dem Kontext der Bibel hinaus. Hierfür steht vor allem Wilhelm Diltheys im Jahre 1900 veröffentlichter Aufsatz „Die Entstehung der Hermeneutik"[5].

Der Neologismus Dannhauers ist die latinisierte Form des griechischen Adjektivs, welches zur großen griechischen Wortfamilie „ἑρμενεύειν" gehört. Diese kennt das Wort in zwei verschiedenen, sehr umfangreichen Klassen, nämlich einmal in Verbindung mit dem Verb „ausdrücken", das andere Mal in

---

[1] Vgl. J. Pépin, Art. Hermeneutik, in: RAC, Bd. 14, 722–771; C. von Bormann, Art. Hermeneutik I, in: TRE, Bd. 15, 108–137; H.-G. Gadamer, Art. Hermeneutik, in: HWPh, Bd. 3, 1061–1073.

[2] Augsburg 1654.

[3] Idea boni interpretis et malitiosi calumniatoris, Straßburg 1652 (Nachdruck Hildesheim 2004).

[4] Hermeneutik (1809/1810 bis 1832/33) hrsg. von H. Kimmerle, Heidelberg 1959.

[5] Gesammelte Schriften, Bd. V, Göttingen ^{4}1964.

Verbindung mit dem Verb „interpretieren“. Die Bedeutung „ausdrücken“ bezieht sich auf die Sprache. Ist diese als Geschenk der Götter wesentliche Grundlage der menschlichen Gesellschaft, heißt „ἑρμενεύειν“ in diesem Zusammenhang einfach nur „reden“ oder „sprechen“. Sprechen kann auch heißen: in Worte fassen oder meint die Art und Weise des Ausdrucks.

In zweiter Linie bringt das Wort die Bedeutung von „Interpretieren“ oder „Auslegen“ zum Ausdruck. Hier ist die mythische Seite des Verständnisses anzusprechen, nach der Gott nicht offenbart, nicht verbirgt, sondern Zeichen gibt. Von hier aus ist die Wortfamilie des lateinischen „interpretari“ anzuwenden. Es ist die klassische lateinische Übersetzung des griechischen „ἑρμενεύειν“. Auch das lateinische „interpretari“ gibt nicht nur die Bedeutung von Auslegen, sondern auch von Ausdrücken, Aussprechen wieder. Die lateinischen christlichen Schriftsteller verwenden vornehmlich Wörter der Wortfamilie „interpretari“; erst in späterer Zeit geben sie dem griechischen Wort auch die Bedeutung „Auslegung“ mit. Insgesamt also wird das aus dem Griechischen stammende Wort über die lateinische Verwendung hinaus in dreifacher Weise als „aussprechen, übersetzen und auslegen“ verwendet.

2.2 Der griechische Ursprung: Mythologie und Philosophie

Nach der klassischen griechischen Philosophie ist der Sänger der Interpret der Gedanken des Dichters. Die Dichter sind Interpreten der Götter. In diesem Umfeld ist die Verwendung des Wortes Hermeneutik in der griechischen Mythologie zu verstehen.[6] Nach einer alten Tradition wird der Gott Hermes mit dem Logos in verschiedenen Bedeutungen dieses Wortes identifiziert. Nach Platon macht Sokrates den Hermes zum Erfinder der Rede. Hermes hat das Reden und die Rede erfunden. Er ist Dolmetscher

[6] J. Pépin, a. a. O., 736ff.

und Bote, hinterlistig und betrügerisch im Reden.[7] Insoweit Hermes der Erfinder der Rede ist, leuchtet unmittelbar ein, dass er auch der Bote der Götter ist. Damit wurde Hermes die Macht über die Sprache der Götter verliehen. Andere Dichter wieder sehen in Hermes den bevollmächtigten Sprecher der Götter. Hermes gilt als Götterbote, Grenzgänger, beschützender Begleiter, als Händler und Dieb. Sein Name stammt von den Hermen her, die als Wegweiser, Zeichen des Schutzes und Grabmal im archaischen Griechenland verbreitet waren.[8]

Der philosophische Gebrauch des Wortes Hermeneutik knüpft unmittelbar an den antiken Sprachgebrauch an. Besonders Platon weist im „Symposion" auf ein universales geistiges Vermitteltsein des Kosmos hin, das den späteren Hermeneutiken als Urbild dienen konnte. Es ist hier die Tätigkeit des Dämon gemeint, zwischen Gott und den Sterblichen zu vermitteln. „Denn alles Dämonische ist zwischen Gott und dem Sterblichen ... zu verdolmetschen und zu überbringen den Göttern, was den Menschen, und den Menschen, was von den Göttern kommt, der einen Gebete und Opfer, und der andern Befehle und Vergeltung der Opfer. In der Mitte zwischen beiden ist es also die Ergänzung, so daß nun das Ganze in sich selbst verbunden ist ... Wer sich nun hierauf versteht, der ist ein dämonischer Mann, wer aber nur auf andere Dinge oder irgend auf Künste und Handarbeiten, der ist ein gemeiner."[9] Die platonische Dämonologie hatte eine überaus große Nachwirkung in der Gnosis, bei den Neuplatonikern und in der Engellehre des Thomas von Aquin gefunden.[10]

Nimmt man alle Befunde zusammen, so bedeutet das Wort Hermeneutik in der griechischen Zeit so viel wie das Mitteilungsvermögen der Sprache, den sprachlichen Ausdruck und schließ-

---

7 So Platon im Kratylos (407e–408e).

8 C. von Bormann, Art. Hermeneutik I, in: TRE, Bd. 15, 110.

9 Symposion 202e–203a.

10 So pointiert C. von Bormann, a. a. O., 111.

lich auch die Aussage.[11] Das Buch des Aristoteles, „περὶ ἑρμενείας“, enthält den Begriff im Text nicht. Es kann daher auch nicht dazu dienen, um Begriff und Bedeutung des Wortes „Hermeneutik“ näher zu erläutern. Dieses Buch, dessen Titel Boethius später mit dem lateinischen Titel „De interpretatione“ wiedergibt, handelt nicht von der Hermeneutik, sondern von der Logik, genauerhin von der Lehre vom Satz und ist Teil der später unter dem Titel „Organon“ zusammengefassten logischen Schriften des Aristoteles. Freilich hat die Wirkungsgeschichte dieses Buches eine außerordentliche Bedeutung erlangt.

Schließlich muss noch eine christliche Eigentümlichkeit im Umkreis der griechischen Mythologie und Philosophie festgehalten werden. Im Rückbezug auf die klassische Tradition findet sich auch in der patristischen Literatur, so unter anderem im Umkreis des Origenes, der Hinweis auf den Logos (Wort) als Sprecher und Bote Gottes. Christus ist der autorisierte Sprecher (ἑρμενεύς) Gottes.[12] Ausgesprochene spezielle Abhandlungen über die Hermeneutik gibt es aber in christlichem Kontext nicht, sieht man vom 4. Buch des Origenes über die Prinzipien (De principiis) einmal ab, dem wohl bedeutendsten Text zum Thema.

2.3 Die Ausbildung der Hermeneutik in Humanismus und Reformation

Die neuzeitliche Hermeneutik steht in engem Zusammenhang mit der Ausbreitung von Humanismus, Reformation und Aufklärung. Auslöser war der Streit über die Autorität der Heiligen Schrift im Kontext der Tradition. Sobald sich der Sinn grundlegender literarischer, philosophischer und theologischer Texte nicht

[11] C. von Bormann, a. a. O., 111.

[12] So bei Dionysios von Alex., einem Schüler des Origenes, in: J. Pépin, a. a. O., 751f.

mehr von selbst, nämlich aus einer anerkannten Tradition heraus, versteht, bedarf es einer neuen Methodik der Auslegung. Ihr kommt die Aufgabe zu, den ursprünglichen und eigentlichen Sinn der Texte zurückzugewinnen. Luthers Grundsatz von der sich selbst auslegenden Schrift (sui ipsius interpres) setzt eine prinzipielle Klarheit des Textes voraus.[13] Das ist theologisch so zu verstehen, dass Gottes Wort nicht gebunden, sondern frei ist, sich selbst uns anzubieten: Gott begegnet uns im Wort. Weil Gott uns in der Schrift begegnet, ist diese hell und klar. Nimm Christus aus der Schrift, was willst du dann noch in ihr finden, hält Luther dem Erasmus vor.[14] Dieser These folgt der Gedanke, dass die Schrift nach ihrem Wortsinn ausgelegt werden muss. Damit rücken philologische Methoden in den Vordergrund der Bibelinterpretation. Im Sinne einer Hermeneutik zu verstehen ist die von Luther vorgebrachte Unterscheidung von Gesetz und Evangelium. Die Heilige Schrift muss von Jesus Christus her gelesen und interpretiert werden.[15] Somit nimmt die Hermeneutik als Theorie ihren Ausgangspunkt in den theologischen Streitigkeiten der Reformationszeit. „Die hermeneutische Wissenschaft beginnt erst mit dem Protestantismus", heißt es dann später zugespitzt bei Wilhelm Dilthey.[16] Zur Verteidigung des Schriftprinzips beruft sich reformatorische Theologie auf eine eigenständige Hermeneutik. Sie nimmt Regeln aus der Rhetorik und der exegetischen Theorie der Zeit, um so jede Schrift als ein Ganzes in Kenntnis der Ursprachen, der Beachtung der Zeitumstände und der Verschiedenheit

---

[13] WA 7, 97, 23 (Assertio omnium articulorum M. Lutheri per bullam Leonis X. novissimam damnatorum). Vgl. G. Wieland, Art. Hermeneutik I. Begriff und Geschichte, in: LThK, Bd. 5, 2.

[14] Vgl. seine Auseinandersetzung mit Erasmus in seiner Schrift „De servo arbitrio" (Ausgewählte Werke, hrsg. von H.H. Borcherdt und G. Merz, Ergänzungsreihe 1. Band, München ³1975, 15–19, 65, 75).

[15] B. Lohse, Luthers Theologie in ihrer historischen Entwicklung und in ihrem systematischen Zusammenhang, Göttingen 1995, 213.

[16] A. a. O.

der Bücher zu verstehen. Demgegenüber war es das Anliegen der katholischen Kirche, die Schrift im Ganzen des Zusammenhangs der Kirche und ihrer Tradition zum Verstehen zu bringen.

Die neuzeitliche Hermeneutik lässt sich freilich noch aus einer anderen Quelle herleiten. Als allgemeine Auslegungskunst versteht sie sich im Zusammenhang der logisch-methodischen Auseinandersetzungen im Ausgang des 16. Jahrhunderts. Hier hat das Werk Johann Conrad Dannhauers seinen spezifischen Ort. Er entwirft Hermeneutik als eine allgemeine Theorie und Methode, die Regeln enthält hinsichtlich der Interpretation, der Textkritik, der Beachtung des für den Autor charakteristischen Sprachgebrauchs, der Bedeutung des Skopus eines Textes für seine Interpretation, der Untersuchung des Vorangehenden und Folgenden, also der Berücksichtigung des später sogenannten hermeneutischen Zirkels, das Einzelne aus dem Ganzen und umgekehrt zu erklären. Mit Dannhauers Hermeneutik beginnt die Geschichte der Hermeneutik als eigenständiger wissenschaftlicher Disziplin. Sie diente fortan als allgemeine Methode zum Verstehen und Darstellen von Texten und wurde gleichermaßen für Theologen und Juristen wichtig.[17]

2.4 Hermeneutik und Geschichte

Mit dem Aufkommen der historischen Frage verschärft sich das hermeneutische Problembewusstsein. Lessing hat sich dem „Problem des prinzipiellen Verhaftetseins an die Geschichte"[18] gestellt. Der christliche Glaube sei auf historisch überlieferte und daher kritisierbare Tatsachen angewiesen. Eine andere Quelle besitze er nicht. Wenn auch das überlieferte Christentum seine eigene Wahrheit im Gefühl und im Herzen besitze, so könne der Glaube auf die objektiven geschichtlichen Tatsachen nicht verzichten. Sind die neutesta-

[17] Vgl. C. von Bormann, a. a. O., 112–115.
[18] C. von Bormann, a. a. O., 117.

mentlichen Schriften möglicherweise die einzige Quelle der historischen Kenntnis der Religion, so stellt sich doch die Frage, ob sich diese einzige Quelle seit 1700 Jahren nicht völlig erschöpft habe. So stellt Lessing in seinen theologischen und philosophischen Schriften, hier insbesondere in seiner Schrift „Axiomata: Wider den Herrn Pastor Goeze in Hamburg" (1778) die Frage: Müssen Christen alleine aus dieser Quelle schöpfen, ergibt sich ihnen nicht noch eine andere Möglichkeit, die Wahrheit der christlichen Religion zu eruieren? Sind sie alleine auf die schriftliche Überlieferung angewiesen? Wenn dies gilt, wer soll entscheiden, was Wahrheit ist? Hier stellt Lessing fest: „Jeder hat seine eigene Hermeneutik. Welches ist die wahre? Sind sie alle wahr, oder ist keine wahr? Und dieses Ding, dieses mißliche, elende Ding soll die Probe der innern Wahrheit sein! Was wäre denn ihre Probe?"[19] Lessing ist der Auffassung, dass die innere Wahrheit der christlichen Religion auf der Übereinstimmung mit den Eigenschaften Gottes beruht. Und daher muss die innere Wahrheit die Probe der hermeneutischen sein und nicht umgekehrt. Die christliche Religion hat ihre innere Wahrheit nicht aus der schriftlichen Überlieferung, und somit kann die hermeneutische Frage nicht die Probe der inneren Wahrheit sein.

„Verstehen von Sinn als Wahrheit" ist in einer über Lessing noch hinausgehenden Weise das Grundproblem des dänischen Theologen und Dichters Søren Kierkegaard.[20] Er beruft sich auf Lessing, aber noch schärfer als dieser und in einer gewissen Unterscheidung zu ihm besteht Kierkegaard darauf, dass die Wahrheit ohne geschichtliche Vermittlung als Möglichkeit des Subjektes angeeignet werden muss. Seine Hermeneutik bezieht sich auf die Innerlichkeit des Verstehens. Historische Wahrheit der Bibel ist an objektives Wissen gebunden. Aber das Christentum ist keine Lehre, sondern Existenz, Existenz-Mitteilung. Daher zielt die Aneignung dieser Existenz ganz auf den subjektiven Denker,

---

[19] Lessings Werke, hrsg. von K. Wölfel, 3. Band, Frankfurt a.M. 1967, 439.

[20] C. von Bormann, a. a. O., 117.

ganz auf seine Existenz. Kierkegaard betont das Gefühl als Moment des Verstehens und verneint alle objektiven Kriterien. Die existenzielle Entscheidung muss alle Wahrheit tragen.

2.5 Hermeneutik als Verstehenslehre

Friedrich Schleiermacher (1768–1834) hielt selbst Vorlesungen über die allgemeinen Grundsätze der Auslegungskunst. Seine frühesten Studien zur Hermeneutik waren im Zusammenhang mit der Übersetzung Platons entstanden. Seine Selbststilisierung als Bahnbrecher der Hermeneutik entsprach aber keineswegs den Tatsachen. Schleiermacher fand sich selbst in einer Situation vor, in der Grundlegendes bereits geleistet war. Hermeneutik war zu seiner Zeit auf eine Theorie der sprachlichen Zeichen eingegrenzt, mit der sich Schleiermacher auseinandersetzte. Sein Selbstbild als Pionier der Hermeneutik hat Wilhelm Dilthey nachhaltig gefördert. Heutige Forschung folgt diesem Selbstbild nicht mehr. Sie kann klarstellen, was Schleiermacher anderen Hermeneutikern bereits verdankte.[21]

Schleiermacher kommt das Verdienst zu, in einem unübersichtlichen Gelände Weichen gestellt zu haben. Das beginnt schon in seiner „Kurzen Darstellung des theologischen Studiums zum Behuf einleitender Vorlesungen“ von 1811. Hier heißt es kurz: „Das vollkommene Verstehen einer Rede oder Schrift ist eine Kunstleistung, und erheischt eine Kunstlehre oder Technik, welche wir durch den Ausdruck Hermeneutik bezeichnen“ (§ 132). „Eine solche Kunstlehre ist nur vorhanden, sofern die Vorschriften ein auf unmittelbar aus der Natur des Denkens und der Sprache klaren Grundsätzen beruhendes System bilden“ (§ 133). Hermeneutik als Kunstlehre des Verstehens setzt dem-

[21] Vgl. K. Nowak, Schleiermacher. Leben, Werk und Wirkung, Göttingen 2001, 197–205.

nach Reden und Denken als Momente voraus: 1. Jede Rede setzt eine gegebene Sprache voraus. 2. Jede Rede ruht auf einem früheren Denken. D. h.: beide stehen einander völlig gleich und lassen sich nicht voneinander lösen.[22] Das aber heißt: Sprache und Denken sind gleichursprünglich.

Schleiermacher richtete seine Aufmerksamkeit auf zwei Teilbereiche der Hermeneutik: auf die Sprache (grammatische Interpretation) und die literarische Technik (technische Interpretation). Die grammatische Interpretation vertieft und systematisiert die historisch-kritischen Methoden. Hier sind Sprachgeschichte, kulturelles Umfeld, Wortschatz und Semantik von Belang (Erhebung von Sinn und Bedeutung eines Satzes oder eines Wortes). Die Sprache gehorcht Regeln. Sie besitzt eine Struktur. Auf diese gilt es beim Verstehen zu achten. Herzstück der technischen Interpretation ist dagegen der Autor. Schleiermacher sucht die inneren Antriebselemente des Autors mit den Formelementen der Textproduktion in Verbindung zu bringen. „Der gemeinsame Anfang für sie und die grammatische ist die allgemeine Uebersicht, welche Einheit des Werkes und Hauptzüge der Composition auffaßt. Aber die Einheit des Werkes, das Thema wird hier angesehen als das den Schreiber bewegende Princip, und die Grundzüge der Composition als seine in jener Bewegung sich offenbarende eigenthümliche Natur.“[23] Textbildung und inneres Lebensmoment werden im Begriff der technischen Interpretation zusammengebunden. Innerhalb dieser werden zwei Methoden ausgebildet, die divinatorische und die comparative. Die erste will das Individuelle unmittelbar aufzufassen suchen, die comparative Methode will den Vergleich. Jeder Autor ist zunächst ein Eigentümlicher. Ihn in seiner Eigenart zu erfassen, ist eine wesentliche Art und Weise der technischen Interpretation.

---

[22] So in: Die kompendienartige Darstellung von 1819 (F.D.E. Schleiermacher, Hermeneutik, hrsg. von H. Kimmerle, Heidelberg 1959) 81.

[23] Die kompendienartige Darstellung von 1819, a. a. O., 107.

Erst in späteren Stufen seiner Hermeneutik verwendet Schleiermacher den Begriff der psychologischen Interpretation. In der Rezeptionsgeschichte hat dann genau dieser Begriff das Missverständnis ausgebildet, als sei es in der Auslegungskunst alleine damit getan, den Entschluss des Autors zum Text kongenial zu erfassen. Daraus entstand die Auffassung, Schleiermacher käme es im Wesentlichen nur darauf an, den Autor besser zu verstehen als er sich selbst verstanden hat. Noch einmal: Diese Interpretation ist Produkt einer stilisierten Wirkungsgeschichte. Die Bedeutung der Hermeneutik Schleiermachers dürfte dagegen in dem Anspruch begründet sein, die Kunst des Verstehens mit philosophischem Rang zu versehen. Freilich bleibt sie dem Methodischen als wesentlichem Moment verpflichtet.

Schleiermacher ist mit seiner Hermeneutik nicht fertig geworden. Das zeigen seine verschiedenen Manuskripte, die er selbst nicht mehr zu einem eigenständigen Entwurf umarbeiten konnte. Die Öffentlichkeit bekam lediglich Teilentwürfe zu Gesicht. Festzuhalten bleibt: Schleiermacher begründet Hermeneutik als „Kunstlehre des sich Verständigens". Man kann das auch so formulieren: Schleiermacher begründet Hermeneutik als Kunstlehre des Verstehens.

2.6 Hermeneutik in den Geisteswissenschaften

Schleiermachers Diktum von der Hermeneutik als Kunstlehre des Verstehens rückte im Laufe des 19. Jahrhunderts in die Grundbestimmung der Geisteswissenschaften als Gegenpol zu den neu aufkommenden Naturwissenschaften ein. Hermeneutik wird zur Grundlage für alle historischen Geisteswissenschaften, nicht nur für die Theologie.[24] Genauer betrachtet wird sie zur Methode in den historisch orientierten Geisteswissenschaften.

---

[24] H.-G. Gadamer, Art. Hermeneutik, a. a. O., 1064.

Über die Grundlagen der historisch orientierten Geisteswissenschaften haben die beiden größten ihres Faches, Johann Gustav Droysen (1808–1884) und Leopold von Ranke (1795–1886) nachgedacht. Zugleich wird mit der Ausbildung der philologischen Aufgaben die Hermeneutik auf die Methode eingeschränkt.

Mehr noch als Ranke hat Johann Gustav Droysen in seiner „Historik. Vorlesungen über Enzyklopädie und Methodologie der Geschichte" (1857–1883) die methodischen, systematischen und darstellungstechnischen Probleme der Geschichtswissenschaft entfaltet. Gegenüber dem erklärenden Vorgehen der Naturwissenschaften stellt er kategorisch fest: Die historische Forschung will nicht erklären. Die historische Forschung sichtet das historische Material, untersucht die Echtheit des Materials und sucht darin eine Ordnung wahrzunehmen. Danach geht es der Interpretation darum, die Vergangenheit nach ihrem eigenen Maßstab zu messen. Droysen unterscheidet 4 Stufen der Interpretation: (1) Die pragmatische Interpretation will zwischen lückenhaften Quellen Zusammenhänge herstellen, indem sie durch Auswahl, Analogie und Korrelation Kontexte schafft, die den Quellen nicht unmittelbar zu entnehmen sind. (2) Die Interpretation der Bedingungen soll die Gegebenheiten von Raum und Zeit untersuchen. (3) Die psychologische Interpretation soll die großen historischen Persönlichkeiten in ihren Eigenarten darzustellen suchen. (4) Die Interpretation der Ideen untersucht die übergreifenden ethischen und politischen Systeme, Ideale und Ideen der verschiedenen Zeiten. Insgesamt will historische Interpretation das historische Phänomen ermitteln, so wie es sich von sich aus darstellt. Droysen hat hier die Formulierung gefunden: „das Wesen der geschichtlichen Methode ist forschend zu verstehen"[25]. So entwickelt sich die Geschichtswissenschaft

---

[25] J. G. Droysen, Historik (Historisch-kritische Ausgabe, Bd. 1) Stuttgart–Bad Cannstadt 1977, 22.

als Verstehenslehre im Gegensatz zu den Naturwissenschaften als Methodik des Erklärens.

Im Bann der historisch objektiven Betrachtungsweise steht die Vielzahl der Theologen des 19. Jahrhunderts, vor allem der evangelischen Theologen. Hier sind David Friedrich Strauß und Ferdinand Christian Baur zu nennen.[26] Im Kontext der Historisierung der Geisteswissenschaften entstand die religionsgeschichtliche Betrachtungsweise, wie sie dann in den Werken von Johannes Weiß und William Wrede zutage tritt. Den historischen Wissenschaften zeigte sich schließlich Wilhelm Dilthey gewachsen, insoweit er die Hermeneutik aus der methodischen Engführung hinauszuführen vermochte. Er formulierte in Angleichung an den Sprachgebrauch Immanuel Kants eine Kritik der historischen Vernunft. Dilthey gilt damit als Begründer der Hermeneutik, die eine der wichtigsten philosophischen Strömungen des 20. Jahrhunderts wird.[27]

2.7 Philosophische Hermeneutik

Hermeneutik heißt mehr als nur Methode der Geisteswissenschaften. Diese wollen die „Analysis des Gesamterlebnisses der geistigen Welt"[28] sein. Geisteswissenschaften verstehen sich als Erben der Metaphysik. Hermeneutik ist also nicht mehr nur alleine die Kunst der Interpretation und bietet nicht nur Methoden der Interpretation, sondern will die gesamte Vermittlung des

---

26 C. von Bormann, a. a. O., 120.

27 Vgl. Der Aufbau der geschichtlichen Welt in den Geisteswissenschaften (Gesammelte Schriften, Bd. 7, hrsg. von B. Groethuysen, Leipzig 1927, 79–188). Abdruck mit Zusätzen aus den Handschriften und Fragmenten aus dem Nachlass in der von M. Riedel besorgten Ausgabe, Frankfurt a.M. 1970.

28 Einleitung in die Geisteswissenschaften (Ges. Schriften Bd. 1, hrsg. von B. Groethuysen, Göttingen ^{5}1962) 3.

sprachlichen Denkens sein. Hermeneutik ist wahrhaft universal geworden. Sie steht für die gesamten Geisteswissenschaften. Während die Naturwissenschaften einen äußeren Zusammenhang konstruieren und dadurch erklären, ist in den Geisteswissenschaften der Zusammenhang des Seelenlebens ein ursprünglich gegebener Ansatzpunkt. Verstehen können wir das Seelenleben, die Natur und die naturalen Zusammenhänge erklären wir. Das Beschreiben kann nicht hinter die innere Lebendigkeit zurückgehen. Denn das Denken kann nicht hinter seine eigene Wirklichkeit zurückgehen. Dilthey spricht hier vom Zusammenhang des Seelenlebens, vom Strukturzusammenhang, vom Wirkungszusammenhang, vom historischen Zusammenhang. Auf alle diese Zusammenhänge bezieht sich das Verstehen: „Zusammenhang und Verstehen entsprechen einander."[29] Verstehen ist Aufdeckung des Zusammenhangs, aus dem Leben selbst besteht und aus dem es nicht zu lösen ist. Lebenszusammenhang hat zirkuläre Struktur.

Die immer wiederkehrende Formel heißt bei Dilthey: Erleben, Ausdruck und Verstehen. Der Zusammenhang der geistigen Welt geht im Subjekt auf. Der Aufbau der geistigen Welt beginnt im Subjekt. Historische Vernunft hat es also zunächst mit einem Subjekt-Objekt-Problem zu tun. Alles Verstehen setzt beim Erleben als der Grundkategorie ein. Erleben ist Ablauf in der Zeit, ist Lebensverlauf. Dieser besteht aus Teilen, nämlich aus Erlebnissen, die in einem inneren Zusammenhang miteinander stehen. Leben selbst ist ein Strukturzusammenhang, in welchem die Erlebnisse in erlebbaren Beziehungen stehen. Hier haben wir das Verhältnis des Ganzen zu Teilen und umgekehrt vor uns. Damit ist Erleben die letzte Voraussetzung vor allem anderen.[30]

In einem nächsten Schritt werden wir der Zeitlichkeit gewahr, die dem Zusammenhang des Lebens eigen ist. „Wir ver-

---

[29] In der hier herangezogenen Ausgabe: a. a. O., 318.

[30] A. a. O., 235ff.

halten uns gegenüber dem Leben, dem eigenen so gut als dem fremden, verstehend. Und dieses Verhalten vollzieht sich in eigenen Kategorien, welche dem Naturerkennen als solchem fremd sind."[31] Es gibt in der geschichtlichen Welt keine naturwissenschaftliche Kausalität. Die Geschichte weiß nur von Verhältnissen des Wirkens und Leidens, der Aktion und Reaktion. Es geht in den Geisteswissenschaften darum, Begriffe zu bilden, welche die Freiheit des Lebens und der Geschichte ausdrücken. Auf einer zweiten Ebene hebt das Verstehen an. Es geht immer von dem Gegebensein von Lebensäußerungen aus. Zunächst erwächst das Verstehen in den Interessen des praktischen Lebens. Menschen sind auf den Verkehr untereinander angewiesen. Sie müssen sich gegenseitig verständlich machen. Verstehen im elementaren Sinne ist ein Grundverhältnis des Menschlichen, und der menschlichen Gesellschaft und der Geschichte. Auf einer nächsten Stufe entstehen die höheren Formen des Verstehens. „Je weiter die innere Distanz zwischen einer gegebenen Lebensäußerung und dem Verstehenden wird, desto öfter entstehen Unsicherheiten. Es wird versucht, sie aufzuheben. Ein erster Übergang zu höheren Formen des Verstehens entsteht daraus, daß das Verstehen von dem normalen Zusammenhang der Lebensäußerung und dem sich in ihr ausdrückenden Geistigen ausgeht. Wenn im Ergebnis des Verstehens eine innere Schwierigkeit oder ein Widerspruch mit sonst Bekanntem auftritt, wird der Verstehende zur Prüfung geführt."[32] Aus den vielfältig gegebenen Äußerungen muss in einem „Schluss der Induktion" ein Zusammenhang eines Ganzen zum Verständnis gebracht werden. Insoweit ist dieses Verstehen angewiesen auf ein Hineinversetzen, auf ein Nachbilden, auf ein Nacherleben. Der Lebenszusammenhang muss auf diese Weise dem Verstehen entgegengebracht werden. Schließlich deutet Nachbilden und

---

[31] A. a. O., 242.

[32] A. a. O., 259.

Nacherleben auf ein Verstehen bzw. auf die Interpretation. Die Auslegung vollendet sich in der Interpretation der in der Schrift enthaltenen Reste menschlichen Daseins.[33] Diese Kunst ist die Grundlage der Philologie. „Die Wissenschaft dieser Kunst ist die Hermeneutik."[34] Die Hermeneutik tritt damit in einen Zusammenhang, der den Geisteswissenschaften eine neue Aufgabe zuweist. „Die Auslegung wäre unmöglich, wenn die Lebensäußerungen gänzlich fremd wären. Sie wäre unnötig, wenn in ihnen nichts fremd wäre. Zwischen diesen beiden äußersten Gegensätzen liegt sie also. Sie wird überall erfordert, wo etwas fremd ist, das die Kunst des Verstehens zu eigen machen soll."[35] Verstehen wird für Dilthey zur Aufgabe der Geisteswissenschaften schlechthin.

Hier nimmt Martin Heidegger seinen Ausgang. Philosophische Hermeneutik bedeutet fortan Grundlegung der Philosophie. Heidegger will mit dieser Fassung der philosophischen Hermeneutik diese keineswegs auf die Methode einer bestimmten Wissenschaft einschränken, sondern vielmehr zeigen, wie Wissenschaft überhaupt möglich ist. Dabei geht Heidegger zunächst von Diltheys Theorie der Geisteswissenschaften aus. Grundbegriffe der historischen Wissenschaften sind nach Heideggers Verständnis letztlich Existenzbegriffe. Es geht also in der Hermeneutik nicht so sehr um die Objekte historischer Wissenschaften und ihre Behandlungsart, sondern um, wie Heidegger es ausdrückt, die eigentliche Erschlossenheit (Wahrheit) der geschichtlichen Existenz. Aller historischen Wahrheit geht diese existenziale Struktur voraus. „Die historische Thematisierung hat ihr Hauptstück in der Ausbildung der hermeneutischen Situation, die sich mit dem Entschluß des geschichtlich existierenden Daseins zur wiederholenden Erschließung des dagewesenen öff-

---

[33] A. a. O., 267.

[34] A. a. O., 267.

[35] A. a. O., 278.

net."[36] Eine Theorie der Geisteswissenschaften, damit geht Heidegger über Dilthey hinaus, muss eine existenziale Interpretation der Geschichtlichkeit des Daseins erst voraussetzen. Somit führt Heidegger die Hermeneutik entschieden von der Methodenlehre auf ihre Funktion als Verstehen des Daseins zurück. Alles historische Verstehen gründet im Verstehen der Geschichtlichkeit des Daseins. Das ist das Hauptthema von „Sein und Zeit".

Hermeneutik hat es mit der Interpretation des Daseins zu tun. Insoweit bestimmt Heidegger Hermeneutik als „Phänomenologie des Daseins" in der ursprünglichen Bedeutung des Wortes.[37] Auch hierbei ist Hermeneutik Auslegung, bezogen auf das Dasein. Es geht um die Aufdeckung des Sinnes des Seins und der Grundstrukturen des Daseins. Noch einmal: Diese Hermeneutik ist „Hermeneutik im Sinne der Ausarbeitung der Bedingungen der Möglichkeit jeder ontologischen Untersuchung"[38]. Insofern Sein das Grundthema der Philosophie ist, so ist es auch die Hermeneutik als Aufdeckung des Sinnes von Sein. Grundsätzlicher kann man Hermeneutik nicht als Philosophie im Ganzen bezeichnen. Hermeneutik und Philosophie werden bei Heidegger Wechselbegriffe.

Hermeneutik hat mit dem Sinn von Sein zu tun. Hermeneutik geht es um die Auslegung des Da-Seins. Heidegger will Sein zu sich selbst bringen, d. h. sich selbst durchsichtig machen. Verstehen ist also in diesem Sinne nicht methodologisch zu verstehen, sondern ontologisch. Verstehen ist eine Seinsart des Daseins. „Das Dasein entwirft als Verstehen sein Sein auf Möglichkeiten."[39] Noch kürzer: Dasein ist Verstehen. Sein will verstehen. Das ist die hermeneutische Situation. Insofern Sein verstehen will, gehört die hermeneutische Situation zum Sein

---

36 Sein und Zeit, Tübingen [15]1979, 397.

37 A. a. O., 37.

38 A. a. O.

39 A. a. O., 148.

selbst hinzu. Von hier ausgehend ist die Ausbildung des Verstehens Auslegung. „In ihr eignet sich das Verstehen sein Verstandenes verstehend zu."[40] In der Auslegung wird das Verstehende nicht etwas anderes, sondern es wird selbst, man könnte sagen, es kommt zu sich selbst. Auslegung gründet existenzial im Verstehen. Auslegung ist aber nicht Kenntnisnahme des Verstandenen, sondern die Ausarbeitung der im Verstehen entworfenen Möglichkeiten. Verstehen ist Ausarbeitung des im Verstehen daseienden Seins. Auch hier grenzt Heidegger Verstehen und Auslegen von einer Kunstlehre oder Methodologie ab. Sein hat es mit Vorgriff, Vorhabe und Vorsicht zu tun. Vorgreifen auf Möglichkeiten, indem Sein sich verstehend auslegt. Das heißt, es hat Sinn. Sinn ist das formale Gerüst des Verstehens.

Von dieser Grundlage aus führt Heidegger auch einzelne logische Folgerungen hermeneutischen Verfahrens an. Er nennt es eine mehrfache Abzweckung. Grundlegend hierfür: Die Aussage ist abkünftiger Modus der Auslegung[41]. Dies lässt sich in dreifacher Weise festmachen: (a) Aussage bedeutet primär Aufzeigung. (b) Aussage besagt so viel wie Prädikation. Von einem Subjekt wird ein Prädikat ausgesagt, jenes wird durch dieses bestimmt. (c) Aussage bedeutet Mitteilung, Heraussage. Alles Ausgesagte kann als Mitgeteiltes aufgenommen, begriffen werden. Von hier aus leuchtet unmittelbar ein, dass Dasein, das Sein des Da, Erschlossenheit des In-der-Welt-seins, auf Rede und damit auf Sprache als gleichursprünglicher Befindlichkeit zuläuft. „Rede ist die Artikulation der Verständlichkeit."[42] Rede als Hinausgesprochenheit ist Sprache. Von hier aus leuchtet ein, dass Hermeneutik und Sprache Wechselbegriffe sind. Hier öffnet sich ein ganz modernes Feld hermeneutischer Forschung, die im weitesten Sinne sogenannte Sprachphilosophie.

---

[40] A. a. O., 148.
[41] A. a. O., 153ff.
[42] A. a. O., 161.

Ein letztes Moment hermeneutischen Bedenkens bei Heidegger ist noch zu nennen. Wenn Dasein Verstehen ist und von ihm nicht zu trennen ist, so haben wir hier in einer klassischen Weise den hermeneutischen Zirkel vor uns. Verstehen kommt nicht nachträglich zum Dasein hinzu, sondern ist gleichursprünglich mit ihm gegeben. Heidegger setzt sich deshalb auch entschieden mit dem sogenannten Zirkelargument auseinander, das seiner existenzialen Interpretation immer entgegengebracht wurde. Dieser Einwand sagt: Die Idee der Existenz oder des Seins wird vorausgesetzt und danach das Dasein interpretiert, um daraus wieder die Idee des Seins zu gewinnen. Das ist in der Tat ein Zirkelargument. Aber wie verhält es sich mit diesem Argument? Heidegger sagt: In der existenzialen Analytik kann ein Zirkel im Beweis nicht vermieden werden, und zwar deswegen nicht vermieden werden, weil er Sein und Dasein immanent ist. Alles Verstehenwollen ist auf die Aufdeckung dieses Zirkels angewiesen. Insoweit folgt diese Analytik nicht den Regeln einer formalen Logik. Wer also mit der Strenge wissenschaftlicher Untersuchung gegen diese Analytik vorgeht, geht damit gegen die Grundstruktur der Sorge vor. Worauf Heidegger hinweist, ist Folgendes: Bevor überhaupt Sein sich selbst vorstellig machen kann, ist Sein da. Das heißt: Dasein ist je schon sich-selbst-vorweg. Deshalb kann es der Philosophie um nichts anderes gehen, als diese in Gleichursprünglichkeit existierenden Grundmomente verständlich zu machen. Es kommt also nicht darauf an, den Zirkeleinwand zu entkräften, sondern ihn überhaupt erst zum Verstehen zu bringen. Es kommt darauf an, in den Zirkel hineinzuspringen, nicht ihn aufzuheben.

Die Klärung des existenzialen Sinnes der hermeneutischen Situation führt letztlich zur Aufdeckung einer solchen zirkelhaften oder hermeneutischen Struktur des Seins. Dieser ist nicht zu entkommen, man kann sich ihr nur stellen. Legt man die Interpretation von „Sein und Zeit" vor dieser hermeneutischen Situation aus, so leuchtet ein, warum die moderne Theologie sich dieser existenzialen Analytik bedient. Denn alle Theologie ist hermeneutisch strukturiert, weil die gläubige Existenz sich in einem solchen Zirkel immer schon vorfindet. Deshalb gilt: Vor aller Auslegungskunst steht die Analytik der hermeneutischen Situation.

Dieser hermeneutischen Phänomenologie hat sich nach Heidegger vor allem Hans-Georg Gadamer gewidmet. Es ist seine große Leistung, Heideggers Hermeneutik des Daseins auf die Geschichtlichkeit des Verstehens selbst bezogen zu haben. Seine Grundzüge einer philosophischen Hermeneutik, „Wahrheit und Methode" genannt, stellen bis heute das Hauptbuch einer philosophischen Hermeneutik dar. Gegenüber Heidegger versucht Gadamer die Frage der Geschichtlichkeit des Verstehens selbst zum hermeneutischen Prinzip zu erheben. Während Heidegger die Frage der Hermeneutik im Sinne einer universalen anthropologisch-ontologischen Fragestellung zu entwerfen sucht, bezieht Gadamer die Frage der Hermeneutik wieder auf die Auslegung des Textes. Freilich vergisst er hierbei nicht den umfassenden Horizont. Auch Gadamer setzt beim hermeneutischen Zirkel an. Die hermeneutische Aufgabe besteht vor allen Dingen darin, den Sinn eines Textes zu erheben. „Wer einen Text verstehen will, vollzieht immer ein Entwerfen. Er wirft sich einen Sinn des Ganzen voraus, sobald sich ein erster Sinn im Text zeigt. Ein solcher zeigt sich wiederum nur, weil man den Text schon mit gewissen Erwartungen auf einen bestimmten Sinn hin liest. Im Ausarbeiten eines solchen Vorentwurfs, der freilich beständig von dem her revidiert wird, was sich bei weiterem Eindringen in den Sinn ergibt, besteht das Verstehen dessen, was dasteht."[43] Wer also einen Text verstehen will, der muss sich mit verschiedenen Gegebenheiten befassen, die sich mit dem Text selbst stellen.

Gadamer beschäftigt sich mit einer schärferen Fassung des hermeneutischen Problems. „Wer einen Text verstehen will, ist

---

[43] Wahrheit und Methode. Grundzüge einer philosophischen Hermeneutik, Tübingen ^{4}1975, 251.

vielmehr bereit, sich von ihm etwas sagen zu lassen."[44] Wer einen Text verstehen will, der muss den Text und die in ihm gemeinte Sache, die aus der Tradition auf ihn zukommt, anerkennen und wahrnehmen. Insoweit steht der Ausleger des Textes bereits in einer bestimmten Überlieferungsgeschichte, der er sich stellen muss. Der Ausleger des Textes hat es somit mit einem Vor-Urteil zu tun. Vor-Urteile gelten als Bedingungen des Verstehens. Deswegen muss der Begriff des Vor-Urteils im Sinne der hermeneutischen Wahrnehmung selbst rehabilitiert werden. Hier erhebt sich die erkenntnistheoretische Grundfrage: Worin soll die Legitimität von Vor-Urteilen ihren Grund finden? Gadamer lokalisiert dieses Grundproblem im Umfeld von Autorität und Tradition. Autorität hat deshalb nichts mit Gehorsam, sondern mit Erkenntnis zu tun. Tradition ist stets ein Moment innerhalb des umfassenden Verstehens. Die Hermeneutik hat es also mit der Auflösung des aus der Aufklärung kommenden Gegensatzes von Tradition und Historie, zwischen Geschichte und Wissen zu tun. Beides lebt erst in einem bestimmten Wirkungszusammenhang, beide bilden eine Wirkungseinheit.[45] Jedes Verstehen eines Textes geschieht innerhalb eines solchen umfassenden Wirkungszusammenhangs, oder auch Wirkungsgeschichte genannt. Der wahre Ort der Hermeneutik liegt in dem Zwischen „zwischen der historisch gemeinten, abständigen Gegenständlichkeit und der Zugehörigkeit zu einer Tradition"[46]. Deshalb hat es Hermeneutik mit der Aufklärung der Bedingungen zu tun, unter denen das Verstehen steht. „Verstehen ist seinem Wesen nach ein wirkungsgeschichtlicher Vorgang."[47]

Gadamer führt das Prinzip der Wirkungsgeschichte noch in eine andere Dimension hinein. Bezogen auf das, was Heidegger

44 A. a. O., 253.
45 A. a. O., 253.
46 A. a. O., 279.
47 A. a. O., 283.

hermeneutische Situation nannte, heißt dies nun bei Gadamer Horizont. „Horizont ist der Gesichtskreis, der all das umfaßt und umschließt, was von einem Punkte aus sichtbar ist ... Wer keinen Horizont hat, ist ein Mensch, der nicht weit genug sieht und deshalb das ihm Naheliegende überschätzt. Umgekehrt heißt Horizont haben: Nicht-auf-das-Nächste Eingeschränktsein, sondern über es Hinaussehenkönnen. Wer Horizont hat, weiß die Bedeutung aller Dinge innerhalb dieses Horizontes richtig einzuschätzen nach Nähe und Ferne, Größe und Kleinheit. Entsprechend deutet die Ausarbeitung der hermeneutischen Situation die Gewinnung des rechten Fragehorizontes für die Fragen, die sich uns angesichts der Überlieferung stellen."[48] Bezogen auf die Grundfrage, die die Hermeneutik stellt, nämlich die des Verstehens, heißt dieses nun: Verstehen ist immer ein Vorgang der Verschmelzung von Horizonten. Im Vollzug des Verstehens geschieht eine wirkliche Horizontverschmelzung, die mit dem Entwurf des historischen Horizontes zugleich dessen Aufhebung vollzieht.

Gadamer identifiziert das hermeneutische Problem nicht nur im Auslegen, sondern auch im Anwenden. Die Anwendung, die bei der Verschmelzung der Horizonte entsteht, heißt Applikation. Dies ist der genuine Beitrag Gadamers zur Formulierung des hermeneutischen Problems. Deshalb lautet der Spitzensatz der hermeneutischen Erkenntnis: „Verstehen ist hier immer schon Anwenden"[49]. Die Aufgabe der philosophischen Hermeneutik besteht deshalb darin, Verstehen selbst als ein Geschehen zu begreifen. Verstehen ist also nicht so sehr eine Methode, sondern vielmehr ein Erkennen, dass man selbst als Ausleger eines Textes innerhalb eines Überlieferungsgeschehens steht. „Der Sinn von Applikation, der in allen Formen des Verstehens vorliegt, hat sich jetzt geklärt. Applikation ist keine nachträgliche Anwendung von

48 A. a. O., 286.

49 A. a. O., 292.

etwas gegebenem Allgemeinen, das zunächst in sich verstanden würde, auf einen konkreten Fall, sondern ist erst das wirkliche Verständnis des Allgemeinen selbst, das der gegebene Text für uns ist. Das Verstehen erweist sich als eine Weise von Wirkung und weiß sich als eine solche Wirkung."[50] Wer verstehen will, darf von sich selbst und der konkreten hermeneutischen Situation, in der er sich befindet, nicht absehen. Er muss den Text auf die Situation beziehen, wenn er überhaupt verstehen will.[51]

2.8 Hermeneutische Theologie oder theologische Hermeneutik?

Hermeneutik ist ein universaler Aspekt der Philosophie. Sie ist nicht nur die methodische Basis der sogenannten Geisteswissenschaften, nicht nur die Kunst der Auslegung. Mit diesen knappen Sentenzen kann man das Ergebnis des Nachdenkens über Hermeneutik im Sinne Gadamers festhalten. Wenn also Hermeneutik ein universaler Aspekt des Denkens ist, so stellt sich unweigerlich die Frage, welche Folgerungen daraus für das theologische Nachdenken zu ziehen sind.

Schon Gadamer hat in „Wahrheit und Methode" die Konsequenzen der universalen Hermeneutik für eine theologische Hermeneutik eigens bedacht. Neben der juristischen und der philosophischen Hermeneutik sieht er in der Theologie ein drittes Beispiel für die Anwendung hermeneutischer Fragestellung. Ort des Nachdenkens über die Anwendung der Hermeneutik in der Theologie ist die Verkündigung. Verkündigung geschieht nach evangelischem Verständnis in der Predigt. Aus der Verkündigung geht die Heilsbotschaft hervor, ohne dass diese der Botschaft selbst inhaltlich etwas zufügt. In der Predigt geht es um

[50] A. a. O., 323.
[51] A. a. O., 307.

die Auslegung einer gültigen Wahrheit. Aber dies entscheidet sich nicht in der Verkündigung, sondern geht ihr voraus. Die Verkündigung lässt sich also von ihrem Vollzug nicht ablösen. „Die Heilige Schrift ist Gottes Wort, und das bedeutet, daß die Schrift vor der Lehre derer, die sie auslegen, einen schlechthinnigen Vorrang behält."[52] Die Auslegung darf diese Bestimmung nie aus den Augen verlieren. Heilige Schrift ist göttliche Heilsverkündigung. Dies aber vollzieht sich in der Verkündigung der Frohbotschaft. Mit Rudolf Bultmann sieht Gadamer sehr deutlich, dass die Interpretation der biblischen Schriften einer besonderen hermeneutischen Voraussetzung, die Bultmann das Vorverständnis nennt, unterliegt. Vorverständnis ist der im Text vorgängige Bezug zur Sache, die durch den Text vermittelt wird. Was aber heißt hier Vorverständnis?

Der hermeneutische Sinn des theologischen Vorverständnisses ist selber ein theologischer, schließt Hans-Georg Gadamer. Die Befragung der Texte der Heiligen Schrift ist von einem höchst konkreten Vorverständnis bestimmt. Dieses Vorverständnis lässt sich nicht anders als mit der Gottesfrage bestimmen. Die entscheidende Voraussetzung, die über die Annahme oder die Ablehnung der Heilsbotschaft entscheidet, ist die vorgängige Erkenntnis, dass alles menschliche Dasein als solches von der Gottesfrage bewegt ist. Gott ist die alles bestimmende Wirklichkeit des Menschen. Von dieser Voraussetzung kann die Interpretation der Heiligen Schriften nicht losgelöst betrachtet werden. Theologische Hermeneutik setzt damit voraus, dass „das Wort der Schrift trifft und das nur der Betroffene – glaubend oder zweifelnd – versteht"[53]. Gadamer sieht also das Gemeinsame aller Formen der Hermeneutik darin, „daß sich in der Auslegung der zu verstehende Sinn erst konkretisiert und vollendet, daß aber gleichwohl dieses auslegende Tun sich vollständig an den Sinn

---

[52] A. a. O., 313.

[53] A. a. O., 315.

des Textes gebunden hält"[54]. Das heißt nichts anderes: Es liegt ein hermeneutischer Zirkel zwischen Auslegung und Text, ja zwischen Auslegung, Text und der im Text vermittelten Sache vor. Insoweit ist die theologische Hermeneutik eine Applikation einer universal verstandenen Hermeneutik.

Es ist Rudolf Bultmann gewesen, der schon vor der bahnbrechenden Arbeit von Hans-Georg Gadamer die Erkenntnisse einer allgemeinen Hermeneutik auf die Theologie zu beziehen begann. Kein Zweifel besteht darüber, dass Bultmann die hermeneutische Frage nach den Verstehensbedingungen des biblischen Zeugnisses in der Moderne in das Zentrum der theologischen Arbeit gerückt hat.[55] Es geht Bultmann also nicht alleine um die Frage nach der Verstehbarkeit der biblischen Texte, sondern um die Frage nach der Verstehbarkeit unserer selbst und unserer Welt. Textauslegung ist immer Selbstauslegung, lautet seine Spitzenthese.[56] Der Begriff „hermeneutische Theologie" stammt nicht von Bultmann selbst, sondern aus der Bultmann-Schule. Bultmann spricht von theologischer Hermeneutik. Theologisch ist Hermeneutik allein im theologischen Zusammenhang, sofern und soweit sie bei ihrer Sache ist. Das meint aber nichts anderes als die in den biblischen Texten verhandelte Sache. Und das ist nichts anderes als die menschliche Existenz in ihrer Gottesrelation, d. h. in ihrer Relation zu der alles bestimmenden Wirklichkeit, oder Gott, genannt.

Die Wendung zur hermeneutischen Theologie geht aus der Auseinandersetzung über den Grundansatz der Theologie hervor.

---

54 Ebd.

55 U.H.J. Körtner, Zur Einführung: Glauben und Verstehen. Perspektiven Hermeneutischer Theologie im Anschluß an Rudolf Bultmann, in: ders. (Hg.), Glauben und Verstehen. Perspektiven hermeneutischer Theologie, Neukirchen-Vluyn 2000, 5.

56 Vgl. dazu R. Bultmann, Welchen Sinn hat es, von Gott zu reden?, in: ders. Glauben und Verstehen. Gesammelte Aufsätze, Bd. 1, Tübingen ²1954, 26–37; Das Problem der Hermeneutik, in: ders., Glauben und Verstehen. Gesammelte Aufsätze, Bd. 2, Tübingen 1952, 211–235.

Gerhard Ebeling hat den Begriff einer hermeneutischen Theologie entschieden verfochten. Gegenüber einer Theologie der Verkündigung, wie sie Bultmann und die Bultmann-Schule vertreten, sollte eine Theologie der Hermeneutik verfochten werden. Ebeling greift das Stichwort von der Hermeneutik zunächst mit einer gewissen Unbestimmtheit auf. Vergleicht man seine verschiedenen Schriften hierzu, so erkennt man, dass seine eigene Vorstellung zunächst noch schwankt zwischen der Bestimmung der Theologie als hermeneutischer und der Hermeneutik als theologischer. Dahinter verbirgt sich aber nichts anderes als ein Grundstreit der Theologie. Ist das Wort von der „hermeneutischen Theologie" nur ein Ausdruck einer engen theologischen Schulparole, Ausdruck einer Teildisziplin der Theologie, die andere Disziplinen nur konterkarieren will? Oder dient sie einer theologischen Besinnung auf das in der Theologie Notwendige? Ist Hermeneutik eine Methodologie oder Hinwendung zum Gegenstand, Hinwendung zur Sache? Ist Hermeneutik Ausdruck einer theologischen Richtung oder Ausrichtung der Theologie auf ihre Sache?[57]

Nach Ebelings Verständnis will das Wort von der „hermeneutischen Theologie" in einem fundamentaltheologischen Sinn verstanden sein. Es meint nicht eine Teildisziplin, nicht einen speziellen Stoffbereich, auch nicht ein beliebiges Sonderinteresse. Das Wort weist hin auf die Theologie als Ganze. Insoweit ist die Kennzeichnung der Theologie als hermeneutisch bereits eine „tautologische Wiederholung" dessen, was mit dem Wort Theologie als deren Sache in den Blick kommt.[58] Das Wort von der Hermeneutik will die Theologie also an ihre Sache erinnern. Was könnte das sein? Verstehen wir das Wort Hermeneutik in den uns bereits bekannten drei Modi des Aussagens, des Auslegens und des Übersetzens, so liegt die Aufmerksamkeit ganz

---

57 Hermeneutische Theologie?, in: ders., Wort und Glaube, Bd. 2, Tübingen 1969, 103.

58 A. a. O., 105.

auf dem, was durch das Wort geschieht. „Wort will Verstehen eröffnen. Es ist also von sich aus hermeneutisch. Und Verstehenshilfe ist dem Wort, sei es im Erklären, sei es im Dolmetschen, cum grano salis nur durch das Wort und auf jeden Fall nur so zu gewähren, daß das Wort in seiner ihm eigenen hermeneutischen Funktion zur Geltung kommt. Diese eigentümliche Doppelung, daß das Wort als Medium des Aufmerkens zum Gegenstand des Aufmerkens wird und daß dem Wort letztlich nur durch das Wort zu helfen ist, bringen wir durch die Formulierung zum Ausdruck: ‚Hermeneutisch' ist das, was zur Wahrnehmung der Wortverantwortung anhält und hilft."[59] Insoweit die Theologie ihren Gegenstand im Worte hat, ist sie hermeneutisch. Verliert die Theologie den Gegenstand, der Wort ist, so ist sie nicht mehr Theologie. Das Wort „hermeneutisch" ist also in diesem von Ebeling gebrauchten Sinne nichts anderes als eine nähere Kennzeichnung der Theologie selbst und fügt ihr keinen Sonderstatus oder ein eigenes Teilgebiet hinzu.

Wortverantwortung ist das Stichwort, das Gerhard Ebeling in die Debatte wirft. Die Theologie hat es mit dem Worte Gottes zu tun. „Die Rückwendung zur Theologie des Wortes Gottes entsprang einem leidenschaftlichen Ringen um das hermeneutische Problem."[60] Das leidenschaftliche Ringen um das hermeneutische Problem ist aber nichts anderes als das Ringen um das Wort Gottes, d. h. das Ringen der Theologie um ihre Sache. Hermeneutik ist also auch hier wieder Ausdruck für die Sache der Theologie, mit der sie zu ringen hat. Deshalb und in diesem Sinne muss es heißen: Die Theologie ist hermeneutisch oder sie ist überhaupt nicht Theologie.

Natürlich kann man eine allgemeine von einer speziellen Hermeneutik unterscheiden, man kann die Hermeneutik als Theorie

---

59 A. a. O., 106.

60 Wort Gottes und Hermeneutik, in: ders., Wort und Glaube, Tübingen ^{3}1967, 323.

der Auslegung von Texten verstehen, aber damit trifft man noch nicht die hier gemeinte Sache. Es geht um ein Verstehen, aber dieses Verstehen ist nicht ein Verstehen von Sprache, nicht ein Verstehen von Texten, sondern das Verstehen durch Sprache.[61] Das Wort ist also nicht Objekt des Verstehens, sondern es wirft ein Verstehensproblem auf. Zu dessen Lösung bedarf es der Hermeneutik als Verstehenslehre. Das Wort ist es, was Verstehen eröffnet und vermittelt, also etwas zum Verstehen bringt. „Das Wort selbst hat hermeneutische Funktion."[62] Hermeneutik ist Lehre vom Verstehen und deswegen auch Lehre vom Wort Gottes. Das Wort Gottes ist es, was sich selbst zur Sprache bringt, was Verstehen erst ermöglicht. Verstehen ist auf Wortgeschehen angewiesen. Ist Hermeneutik bezogen auf die innerste Sache der Theologie selbst, dann ist das hermeneutische Prinzip nichts anderes als dieses Wortgeschehen selbst. Insoweit ist es gerechtfertigt, Theologie und Hermeneutik miteinander zu identifizieren. Der Streit über „Theologie der Hermeneutik" oder „hermeneutische Theologie" ist damit obsolet geworden.

Es wäre reizvoll, diese Debatte in die neuesten Entwürfe der Theologie hinein zu verfolgen. Dass die Debatte eine Fortführung erfahren hat, ergibt sich, wenn man einen Blick in verschiedene Richtungen wirft. Da ist etwa Paul Ricoeur, der die Hermeneutik ganz in die Textanalyse und in die Struktur des Textes einbezogen hat.[63] Aber auch die Sprachkritik, die Linguistik und andere Teilbereiche der neueren Philosophie haben sich dieser Thematik gewidmet, worauf jetzt nur noch hingewiesen werden soll.[64]

---

61 A. a. O., 333.

62 A. a. O., 334.

63 Vgl. etwa P. Ricoeur, Hermeneutik und Strukturalismus, München 1973.

64 Einen Überblick vermitteln die Jahreshefte der Zeitschrift „Internationales Jahrbuch für Hermeneutik", hrsg von G. Figal. Bisherige Themen u. a.: Sprache, Humanismus, Kunst-Verstehen, Religion und Literatur. Ebenso der Überblick von I.U. Dalferth/Ph. Stoellger, Hermeneutik in der Diskussion. Orientierungsversuche in einem unübersichtlichen Gebiet, in: ThR 69

Gerhard Ebeling hat der so verstandenen hermeneutischen Theologie eine Wendung gegeben, die unmittelbar ökumenische Relevanz besitzt. Kennzeichnet das Wort „Hermeneutik" den Gegenstandsbezug der Theologie und weist sie auf ihr Fundament im Worte Gottes hin, dann stellt sich diese selbst als fundamentale Theologie dar. Fundamental ist sie aber nicht nur in Relation zu ihrem Fundament, sondern auch in der Bestimmung des Wesens des Christentums. Beim Nachdenken über die Aufgabe der Fundamentaltheologie muss deshalb die konfessionelle Differenz berücksichtigt werden, die sich bereits in deren Ausgangspunkt zeigt. Evangelische Fundamentaltheologie bezieht dabei immer den Kernpunkt der reformatorischen Kontroverse mit in ihre Grundlagenüberlegung ein. Deshalb ist jede Auseinandersetzung um den hermeneutischen Charakter der Theologie zugleich eine Kontroverse um die konfessionell bestimmte Gestalt der Theologie. So zeigt sich im Aufriss der hermeneutischen Theologie die ökumenische Problematik in ihrer ganzen Breite und Tiefe.[65]

(2004) 31–74. Vgl. auch G. Figal, Gegenständlichkeit. Das Hermeneutische und die Philosophie, Tübingen 2006.

[65] Ebeling hat dies einmal exemplarisch auf Thomas von Aquin hin formuliert. In seinem Aufsatz „Der hermeneutische Ort der Gotteslehre" (Wort und Glaube, Bd. 2, Tübingen 1969, 209–256) expliziert er die Unterscheidung zwischen Thomas und Luther über das Verhältnis von Sünde und Natur des Menschen als Folge der Unterscheidung zwischen Gott und Mensch, die bei Thomas offenbar nicht streng genug durchgehalten wird. In den Augen Ebelings erhält diese Unterscheidung den Charakter einer von Luther getroffenen Fundamentalunterscheidung, die einer ontologischen Revolution in Luthers Denken gleichkomme (Luthers Wirklichkeitsverständnis, in: Wort und Glaube, Bd. 4, Tübingen 1995, 460–475). Auf die Spitze getrieben markiert diese Fundamentalunterscheidung die Differenz von Christ und Nicht-Christ: „Was in der Scholastik als Fundamentalunterscheidung ansprechbar wäre, so stellten wir fest, ist die Stufung der Wirklichkeit in Natur und übernatürliche Gnade. Die brennende Aufgabe ist hier nicht die des Unterscheidens, vielmehr die, zu verwirklichen, was aus der Offenbarung des Gottmenschen folgt. Für Luther dagegen teilt sich an der Sünde das eine Gotteswort in

2.9 Hermeneutik in der katholischen Theologie

Das Nachdenken über Hermeneutik war nach dem Zweiten Vatikanischen Konzil Ende der Sechzigerjahre auch in der katholischen Theologie angekommen.[66] Hier wird in systematisch-theologischem Kontext theologische Hermeneutik im weitesten Sinn verstanden als Verstehen, Auslegen, Übersetzen, Vergegenwärtigen, Anwenden der Glaubensüberlieferung.[67] Im engeren Sinn ist theologische Hermeneutik die Theorie oder Methodologie, die jedes regelgeleitete Verstehen im Sinne einer wissenschaftlichen Grundreflexion meint. Folgerecht verbindet Bernd Jochen Hilberath die Fundamentaltheologie mit Hermeneutik.[68] Dabei greift er zunächst grundlegende Überlegungen der Gadamerschen Hermeneutik auf, um sie zugleich in nicht unerheblichem Maße zu kritisieren. Zwar wird die Anbindung der Ontologie an die Sprachphilosophie vollzogen, doch hebt Hilberath hervor, dass Sein und Sprache nicht koinzidieren. Darüber hinaus bleibt der von Gadamer verwendete Traditionsbegriff insofern fraglich, als er Tradition wohl insgesamt rehabilitiert, konkrete Traditionen darunter aber nicht namhaft gemacht werden können. Nur dadurch, dass sich Traditionen kritisch bewähren, ist die Überlieferungsbestimmtheit der Theologie zu halten.[69]

Man muss insgesamt feststellen, dass die theologische Her-

---

die zwei Urteile, Gesetz und Evangelium. Deshalb macht das rechte Unterscheiden nicht nur zum Theologen, sondern auch zum Christen“ (Das rechte Unterscheiden. Luthers Anleitung zu theologischer Urteilskraft, in: Wort und Glaube, Bd. 4, 454).

66 E. Simons, Die Bedeutung der Hermeneutik für die Katholische Theologie, in: C.H. Hörgl/F. Rauh, Grenzfragen des Glaubens. Theologische Grundfragen als Grenzprobleme, Einsiedeln 1967, 277–302.

67 Vgl. S. Wiedenhofer, Art. Hermeneutik, in: LThK, Bd. 5, 6f.

68 Theologie zwischen Tradition und Kritik. Die philosophische Hermeneutik Hans-Georg Gadamers als Herausforderung des theologischen Selbstverständnisses, Düsseldorf 1978.

69 A. a. O., 328f.

meneutik als Grundlagenreflexion noch eine sehr junge Übung in der katholischen Theologie ist.[70] Die katholischen Dogmatiker Leo Scheffczyk und Walter Kasper haben sich mit der Frage der Hermeneutik im Blick auf die Dogmatik befasst. Während für Scheffczyk das Verstehen des kirchlichen Dogmas Aufgabe einer dogmatischen Hermeneutik ist und er demgemäß die Vorgaben hermeneutischen Verstehens an das Dogma heranführt[71], sucht Walter Kasper innerhalb der katholischen Theologie des 20. Jahrhunderts die Überwindung der Neuscholastik als herausragendes Ereignis festzumachen und dabei Hermeneutik als Besinnung auf die Grundlagenreflexion der Dogmatik als theologischer Disziplin einzuleiten.[72] Vieles hat zu diesem Umbruch geführt, im Wesentlichen aber die Besinnung auf die Heilige Schrift als Seele aller Theologie. Die Wiederentdeckung der Heiligen Schrift und die Rezeption der historisch-kritischen Exegese haben innerhalb der Dogmatik zu einer Revision der bisherigen Methodik geführt.[73] Hier ist es insbesondere die historische Methode, die in das Spektrum der Dogmatik aufgenommen werden konnte. Danach ist es eine systematische Schriftauslegung, welche die Dogmatik im Wesentlichen leitet. Zwei Momente sind besonders herauszustellen:

(1) Die hohe Bedeutung der historisch-kritischen Methode in der Exegese führt auch innerhalb der Dogmatik zu einer neuen Sichtweise, nämlich der heilsgeschichtlichen Dogmatik. Hier ist

---

70 Vgl. H.G. Stobbe, Hermeneutik – ein ökumenisches Problem. Eine Kritik der katholischen Gadamer-Rezeption (Ökumenische Theologie, Bd. 8) Zürich–Köln–Gütersloh 1981.

71 Dogma der Kirche – heute noch verstehbar? Grundzüge einer dogmatischen Hermeneutik, Berlin 1973.

72 Dogmatik als Wissenschaft. Versuch einer Neubegründung, in: ThQ 157 (1977) 189–203.

73 Vgl. hierzu den Überblick bei F. Mußner, Geschichte der Hermeneutik. Von Schleiermacher bis zur Gegenwart (HDG I 3c) Freiburg–Basel–Wien ^{2}1976.

das fünfbändige internationale Werk „Mysterium Salutis" wegweisend und repräsentativ geworden. Danach geht Dogmatik nicht mehr alleine vom Dogma aus, um dieses nachträglich biblisch zu begründen. Die Dogmatik setzt vielmehr bei der Schrift selbst an, um dann die dogmatische Tradition als Auslegung der Schrift zu verstehen. Hier hat vor allem die Tübinger katholische Theologie seit Anfang des 19. Jahrhunderts zu einer Neubesinnung der Dogmatik als Hermeneutik beigetragen.

(2) Auf einem anderen Wege konnte das Grundanliegen des Zweiten Vatikanischen Konzils neu aufgenommen werden, nämlich mit der Annahme der konkreten Situation, in der Mensch und Gesellschaft stehen. Auf die Wahrnehmung der Zeichen der Zeit führt das Nachdenken über Tradition in einen lebendigen Prozess hinein. Insoweit ist Dogmatik nicht nur die Interpretation der dogmatischen Formeln, die innerhalb der Kirche als verbindlich gelten, sondern auch das Nachdenken über den Glauben im ganzen Leben, Tun und Sein der Kirche.[74]

Beide Gesichtspunkte haben zu einem Neuansatz im Verständnis der Dogmatik geführt.[75] Unter Dogma versteht man jetzt einen Beziehungsbegriff, nämlich die in einer meist kritischen historischen Situation gegebene Antwort der Kirche auf das Wort Gottes. Dogmen sind nicht selbst Wort Gottes, sondern sie stehen unter dem Wort Gottes und dienen ihm. Ein Dogma ist also relativ, indem es hinweisend und vergegenwärtigend vom Worte Gottes und dessen Überlieferungsgeschichte ausgeht. Dogma ist relativ, insoweit es innerhalb der Fragestellungen ei-

---

[74] Die Interpretation der Dogmen. Dokument der Internationalen Theologenkommission, in: IKaZ 19 (1990) 246–266.

[75] Vgl. hierzu W. Kaspers Überlegungen in: Dogmatik als Wissenschaft. Versuch einer Neubegründung, in: ThQ 157 (1977) 189–203. Zur Thematik insgesamt: H. Filser, Dogma, Dogmen, Dogmatik. Eine Untersuchung zur Begründung und zur Entstehungsgeschichte einer theologischen Disziplin von der Reformation bis zur Spätaufklärung (Studien zur systematischen Theologie und Ethik, Bd. 28) Münster 2001.

ner bestimmten Zeit je neu ausgelegt wird. Eine solche die Dogmenbildung als relationalen Prozess bedenkende Dogmatik versteht sich selbst als Hermeneutik. Sie geht aus von Gadamers hermeneutischem Entwurf und will die biblischen Offenbarungszeugnisse innerhalb der christlichen Wirkungsgeschichte bedenken. Dogmatik ist also selbst ein Übersetzungsvorgang. Natürlich ist eine solche Dogmatik, die sich als hermeneutische versteht, noch nicht das letzte Wort zum Problem der Übersetzung der Dogmen.[76] Die Fragen, die hiermit aufgeworfen werden, müssen in einem anderen Kontext bedacht werden.

2.10 Das Projekt einer ökumenischen Hermeneutik

Innerhalb der ökumenischen Theologie hat das Nachdenken über die im ökumenischen Dialog erzielten Ergebnisse zu einer neuen methodologischen, insbesondere der hermeneutischen Fragestellung geführt. Viel zu wenig ist freilich die mit den Dialogfragen verbundene eigene hermeneutische Fragestellung bedacht worden. Hier zeigen sich vor allen Dingen im Blick auf die 1999 gemeinsam unterzeichnete „Gemeinsame Erklärung zur Rechtfertigungslehre“ neue Probleme, die eine hermeneutische Grundlagenreflexion notwendig machen. Fragen, die sich hier ergeben, beziehen sich also nicht nur auf die Auslegung und das Verstehen der erzielten Ergebnisse, sondern sie fordern auch Reflexionen auf die Möglichkeit des Dialogs ein.

Dabei könnte das Missverständnis auftauchen, der ökumenische Dialog könne nur mit Hilfe einer bestimmten Hermeneutik richtig verstanden werden. Wenn es so wäre, müsste man Hermeneutik als Anleitung verstehen, die dem Dialog, oder den verschiedenen Dialogen, beigegeben werden müsste. In diesem sehr engen Sinn ist ökumenische Hermeneutik freilich nicht zu

[76] Vgl. Die Interpretation der Dogmen, a. a. O.

verstehen. Der ökumenische Dialog braucht allerdings eine kritische Anleitung zum Verstehen. Diese sollte die Voraussetzungen in der Theologie der Dialog führenden Kirchen und Gemeinschaften erfassen, die Bedingungen, unter denen der Dialog steht, aufzeigen, um dann schließlich Folgerungen zu ziehen, welche der Dialog für die Kirchen und Gemeinschaften in Form von Ergebnissen bereithält. Insoweit versteht sich ökumenische Hermeneutik als kritische Reflexion auf die Bedingungen, Voraussetzungen und Folgerungen des ökumenischen Dialogs.

Einen kritischen Blick muss ökumenische Hermeneutik schließlich auf die konfessionspezifischen bzw. konfessionell bedingten Umstände hermeneutischer Reflexion werfen. Diese Fragestellung entscheidet sich im Blick auf Denkformen und Denkfiguren, in denen sich verschiedene konfessionelle Traditionen manifestieren. Hierbei muss sich klären lassen, ob sich solche Denkformen gegenseitig ausschließen oder nicht eher einzuschließen vermögen. Damit steht der Anspruch, Theologie insgesamt könne nur noch hermeneutisch ausgewiesen werden, zur Debatte. Der Streit über die im engeren Sinn verstandene ökumenische Methodik ist in Wahrheit ein Streit über die Gestalt der Theologie, die sie zur christlichen macht oder nicht. Deshalb kann das Projekt einer ökumenischen Hermeneutik an diesem kritischen Punkt der Diskussion nicht achtlos vorbeigehen. Die fundamentaltheologische Wendung der theologischen Hermeneutik gewinnt bei Ebeling zumindest eine konfessionell kontroverstheologische Fassung, die zu einer klaren Entscheidung zwingt. Ebeling spricht deshalb auch von einer Fundamentalunterscheidung.[77] Die Rekonstruktion des hermeneutischen Denkweges hat bereits auf diesen kritischen Ausgangspunkt in der Zeit der Reformation hingewiesen. Damit ist das Projekt der

77 Das rechte Unterscheiden. Luthers Anleitung zu theologischer Urteilskraft, in: ders., Theologie in den Gegensätzen des Lebens. Wort und Glaube, Bd. 4, Tübingen 1995, 441ff., 454ff.

ökumenischen Hermeneutik noch nicht disqualifiziert, aber zur besonderen Vorsicht herausgefordert, insbesondere unter der Voraussetzung, Einsichten der philosophischen und theologischen Hermeneutik für die ökumenische Fragestellung fruchtbar zu machen.

3. Umkehr und Erneuerung

3.1 Umkehr als Ursprung der ökumenischen Bewegung

Ist die ökumenische Bewegung aus dem Grundimpuls der Einheit heraus entstanden, so verbindet sich mit diesem Impuls auch der Ruf zu Buße und Umkehr. Die Suche nach der Einheit war von Anfang an mit der Idee einer Umkehr zur Einheit verbunden. Ohne diesen Akt der Umkehr und Buße ist der Ruf zur Einheit nicht verständlich. Die Gründe hierfür liegen vor allem in den missionarischen Initiativen zu Beginn des zwanzigsten Jahrhunderts, die die Spaltungen unter den Christen erst recht bewusst machten. Wer die Welt für Christus gewinnen will, kann dies nur aus einer Position der Glaubwürdigkeit heraus tun. Glaubwürdig sind Christen dann, wenn sie das Evangelium gemeinsam verkünden. Diese innere Zusammengehörigkeit von Mission und Verkündigung macht die Umkehr zur Einheit zu einer dringenden Notwendigkeit.

Die erste Weltkonferenz für Glauben und Kirchenverfassung verknüpfte den Ruf zur Einheit mit der Klage über die Entzweiung der Christenheit. Das gemeinsame Bekenntnis zu Christus beinhaltet ein Bekenntnis zu Umkehr und Buße. „Gott will die Einheit. Unsere Anwesenheit auf dieser Konferenz legt Zeugnis dafür ab, daß wir unsern Willen unter seinen Willen beugen wollen. Wie immer wir die Anfänge der Entzweiung rechtfertigen mögen, wir beklagen, daß sie weiterdauern und anerkennen es als unsere Pflicht, fortan in Buße und Glauben dafür zu wirken, daß die zerstörten Mauern der Christenheit wieder aufgebaut werden."[1] Ungeachtet der zwischen den Kirchen bestehenden

---

[1] So heißt es in der Ersten Weltkonferenz für Glauben und Kirchenverfas-

Unterschiede und Meinungsverschiedenheiten halten Vertreter verschiedener Kirchen an der gewonnenen Option fest, das Evangelium von Jesus Christus den Menschen gemeinsam zu verkünden. So steht die frühe ökumenische Bewegung vor der Tatsache, den Ruf zur Einheit mit der Erkenntnis der Verschiedenheit und der Spaltung der Christenheit zusammenhalten zu müssen. Das sich hier offenbarende Dilemma ist von Anfang an klar. „Glauben und Kirchenverfassung" hat hierzu drei Auffassungen zusammengetragen: (1) Spaltungen der Christenheit entstehen niemals ohne Sünde, sie sind Ausdruck der Sündenverhaftetheit der Christenheit. (2) Spaltungen sind Ausdruck und Ergebnis unterschiedlicher Geistesgaben und verschiedenen Verständnisses der Wahrheit. (3) Trotz der Spaltungen der Vergangenheit steht die Verkündigung des Evangeliums unter der Gnade und Barmherzigkeit Gottes. – Die erste Auffassung geht von der Prämisse aus, dass die Christenheit vom Beginn an im Zustand der Sünde verharrt. Die zweite Auffassung wertet Spaltungen als tolerierbare Unterschiede, die Ausdruck der notwendigen Verschiedenheit sind. Die dritte Auffassung sucht einerseits der historischen Tatsache gerecht zu werden, dass Spaltungen Ergebnisse von geschichtlichen Entwicklungen sind, die nicht ohne Schuld von Menschen entstanden sind, der Schmerz darüber aber fordert dazu heraus, diese künftig zu überwinden. Gerade diese Auffassung sucht dem Umstand gerecht zu werden, dass die ökumenische Bewegung zutiefst mit der Entstehung der christlichen Konfessionsbildung und des christlichen Konfessionalismus verbunden ist. Die Dynamik der ökumenischen Bewegung verdankt sich letztlich der Entstehung der konfessionellen Weltbünde am Ende des 19. Jahrhunderts, die der konfessionellen Spaltung entgegenarbeiteten und der Konversion der Konfessionalität den

---

sung 1927 in Lausanne: Die Einheit der Kirche. Material der ökumenischen Bewegung. Im Auftrag des Referates für Glauben und Kirchenverfassung hrsg. von L. Vischer (Theologische Bücherei, Bd. 30) München 1965, 30.

Weg bereiteten. So zeigt sich schließlich, dass der Einheitsimpuls der ökumenischen Bewegung und das Motiv der Umkehr in Konfessionalität und Konfessionalismus des 16. und 17. Jahrhunderts wurzeln.[2]

Hier ist eine Unterscheidung wirksam, deren Bedeutung nicht hoch genug eingeschätzt werden kann. Der Ökumenische Rat der Kirchen hat während der Sitzung des Zentralausschusses in Toronto im Jahr 1950 auf einen Widerspruch hingewiesen, auf dessen Existenz die ökumenische Bewegung insgesamt zurückzuführen ist. Christen stünden dem inneren Widerspruch gegenüber, „daß es einerseits nur eine Kirche Christi geben kann und daß es andererseits doch so zahlreiche Kirchen gibt, die den Anspruch erheben, Kirchen Christi zu sein und dabei doch nicht in einer lebendigen Einheit zusammenleben. Sobald sie sich mit diesem Widerspruch innerlich auseinandersetzen, empfinden sie eine heilige Unzufriedenheit mit der gegenwärtigen Lage."[3] Analog zu diesem Text und wohl offensichtlich in Kenntnis dessen deckt auch das Ökumenismusdekret im Vorwort diesen Widerspruch auf, zwischen dem Bekenntnis zur einen und einzigen Kirche Jesu Christi und dem Anspruch christlicher Gemeinschaften auf das wahre Erbe Jesu Christi.[4] Weist man diesen Anspruch nicht als unwahr ab, entsteht ein Dilemma, das unaufhebbar scheint: zwischen dem wahren Bekenntnis zur Einheit der Kirche Jesu Christi einerseits und der historisch nicht zu leugnenden Existenz von Kirchen und Gemeinschaften, die sich im Laufe der Zeit voneinander getrennt hatten. Dieser Konflikt ist real, und man muss ihn als historische Differenz zwischen der kirchlichen und der konfessionellen Identität begreifen. Alle Bemühungen

---

[2] Auf diesen Zusammenhang weist die Groupe des Dombes in ihrem bemerkenswerten Dokument „Für die Umkehr der Kirchen" hin. Orig. franz.: Pour la conversion des Églises, Paris 1991, dt.: Für die Umkehr der Kirchen. Identität und Wandel im Vollzug der Kirchengemeinschaft, Frankfurt a.M. 1994.

[3] Die Einheit der Kirche. Material der ökumenischen Bewegung, a. a. O., 257.

[4] Vgl. UR 1.

um Umkehr und Erneuerung beziehen sich immer auf die konfessionelle Identität, wie sie sich in der Existenz konfessioneller Kirchen und Gemeinschaften widerspiegelt. Dieser Konflikt ist unausweichlich. Mit ihm hängt das Bewusstsein der Überwindung der Spaltung der Christenheit zusammen. Ihn so wahrzunehmen heißt auch, sich einzugestehen, dass die ökumenische Bewegung ein modernes Phänomen ist, und zwar deshalb, weil sie die historisch verifizierbare Konfessionalität voraussetzt. Die Toronto-Erklärung erfasst die hier obwaltende Differenz in der Unterscheidung zweier Formen von Mitgliedschaften: die in der Kirche Jesu Christi einerseits und die in der jeweils eigenen Kirche andererseits.[5] Beide Mitgliedschaften sind nicht deckungsgleich. Ganz parallel dazu hat auch das Ökumenismusdekret diese Differenz so aufgenommen, indem es zwischen der Einheit der Kirche einerseits und der Wiederherstellung der Einheit der Christen andererseits unterscheidet. Das Ökumenismusdekret geht sogar so weit, die Existenz der Spaltung der Christenheit als Hindernis für die kirchliche Identität zu bezeichnen.[6] Nur wenn dieser Widerspruch als Skandal empfunden wird, lässt sich verstehen, worum es der ökumenischen Bewegung im Letzten geht. Der Wille zur Umkehr, wie er in der ökumenischen Bewegung ar-

---

[5] „Alle christlichen Kirchen einschließlich der Kirche von Rom sind der Meinung, daß die Mitgliedschaft in der einen heiligen Kirche sich nicht vollständig mit der Mitgliedschaft in ihrer eigenen Kirche deckt. Sie anerkennen, daß es Mitglieder der Kirche extra muros gibt und daß diese aliquo modo zur Kirche gehören, oder sogar, daß es eine ecclesia extra ecclesiam gibt. Diese Anerkennung kommt darin zum Ausdruck, daß die christlichen Kirchen mit ganz wenigen Ausnahmen die von anderen Kirchen vollzogene Taufe als rechtmäßig annehmen" (Die Einheit der Kirche, a. a. O., 257).

[6] „Aber gerade die Spaltungen der Christen sind für die Kirche ein Hindernis, daß sie die ihr eigene Fülle der Katholizität in jenen Söhnen wirksam werden läßt, die ihr zwar durch die Taufe zugehören, aber von ihrer völligen Gemeinschaft getrennt sind. Ja, es wird dadurch auch für die Kirche selber schwieriger, die Fülle der Katholizität unter jedem Aspekt in der Wirklichkeit des Lebens auszuprägen" (UR 4).

tikuliert wurde und wird, ist die Antriebsfeder für alle Bemühungen um die Einheit der Kirche. Wer diesen Willen leugnet oder gar für historisch obsolet erklärt, nimmt der ökumenischen Bewegung ihren Stachel und stellt ihre berechtigte Existenz infrage. Doch die Problematik, dies zeigt sich hier, liegt tiefer.

Die Spannung zwischen der kirchlichen und der konfessionellen Identität ist die Wurzel für das Verstehen der ökumenischen Bewegung. Nun erscheint es aber zunächst nicht schwierig, die kirchliche von der konfessionellen Identität zu unterscheiden.[7] Das ist eine weithin gebräuchliche Unterscheidung. Danach verstehen wir unter der kirchlichen Identität die Zugehörigkeit des getauften Christen zur Kirche Jesu Christi. Das ist auch gemeint, wenn „Lumen gentium" von der durch die Taufe bewirkten Verbundenheit mit der Kirche spricht.[8] Zugleich steht aber fest, dass Getaufte, die die Einheit mit dem Nachfolger Petri nicht gewahrt haben, eigenen Kirchen oder kirchlichen Gemeinschaften angehören. Diese historisch verifizierbare Zugehörigkeit zu solchen Kirchen und kirchlichen Gemeinschaften ist als konfessionelle Identität anzusprechen. Christen leben in historisch, kulturell, dogmatisch und soziologisch feststellbaren Identitäten. Freilich tritt nun aber doch noch eine weitere Identitätsform auf. Auch auf diese weist das Konzil deutlich hin: Die Taufe verbindet mit Christus. Christliche Identität bezieht sich also auf die Beziehung, die den Gläubigen mit Christus verbindet, hierin wurzelt auch das spezifisch Christliche, oder wie es „Lumen gentium" formuliert, die von Gott zugesagte Vereinigung des Menschen mit ihm. Entscheidend ist nun, dass diese durch die Taufe mit Christus bewirkte Verbindung nicht sozusagen in der Luft hängt, sondern konkret wird, und zwar in der kirchlichen Identität. Genau diesen Zusammenhang

---

[7] Vgl. hierzu das Dokument der Groupe des Dombes „Für die Umkehr der Kirchen", a. a. O., 29ff.

[8] LG 14 und 15.

behandelt die Kirchenkonstitution „Lumen gentium" an prominenter Stelle. Die Vereinigung des Menschen mit Gott realisiert sich in der Gemeinschaft der Kirche. Sie ist der Ort, an dem die Gemeinschaft mit Gott „da" ist – gleichsam sakramental. Die Kirche ist – sakramental betrachtet – Zeichen und Werkzeug für die Gemeinschaft des Menschen mit Gott. Christliche und kirchliche Identität können nicht voneinander getrennt werden, sie sind aber auch nicht einfach identisch und müssen daher, wenn auch in einer komplexen Wirklichkeit miteinander verbunden, unterschieden werden.

Von dieser komplexen Wirklichkeit kirchlicher und christlicher Identität kann schließlich die konfessionelle Identität nicht losgelöst werden, sie ist aber lediglich das Anerkenntnis einer Zugehörigkeit zu einer historisch gegebenen Kirche oder kirchlichen Gemeinschaft.[9] Wenn keine konfessionelle Kirche sich ohne Umschweife mit der Kirche Jesu Christi identifiziert, wie das ökumenische Dokument der Groupe des Dombes formuliert, so ist die Katholizität verwundet, oder es ist, wie es das Ökumenismusdekret festhält, die Ausprägung der Katholizität behindert.[10] Dieses Hindernis betrifft ursächlich die ökumenischen Bemühungen. Umkehr und Erneuerung beziehen sich danach auf Verurteilungen und Abgrenzungen, die überwunden werden sollen. „Der Konfessionalismus ist die Verhärtung der konfessionellen Identität, verbunden mit einer Haltung der Selbstrechtfertigung."[11] Der Konfessionalismus ist darauf fixiert, die christliche und kirchliche Identität, die sich in der konfessionellen Identität ausdrückt und realisiert, zu verfestigen und integralistisch zu bewahren. Er ist ein historisches Phänomen, das jederzeit kirchliche und christliche Identität zu überformen sucht. Hier liegt die geschichtliche Hypothek jeder christlichen Kirche. Hier wurzeln Sünde und

---

9 Für die Umkehr der Kirchen, a. a. O., 34.

10 A. a. O., 31; UR 4.

11 Ebd.

Schuld bei Verantwortlichen und Gläubigen der Kirchen und Gemeinschaften, und zwar auf beiden Seiten. Diesen Zusammenhang erkannt zu haben, ist die historische Leistung der ökumenischen Bewegung. Es gibt keine Umkehr ohne Bekenntnis der „Sünden gegen die Einheit“[12]. Insoweit ist klar: Jede Konfessionalität bedarf der Verwandlung, der Umkehr. Sie beinhaltet das Zugeständnis, Sünden gegen die Einheit zu bekennen, weil nicht ausgeschlossen werden kann, dass die Konfessionalität die Abgrenzung und den Ausschluss fördert und belebt. Unabhängig von der Tatsache, ob eine Kirche sich nun als Konfession versteht oder nicht, sie ist nicht frei vom Hang zur Selbstabschottung oder Selbstrechtfertigung. Diesen Prozess der Selbstreflexion in Gang gesetzt zu haben, ist das historische Verdienst der ökumenischen Bewegung.[13]

3.2 Kein Ökumenismus ohne Erneuerung der Kirche und innere Bekehrung!

Mit dem Zweiten Vatikanischen Konzil hat auch die katholische Kirche eine durch die ökumenische Bewegung zumindest angeregte, wenn nicht herausgeforderte Selbstbesinnung in Gang gesetzt. Die Voraussetzung hierfür bildete eine gründliche Reflexi-

[12] UR 7.

[13] Es wird noch zu zeigen sein, worin die heutige Zumutung der ökumenischen Bewegung liegen dürfte. Wer heute die Kirchen dazu aufruft, sich mit der Konfessionalität zufriedenzugeben, hebelt den ökumenischen Grundimpuls aus. Die heute so oft vorgetragene Forderung der gegenseitigen Anerkennung der Kirchen, ohne die Voraussetzung der Umkehr zu bedenken, gibt sich mit der Tatsache der Koexistenz der christlichen Kirchen zufrieden. Warum sollte gegenseitiges Vertrauen wachsen, wenn die Zumutung entfällt, Sünden gegen die Einheit zu bekennen? Hier liegt offenbar ein Missverständnis vor: Spaltungen zu beklagen ist nicht dasselbe wie kontextuelle Vielfalt zu verstehen. Die erste Haltung will eine fundamentale Änderung, die zweite gibt sich mit dem Status quo zufrieden.

on der eigenen ekklesialen Wirklichkeit. In der Literatur hat sich diese Erkenntnis unter dem Wort vom Konzil der Kirche über die Kirche durchgesetzt.[14] Da mit der Ankündigung kein fertiges Konzept des Konzils vorlag, stellte zwangsläufig das unabgeschlossene Erste Vatikanische Konzil einen Anknüpfungspunkt dar. Dessen eigener ekklesiologischer Entwurf war nicht mehr angenommen worden.[15] In Verbindung mit der schnell in den Vordergrund gerückten ökumenischen Problematik verdichteten sich die Anzeichen für eine Fortentwicklung der ekklesiologischen Frage. Mit der Eröffnung des Konzils verstärkte sich der Eindruck, dass eine dogmatische Erklärung über die Kirche zum Hauptstück des Konzils werden würde. So begannen sich die ekklesiologische und die ökumenische Problematik zu verschränken. Je stärker auf dem Weg zur Wiederherstellung der Einheit aller Christen die katholische Kirche auf die von ihr getrennten Kirchen und kirchlichen Gemeinschaften zu blicken begann, musste sie ihr Augenmerk auch auf sich selbst richten. Die Annäherung der Kirchen untereinander und die Bemühungen um eine Einigung setzen die Selbsterneuerung der Kirche voraus. Diesem Erneuerungsprozess kommt daher eine besondere ökumenische Bedeutung zu. Und man muss hinzufügen: Ohne diesen Prozess der ekklesialen Erneuerung gibt es auch keine Akzeptanz der ökumenischen Bewegung. Die Ekklesiologie ist insoweit der Nagel, an dem die ganze Ökumene hängt.

Das Ökumenismusdekret weist auf verschiedene Erneuerungsbewegungen im zwanzigsten Jahrhundert hin, auf die liturgische und die biblische Bewegung, aber auch auf die Sozialverkündigung der Kirche seit dem Ende des 19. Jahrhunderts (UR 6). Solche Erneuerungen weisen zwei wesentliche Faktoren auf:

---

[14] Vgl. hierzu G. Philips, Die Geschichte der Dogmatischen Konstitution über die Kirche „Lumen Gentium", in: LThKVat, Bd. 1, 139–155.
[15] NR 386–394.

(1) Erneuerung heißt (im Lateinischen) zunächst Renovatio: „Wachstum der Treue gegenüber ihrer eigenen Berufung" (UR 6). Gemeint ist eine am Geist des Evangeliums orientierte Haltung auf allen Gebieten des kirchlichen Lebens. Dem kommt auch die Auffassung des Konzils nahe, nach der die Kirche nicht über der Schrift stehe, sondern ihr diene. Die Heilige Schrift ist die Regel, an der sich die Erneuerung der Kirche orientiert. Denn es kann nicht ausgeschlossen werden, dass die Kirche auf ihrem geschichtlichen Weg von ihrer Treue zu Christus selbst abweiche – so formuliert es die Kirchenkonstitution „Lumen gentium" (LG 9). Damit sie wahrhaftig Kirche Jesu Christi heißt, braucht sie selbst immer wieder die Kraft zur Erneuerung im Geiste des Evangeliums.

(2) Erneuerung kann aber auch Reformatio bedeuten: soweit die Kirche eine irdische und menschliche Einrichtung ist, soweit sie also eine geschichtlich bedingte Gestalt hat, durch Denken, Handeln und Verhalten von Menschen bestimmt wird, kann nicht ausgeschlossen werden, dass ihr Zeugnis im sittlichen Leben von einzelnen Gläubigen, in der Lehrverkündigung (in Unterscheidung vom depositum fidei – vom der Kirchen anvertrauten Glaubensschatz) und auch in der Kirchenzucht nicht genau genug bewahrt und daher einer ständigen Reform bedarf. Wie kein Konzil zuvor hat das Zweite Vatikanische Konzil die geschichtliche Existenzform der Kirche in den Blick genommen. Das Konzil selbst stand von Anfang unter dem Leitwort von der Verheutigung („aggiornamento"). Das Bild der Kirche vom wandernden Gottesvolk – eine der wesentlichen Aussagen des Konzils zum Selbstverständnis der katholischen Kirche – untermauert theologisch die Einsicht in die Geschichtlichkeit und Veränderlichkeit der Kirche als gesellschaftlicher Größe. Mit dem Wort von der perennis reformatio – der dauernden Reform – erinnert das Konzil an den protestantischen Grundsatz von der „Ecclesia semper reformanda"[16]. Aber auch in

---

[16] Der Grundsatz stammt möglicherweise von Gisbert Voetius. Vgl. M. Kehl, Art. Ecclesia ..., in: LThK, Bd. 3, 437.

der katholischen Tradition wurde der Satz selbstverständlich verwendet. Mit diesem Hinweis unterstreicht das Konzil die Reformbedürftigkeit der Kirche erneut; hier wird dieser Grundsatz nun ökumenisch verstanden. Das heißt: Die Aufnahme der ökumenischen Idee und die Teilnahme an der ökumenischen Bewegung, die selbst ja außerhalb der katholischen Kirche entstanden ist, sind angesichts der ablehnenden Haltung der Kirche zuvor nur denkbar aufgrund eines innerkirchlichen Erneuerungsprozesses. Insgesamt macht dieser Grundsatz auf das Erfordernis aufmerksam, dass die Suche nach der Wiederherstellung der Einheit immer von einem Prozess der ständigen Reform begleitet sein muss.

„Es gibt keinen echten Ökumenismus ohne innere Bekehrung" (UR 7). War zunächst von der Erneuerung der Kirche die Rede, so nimmt das Ökumenismusdekret nun die persönliche Erneuerung jedes einzelnen Gläubigen in den Blick. Auch hier treten zwei wesentliche Aspekte hervor: (1) Die persönliche Erneuerung ist eine geistliche Erneuerung. Das Dekret zitiert aus dem Epheserbrief: „Erneuert euren Geist und Sinn!" (4,23). Erneuerung vollzieht sich wesentlich von innen her und soll sich in einem neuen Leben auswirken. Blickt man genauer hin, so liest man die Mahnung: „Ihr müsst euch erneuern lassen durch den Geist in eurem Denken!" In Wahrheit ist es der Heilige Geist, der die Menschen erneuert. Auf ihn sich einzulassen, ist vom Menschen gefordert. Geschieht dies, so kommt der Grundsatz voll zum Tragen: Werde, was du bist! So ist Erneuerung ein Vorgang, der am Menschen geschieht, freilich nicht ohne seine Zustimmung, nicht ohne seinen eigenen Erneuerungswillen.

(2) Erneuerung schließt Anerkenntnis eigener Schuld ein. Hier gilt zunächst grundsätzlich das Zeugnis des Johannes: „Wenn wir sagen, dass wir nicht gesündigt haben, machen wir ihn zum Lügner, und sein Wort ist nicht in uns" (1 Joh 1,10). Was hier zählt, ist die Bereitschaft zur wirklichen Versöhnung, weil sie aus der Herzensänderung hervorgeht. In unserem Kontext ist es insbesondere

die Schuld an den Spaltungen, die einzelnen Menschen zugeschrieben werden muss. Die Trennung von der vollen Gemeinschaft der Kirche geschah „nicht ohne Schuld der Menschen auf beiden Seiten“ (UR 3). Die Kirche selbst umfasst „Sünder in ihrem eigenen Schoße“ (LG 8). Die Kirche ist von den Sündern ihrer Glieder betroffen. Deshalb gilt auch von ihr, dass sie stets der Reinigung bedürftig ist. Insofern sich die Kirche die Last der Sünden ihrer Gläubigen auflädt, versteht sie sich als Sünderin. Darin wurzelt ihre Verantwortung, an der Überwindung der Sünde mitzuwirken. Dies schließt die Verantwortung dafür ein, die Spaltungen in der Christenheit zu überwinden. In diesem Sinne ist das Schuldbekenntnis zu verstehen, dass Papst Johannes Paul II., wie schon sein Vorgänger Paul VI., im Blick auf die fehlende Einheit der Christenheit zum Ausdruck gebracht hat. Das Eingeständnis der Sünde, welche die Einheit des Leibes Christi verwundet hat, mündet ein in die Bitte um Versöhnung.

Die ökumenischen Bemühungen gehen also immer einher mit der bleibenden Notwendigkeit der inneren Bekehrung und Umkehr. Die Teilnahme am ökumenischen Geschehen ist deshalb auch ein Weg der Buße. Insoweit ist die Mitwirkung an der Ökumene ein zutiefst persönliches und geistliches Geschehen. Aus diesen eher programmatischen Zielsetzungen lassen sich für die ökumenische Praxis Richtung weisende Einsichten gewinnen. Diese wurden nach dem Konzil konsequent in die Tat umgesetzt. Dazu gehören drei entscheidende Vorgänge: (1) Am Anfang der ökumenischen Bewegung steht die Einsicht in die Abkehr von der bisherigen Haltung der gegenseitigen Abgrenzung und Verurteilung. Hindernisse müssen überwunden werden, dazu bedarf es einer das Bisherige umwendenden Erkenntnis. Sie bildet den Ausgangspunkt für das aufzunehmende Gespräch. (2) Die Vergangenheit bietet oftmals genügend Gründe für den Vorgang der gegenseitigen Verurteilung. Diesen Gründen muss nachgegangen werden. Neu gewonnene Einsichten führen fast zwangsläufig dazu, das Gedächtnis der Kirchen von solchen Vorgängen zu befreien, die die Gemeinschaft verhinderten. So ist charakteristisch, dass am Beginn der orthodox-katholischen Gespräche solch ein Akt der Befreiung von der Vergangenheit steht. (3) Schließlich verlangt die Befreiung von den Wirkungen vergangener Handlungen ein Schuldeingeständnis auf beiden Seiten. Exemplarisch hierfür ist das von Papst Johannes Paul II. ausgesprochene allgemeine Schuldbekenntnis, insbesondere das Bekenntnis der Sünden gegen die Einheit des Leibes Christi.

3.3 Reinigung des Gedächtnisses

Innerhalb des ökumenischen Prozesses geschieht Besinnung und Umkehr auf verschiedenen Wegen. Gemeinsam ist ihnen aber der kritische Rückblick auf die Geschichte der Kirchen. In den allermeisten Fällen wird dieser von symbolischen Gesten begleitet. Drei wichtige Ereignisse aus der neueren Geschichte der ökumenischen Bewegung sind hier zu nennen: (1) die Gemeinsame Erklärung von Papst Paul VI. und Patriarch Athenagoras I. über die Aufhebung der Wirkungen der einstmals ausgesprochenen Bannsprüche aus dem Jahr 1965; (2) die gemeinsam getroffene Feststellung einer Übereinstimmung angesichts der Lehrverurteilungen der Reformationszeit im Rahmen der Leuenberger Konkordie zwischen lutherischen, reformierten und unierten Kirchen von 1973; (3) der Schlussbericht der Gemeinsamen Ökumenischen Kommission zur Überprüfung der Verwerfungen des 16. Jahrhunderts aus dem Jahr 1985. – Alle drei Vorgänge markieren einen entscheidenden Einschnitt im Verhältnis der Kirchen untereinander.

Die „Reinigung des kollektiven Bewusstseins unserer Kirchen" bezeichneten Papst Paul VI. und der Ökumenische Patriarch Dimitrios I. als Ergebnis des Dialogs der Liebe und als unerlässliche Bedingung für künftigen Fortschritt in den Beziehungen zwischen der Kirche des Ostens und der Kirche des Westens.[17] Der theologische Dialog setzt eine Entscheidung darüber voraus, wie die Kirchen des Ostens und des Westens mit der bisherigen Geschichte ihres Verhältnisses zueinander umgehen wollen. Ziel ist nach Auffassung beider Kirchen die Wiederherstellung der vollen Gemeinschaft zwischen der katholischen und der Orthodoxen Kirche, welche die gemeinsame Feier der Eucharistie einschließt. Die Entschlossenheit zum Dialog wird von den kirchlichen Autoritäten verbunden betrachtet mit einem abschließenden Urteil über das bisherige Verhältnis zueinander. „Unter den Hindernissen, die auf dem Weg der Entwicklung dieser brüderlichen Beziehungen in Vertrauen und Hochachtung liegen, befindet sich die Erinnerung an die schmerzlichen Entscheidungen, Handlungen und Zwischenfälle, die 1054 zu den Exkommunikationssentenzen führten, die von den von Kardinal Humbert angeführten Legaten des Römischen Stuhls gegen den Patriarchen Michael Kerularios und zwei weitere Persönlichkeiten ausgesprochen wurden, worauf die Legaten selbst Gegenstand eines analogen Bannspruchs von seiten des Patriarchen und der Synode von Konstantinopel wurden."[18] Nach Jahrhunderten der Trennung und dem allmählichen Erlöschen der Gemeinschaft zwischen der Kirche des Ostens und der Kirche des Westens, verstärkt durch Entfremdungen und fehlgeschlagene Unionsversuche folgender Jahrhunderte, gaben zunächst kleine, eher unbedeutende Gesten verantwortlicher Persönlichkeiten beider Kirchen Hinweise und schließlich Anlass für einen „Dialog der Liebe", der die Annäherung einleitete und vorbereitete. Hintergrund bilden die traumatischen Vorgänge des Jahres 1054, die in der Forschung keineswegs als ausschlaggebend für den

[17] Gemeinsame Erklärung des Papstes Johannes Paul II. und des Ökumenischen Patriarchen Dimitrios I. anläßlich des Papstbesuches im Phanar – 30. November 1979, in: DwÜ 1, 526.

[18] Gemeinsame Erklärung des Papstes Paul VI. und des Patriarchen Athenagoras I. über die Aufhebung der Exkommunikationen – 7. Dezember 1965, in: DwÜ 1, 522.

Abbruch der Beziehungen gelten müssen, freilich exemplarisch im Gedächtnis der Kirchen erhalten geblieben waren und ihre Wirkung bis in die Gegenwart ausübten.[19] Entscheidend sind schließlich nicht die Exkommunikationen selbst, sondern das, was sie auslösten: die Geschichte einer gegenseitigen Entfremdung, in der jede Partei sich darum bemühte, den eigenen Standpunkt unbesehen durchzusetzen.[20] Der Wille zur Verständigung erlosch, Tendenzen zur Selbstbehauptung nahmen zu, die gegenseitige Abschottung verhärtete sich, am Ende besiegelte eine eher kleinliche Streiterei das Missverhältnis. Man kann wohl kaum von einem Schisma der Form nach sprechen, aber nach Jahrhunderten hatten beide Kirchen verlernt, miteinander zu sprechen. Im Gedächtnis der Kirchen setzte sich die Überzeugung fest, ein Schisma sei Auslöser der Trennung. Unter den historischen Bedingungen des 20. Jahrhunderts, ein Jahrzehnt nach dem Ende des Zweiten Weltkriegs, setzten eine gegenseitige Wahrnehmung und allmähliche Annäherung ein, die schließlich zur Aufnahme des Dialogs führten. In seiner Weihnachtsbotschaft 1958 beklagte Papst Johannes XXIII. die Verwirrung und Trauer anlässlich des beängstigenden „Problems der gespaltenen Einheit des Erbes Christi". In seiner Antwort auf den Einheitsappell des Papstes richtete auch der Patriarch von Konstantinopel den Blick auf unerlässliche Taten und Handlungen, welche die Gläubigen beider Kirchen zusammenführen und näher bringen sollen.[21] Nun richteten sich die Hoffnungen wieder auf gegenseitige Hinwendung, des Ostens zum Westen, des Westens zum Osten.

---

19 Vgl. H.-J. Schulz, Das Zerbrechen der Kircheneinheit zwischen Ost und West und die Versuche der Heilung, in: HÖ I, 132f.

20 H.-G. Beck, Die Ostkirche vom Anfang des 10. Jahrhunderts bis Kerullarios, in: HKG, Bd. III/1, 465.

21 TOMOS AGAPIS. Dokumentation zum Dialog der Liebe zwischen dem Hl. Stuhl und dem Ökumenischen Patriarchat 1958–1976, hrsg. im Auftrag des Stiftungsfonds PRO ORIENTE, Wien–Innsbruck 1978, 11ff.

Höhepunkt dieser ersten Phase des Dialogs war zweifelsohne die gemeinsame Erklärung des Papstes und des Patriarchen anlässlich ihrer Begegnung in Jerusalem am 6. Januar 1964. Eine danach eingesetzte Kommission hatte ein Projekt zu einer Erklärung über die Ereignisse von 1054 zu prüfen begonnen, bevor in einer gemeinsamen Erklärung vom 7. Dezember 1965 der Papst und der Patriarch in Einvernehmen feststellten: (a) dass sie Worte und Handlungen bedauern, die die Ereignisse des Jahres 1054 geprägt und begleitet haben; (b) dass sie die Exkommunikationssentenzen bedauern, „aus dem Gedächtnis und der Mitte der Kirche tilgen und dem Vergessen anheimfallen lassen“[22]; (c) dass sie die Präzedenzfälle und Vorkommnisse beklagen, die schließlich zum Bruch der kirchlichen Gemeinschaft geführt haben. Ausdrücklich verstehen der Papst und der Patriarch ihre Erklärung als Vollzug einer Geste, die auf die Läuterung der Herzen und die Reue über die geschichtlichen Unrechtstaten zielt und diese freisetzt. Solche Geste reicht aber nicht hin, um alte und neue Differenzen, die zwischen beiden Kirchen bestehen, zu beseitigen. Das bleibt allein einem theologischen Dialog vorbehalten. Diese Geste bildet aber eine unerlässliche Bedingung, um auf dem Weg des Dialogs zur Wiederherstellung der vollen Gemeinschaft der Katholischen und Orthodoxen Kirche zu gelangen. Diese hier geschilderten Vorgänge machen klar, dass die Wiederherstellung der vollen Gemeinschaft Bestandteil eines längeren geschichtlichen Prozesses ist, an dessen Beginn Umkehr und Erneuerung stehen. Diese stehen für die Abkehr von der gegenseitigen Abgrenzung und Verurteilung und begleiten den Dialog als kritisches Moment auf alle Zeit.

Die symbolische Geste einer Reinigung des Gedächtnisses blieb keineswegs auf den katholisch-orthodoxen Dialog allein beschränkt. Parallel dazu hatte bereits in den Fünfzigerjahren eine lang andauernde Diskussion unter den reformatorischen Kirchen

---

[22] DwÜ 1, 523.

begonnen, die schließlich in der Leuenberger Konkordie von 1973 ihren Abschluss fand. Um sich die Bedeutung der Konkordie zu vergegenwärtigen, muss man auf das jahrhundertelang währende Verhältnis reformatorischer Kirchen untereinander blicken. Zwischen Gliedkirchen der EKD herrschte – formell betrachtet – bis 1973 keine volle Abendmahlsgemeinschaft. Unionen waren im 19. Jahrhundert meist auf politischen Druck landesherrlicher Regimente zustandegekommen. Nur in wenigen Fällen gelangen Unionen zwischen Lutheranern und Reformierten aufgrund gemeinsamer Klärung der Bekenntnisgrundlagen, wie etwa in Baden. Eine Einigung über eine Konkordie konnte daher nur angesichts der bisherigen Geschichte reformatorischer Kirchen, d. h. durch Klärung der Hauptkontroversen der Reformationszeit erfolgen. Reformatorische Kirchen hatten sich einzugestehen, dass Kirchengemeinschaft zwischen ihnen nicht verwirklicht werden konnte aufgrund der Lehrverurteilungen des 16. Jahrhunderts. So erschien als Vorbedingung für eine Verwirklichung von Kirchengemeinschaft die Überprüfung der Lehrunterschiede notwendig.

Die Gegensätze, an denen eine Kirchengemeinschaft zwischen lutherischen und reformierten Kirchen bisher gescheitert war, betrafen die Fragen des Abendmahls, der Christologie und der Prädestination. Der dritte Teil der Leuenberger Konkordie befasst sich daher mit der Sachfrage, in welcher Weise die Verwerfungen auf der Grundlage der erzielten Übereinstimmung im Verständnis des Evangeliums heute noch den Stand der Lehre der Kirchen betreffen oder nicht. In drei verschiedenen Durchgängen werden jeweils lutherische und reformierte Feststellungen vorgetragen, die im Wortlaut nicht identisch sind, sich aber auch nicht widersprechen, sondern eine weitgehende Annäherung darstellen, ohne ihre bekenntnisgebundene Herkunft zu verleugnen. Die Schlussformel bringt schließlich zum Ausdruck, dass die von den Vätern vollzogenen Verwerfungen nicht als unsachgemäß bezeichnet werden müssen, gleichwohl stellen sie kein Hindernis mehr für die Kirchengemeinschaft dar. Wenn auch nicht ganz klar ist, auf welcher lehrmäßigen Grundlage diese Urteile erfolgen, so wollen sie doch eine Übereinkunft anzeigen, die Unterschiede in den Formulierungen zulassen, ohne dass dies den erzielten Konsens gefährdet. Entschieden wird, dass die einstigen Lehrgegensätze heute keine kirchentrennende Wirkung mehr erzielen. Insgesamt wird aber auch an diesem historischen Ereignis klar, dass eine neue Seite in der Geschichte reformatorischer Kirchen nicht aufgeschlagen werden kann, ohne ein klares Verhältnis der Kirchen zu Handlungen in der Vergangenheit, von deren Wirkungsgeschichte man sich nicht glaubt ohne Gründe lossagen zu können.

Die Leuenberger Konkordie fungierte als eine Art Initialzündung für das im evangelisch-katholischen Dialog ausgearbeitete Projekt der Lehrverurteilungen. Auch hier stand eine „Bereinigung der Vergangenheit“ von Anfang an im Blickpunkt der ökumenischen Fragestellung. Weil Differenzen in der Lehre als entscheidender Grund für den Zerfall der abendländischen Kirche in verschiedene Konfessionen gelten, können nicht allein pragmatische Wege zur Kirchengemeinschaft führen. Weitergehenden Schritten zur Abendmahlsgemeinschaft stehen Verwerfungen des 16. Jahrhunderts entgegen. Nur eine Aufarbeitung der Verwerfungen kann daher zu dem gewünschten Ziel führen. Dabei tritt sofort eine charakteristische Spannung in den Blick, die zwischen der Überzeugung, einen gewissen Stand an Gemeinsamkeit in Zeugnis und Dienst erreicht zu haben, und der Erkenntnis andererseits herrscht, dass Bekenntnisse und Dogmen der Kirche in Geltung sind, die dem gemeinsamen Zeugnis zu widersprechen scheinen. „Wir können uns über die damals ausgesprochenen Verwerfungen nicht einfach hinwegsetzen.“[23] Hinzu kam die Einsicht, dass zual-

---

[23] Ökumenischer Arbeitskreis evangelischer und katholischer Theologen, Lehrverurteilungen – kirchentrennend? I. Rechtfertigung, Sakramente und Amt im Zeitalter der Reformation und heute, hrsg. von K. Lehmann und W. Pannenberg, Freiburg i.Br.–Göttingen 1986, 189.

lererst geprüft werden müsse, ob etwa die Lehrentscheidungen des Konzils von Trient den Stand der Lehre der Kirche treffe, mit der sich heute die katholische Kirche im Dialog befindet. Aus dieser Fragestellung entwickelte sich das Projekt einer Überprüfung der Lehrverurteilungen des 16. Jahrhunderts. Die Feststellung eines Konsenses in Kernfragen des christlichen Glaubens und die „Überholung früherer Verurteilungen des Partners“ bilden dabei zwei Seiten einer Medaille. Der anzustrebende Konsens darf die „Differenziertheit der Fragestellung“ nicht verdecken. Wohl war von Anfang an keine Konkordie im Blick, aber die Analogie in Fragestellung und Methodik der Leuenberger Konkordie ist von da an nicht mehr zu übersehen. Ohne eine Bereinigung der Vergangenheit ist die Aufgabe, das inzwischen erreichte Maß an christlicher und kirchlicher Gemeinschaft zu beschreiben, nicht zu verwirklichen. Das deutsche Projekt löste seine Aufgabe auf dem Weg der historisch-kritischen Forschung. Hier stand nun nicht mehr allein eine symbolische Geste im Raum, sondern ein wissenschaftliches Projekt. Alte Gegensätze müssen entschärft werden, so daß ein Verzicht auf den früher üblichen Widerspruch geboten erscheint. „Polemische und nicht zutreffende Ausdrücke gegen den anderen und seine Lehre müssen zurückgenommen und künftig vermieden werden.“[24] Dahinter stehen nicht geringe Fragen zum Umgang mit Geschichte und Schuld der Kirchen.

Die Reinigung des Gedächtnisses ist ein wesentlicher Akt dieser geforderten Umkehr. Umkehr geschieht in Verantwortung des eigenen geschichtlichen Handelns, das hinter uns liegt. Zugleich aber wird klar, dass die Reinigung des Gedächtnisses eine Aufgabe für die Zukunft darstellt, weil gerade die schmerzlichen Erinnerungen, welche die Geschichte begleiten, zukünftiges Handeln behindern und beeinträchtigen. In besonderem Maße gilt dies für das ökumenische Thema. Weil die Spaltungen in der Christenheit das Zeugnis des Evangeliums verdunkeln, müs-

---

[24] A. a. O., 195.

sen Initiativen ergriffen werden, um schmerzliche Trennungen zu beseitigen, die auf beiden Seiten entstanden sind.

3.4 Schuld und Vergebung im Leben der Kirche

Vergangenheit, Gegenwart und Zukunft bilden einen unauflöslichen Zusammenhang. Die Gegenwart steht immer schon unter der Herausforderung des Zukünftigen. Was zu tun ist, verlangt den Vorausblick auf die Folgen und Folgerungen aus dem Gegenwärtigen. Das Gegenwärtige ist aber nie unabhängig von den Voraussetzungen der Vergangenheit. Folgerungen von Handlungen aus Vergangenem wirken sich in der Gegenwart aus und weisen zugleich in die Zukunft. So bilden Vergangenheit, Gegenwart und Zukunft einen wirkungs- und rezeptionsgeschichtlichen Zusammenhang, in den menschliches Leben, Denken und Handeln immer schon einbezogen sind. Verantwortliches Handeln verlangt Orientierung in geschichtlicher Dimension. Darin ist die Schuldfrage einbezogen. Reinigung bezieht sich auf die Klärung der Schuld. Diesen Zusammenhang mit der Schuldfrage hat Karl Jaspers 1946 eindrucksvoll herausgestellt: „Reinigung ist der Weg des Menschen als Menschen ... Reinigung ist ... ein innerlicher Vorgang, der nie erledigt, sondern anhaltendes Selbstwerden ist. Reinigung ist Sache unserer Freiheit.“[25] Der Weg der Reinigung, in Tiefe und Ernst vollzogen, führt den Menschen zu neuem Leben.

Die Reinigung des Gedächtnisses ist ein „Akt der Demut, nämlich Verfehlungen zuzugeben, die von denen begangen wurden, die den Namen Christen trugen und tragen“[26]. Insoweit ist solche Reinigung ein Prozess der Befreiung des individuellen und kollek-

---

[25] K. Jaspers, Die Schuldfrage. Von der politischen Haftung Deutschlands, München Neuausgabe 1987, 82.

[26] Johannes Paul II., Incarnationis mysterium. Verkündigungsbulle des Großen Jubiläums des Jahres 2000 (VApS 136) Nr. 11.

tiven Gewissens, Schuld und Verfehlungen zu erkennen und sie schließlich anzuerkennen, um damit Wege zu eröffnen, die frei sind von Formen des Ressentiments und der Gewalt.[27] Hinsichtlich der Schuld aus der Vergangenheit muss das Gedächtnis gereinigt werden, um zukünftig Wege der Versöhnung möglich zu machen. Papst Johannes Paul II. hat als eines der kennzeichnenden Elemente des großen Jahres 2000 die Reinigung des Gedächtnisses bezeichnet und damit den Akt der Schuldanerkenntnis und der Vergebungsbitten verbunden, der am 12. März 2000 in Rom vollzogen wurde.[28] An dritter Stelle der Feier erfolgte das Bekenntnis der Sünden gegen die Einheit des Leibes Christi.

„Man findet in der gesamten Kirche keinen Präzedenzfall einer vom Lehramt selbst formulierten Vergebungsbitte für die Verfehlungen der Vergangenheit."[29] Hinweise auf ein solches Vorgehen hatte erstmals Papst Paul VI. gegeben, als er bei der Eröffnungsansprache zur 2. Konzilssession Gott und die getrennten Brüder des Orients um Verzeihung bat. Ausdruck fand diese Geste des Papstes im Zweiten Vatikanum selbst, hier vor allem im Ökumenismusdekret[30] und in der Erklärung über das Verhältnis der Kirche zu den nichtchristlichen Religionen „Nostra aetate"[31]. Beklagte schon Hadrian VI. in seiner Botschaft an den

---

[27] Vgl. Internationale Theologische Kommission, Erinnern und Versöhnen. Die Kirche und die Verfehlungen in ihrer Vergangenheit, Einsiedeln–Freiburg i.Br. 2000, 17.

[28] Vgl. die Ansprache des Heiligen Vaters Johannes Paul II. am Tag der Vergebung im Heiligen Jahr 2000, in: Erinnern und Versöhnen, a. a. O., 114.

[29] A. a. O., 25.

[30] „In Demut bitten wir also Gott und die getrennten Brüder um Verzeihung, wie auch wir unseren Schuldigern vergeben" (UR 7).

[31] „Im Bewußtsein des Erbes, das sie mit den Juden gemeinsam hat, beklagt die Kirche, die alle Verfolgungen gegen irgendwelche Menschen verwirft, nicht aus politischen Gründen, sondern auf Antrieb der religiösen Liebe des Evangeliums alle Haßausbrüche, Verfolgungen und Manifestationen des Antisemitismus, die sich zu irgendeiner Zeit und von irgend jemandem gegen die Juden gerichtet haben" (NA 4).

Reichstag von Nürnberg am 25. November 1522 Missbräuche und Verfehlungen, Sünden und Fehler, soweit sie von kirchlichen Autoritäten begangen wurden[32], hat doch erst Papst Johannes Paul II. das Bedauern seines Vorgängers Pauls VI. und der Konzilsväter über die schmerzlichen Erinnerungen nicht nur einfach wiederholt und ausgedehnt, sondern ist darüber prinzipiell hinausgegangen. Er bezieht die Vergebungsbitte auf sich bzw. auf das Amt des Bischofs von Rom selbst. Für den Großteil der anderen Christen, heißt es in seiner Enzyklika „Ut Unum Sint" in Anspielung auf seine Begegnung beim Ökumenischen Rat der Kirchen in Genf am 12. Juni 1984, stelle das Amt des Bischofs von Rom als das sichtbare Zeichen und als den Garanten der Einheit eine Schwierigkeit dar, „deren Gedächtnis durch gewisse schmerzliche Erinnerungen gezeichnet ist. Soweit wir dafür verantwortlich sind, bitte ich mit meinem Vorgänger Paul VI. um Verzeihung"[33]. Noch klarer bringt der Papst die Reinigung des Gedächtnisses mit der Schuldfrage in Verbindung, als er im Vorblick auf das große Jubiläum des Jahres 2000 die Kirche selbst einlädt, „sich stärker der Schuld ihrer Söhne und Töchter bewusst zu werden"[34]. Freilich wirft dieses Schuldbekenntnis der Kirche nicht geringe Fragen und Schwierigkeiten auf. Diese betreffen einerseits die konkrete Beschreibung der Sünden der Vergangenheit im Hinblick auf die Kriterien der historischen Urteilsbildung und andererseits das konkrete Subjekt der Verantwortung und der Schuld. Hier ist eine, wie die Internationale Theologische Kommission fordert, geschichtliche Hermeneutik gefordert.[35] Im Blick auf die zweite Frage sind zwei Aspekte von Bedeutung:

---

[32] Vgl. E. Iserloh, Martin Luther und der Aufbruch der Reformation (1517–1525), in: HKG, Bd. IV, Freiburg i.Br.–Basel–Wien 1967, 110f.

[33] VApS 121, Nr. 88.

[34] Apostolisches Schreiben „Tertio Millennio Adveniente" zur Vorbereitung auf das Jubeljahr 2000 (VApS 119) Nr. 33.

[35] Erinnern und Versöhnen, a. a. O., 33f.

(1) Die Kirche ist nicht in dem Sinne Sünderin, wie Menschen Sünder sind und zur Sünde neigen. Die Kirche ist insofern nicht Subjekt der Sünde. Das Zweite Vatikanum hat hier die Formulierung gewählt: Die Kirche umfasst Sünder in ihrem eigenen Schoße. „Sie ist zugleich heilig und stets der Reinigung bedürftig und geht immerfort den Weg der Buße und Erneuerung." (LG 8)[36]. Damit ist gesagt: Die Kirche umfasst Sünder, diese gehören zu ihr und deshalb ist sie mittelbar von der Sünde betroffen. Diese Sündhaftigkeit hängt aber nicht am Wesen der Kirche selbst, sondern daran, dass sie auch Gemeinschaft sündhafter Menschen ist.[37] Im Sinne der Idee der Kirche als communio wird dieser Gedanke sinnvoll: Wo einer gesündigt hat, leiden auch die anderen. Die Sünde hat nie nur eine individuelle Seite, sondern immer auch eine gemeinschaftliche: „Wenn in dieser Gemeinschaft durch die Sünde einzelner der Heilsweg aller behindert und verstellt wird, dann ist die Kirche in der Einheit ihres geschichtlichen Weges auch von jener Sünde, zu welcher Zeit auch immer sie begangen wurde, zutiefst betroffen."[38] Insofern ist eine ständige Erneuerung der Kirche notwendig.

(2) Die Kirche kann sich die Verantwortung für die Sünde ihrer Glieder aufladen. Insofern ist sie selbst Sünderin im uneigentlichen Sinne. Dieser Gedanke wird getragen durch die Überzeugung von der Kirche als Mutter. Das Zweite Vatikanum hat die Idee der Ecclesia Mater in Beziehung zur Mariologie gesetzt: Die Gottesmutter ist Typus der Kirche und geht ihr voran, da sie das Urbild der Jungfrau und Mutter darstellt. Unter diesem Urbild bietet die Kirche das Bild des geistlichen Austausches der Glaubenden untereinander, in der Teilnahme an Kreuz und Leiden Jesu Christi. Gleichsam als Mutter nimmt sie Verantwortung für ihre Töchter und Söhne wahr, sie leidet wegen des Scheiterns,

---

36 LG 8.

37 Vgl. A. Grillmeier, Kommentar zu LG 8, in: LThKVat, Bd. 1, 175.

38 Vgl. Erinnern und Versöhnen, a. a. O., 63.

der Fehler und Mängel ihrer Glieder; so wirkt sie mit an der Überwindung der Sünde und dem daraus entstandenen Schaden für den einzelnen und die Gemeinschaft.[39] Das Schuldbekenntnis versteht sich danach als Übernahme von Verantwortung im Sinne der Idee der communio.

Ist es möglich, von einer gemeinsamen objektiven Verantwortlichkeit zu sprechen? Was setzt diese Rede an Verstehen voraus? Theologisch kann man hierbei von der Tatsache ausgehen, dass die in der Vergangenheit bewirkten Taten zu einer schweren Belastung für das geschichtliche Gedächtnis und das Gewissen der Nachfahren werden können. Diese Gewissensbelastung kann eine spezifische moralische oder religiöse Form des Gedenkens auslösen. Dieses Gedenken kann man auch gemeinsames Gedächtnis nennen. In diesem Kontext ist dann von Verantwortlichkeit zu reden, die eine geschichtliche Dimension umfasst. Sie ist die Form einer objektiven Solidarität zwischen denen, die Böses taten, und denen, die diesen Tätern folgen oder auch nahe stehen. Das „Gedächtnis reinigen" ist dann als Versuch zu werten, „aus dem persönlichen und gemeinschaftlichen Bewußtsein alle Formen von Ressentiment und Gewalt zu überwinden, die uns die Vergangenheit als Erbe hinterlassen hat. Auf der Basis einer neuen und vertieften historischen und theologischen Bewertung der Geschichte öffnet sich der Weg zur Erneuerung des moralischen Handelns"[40]. Die in Form eines Schuldbekenntnisses und in Verbindung mit einer Vergebungsbitte vollzogene Reinigung des Gedächtnisses ebnet den Weg zu einem neuen Miteinander, jenseits von Ressentiment und neuer Gewalt.

Das Zweite Vatikanische Konzil hat die hier sichtbar werdende Aufgabe geradezu hellsichtig erfasst: „Die Kirche wird auf dem Wege ihrer Pilgerschaft von Christus zu dieser dauernden Reform gerufen, deren sie allzeit bedarf, soweit sie menschliche und irdi-

---

39 Vgl. a. a. O., 67.
40 A. a. O., 82.

sche Einrichtung ist; was also etwa je nach Umständen und Zeitverhältnissen im sittlichen Leben, in der Kirchenzucht oder auch in der Art der Lehrverkündigung ... nicht genau genug bewahrt worden ist, muß deshalb zu gegebener Zeit sachgerecht und pflichtgemäß erneuert werden"[41]. Was hier mit Blick auf die ökumenische Annäherung der Kirchen gesagt ist, lässt sich als ekklesiologischer Grundsatz formulieren: Ökumenische Annäherung ist nur durch eine Selbsterneuerung der Kirche möglich. Diese Selbsterneuerung betrifft die geschichtliche Gestalt der Kirche, insofern diese vom Denken und Handeln ihrer Glieder bestimmt wird. Die geschichtliche Erscheinungsform der Kirche wird immer wieder durch historische Voraussetzungen und Bedingungen bestimmt sein. Insoweit setzt eine Selbsterneuerung der Kirche zwangsläufig die Reinigung des Gedächtnisses voraus. Es wird deshalb auch keine Erneuerung geben ohne Bereinigung der Vergangenheit.

Insgesamt lässt eine historische und theologische Beurteilung geschichtlicher Vorgänge die Aufgabe deutlich werden, dass der Umgang mit der eigenen Geschichte einen immer neuen Umgang mit der Tradition fordert, einen Umgang, der zukünftigen neuen Möglichkeiten gerecht zu werden verspricht. Joseph Kardinal Ratzinger hat dazu ausgeführt, dass sich die katholische Kirche, nach Jahrhunderten der Abschottung und der Apologetik gegenüber Protestantismus und Aufklärung, in denen die Stimme des Sündenbekenntnisses der Kirche immer leiser geworden ist, heute in einer neuen Situation befindet, in der sie „mit größerer Freiheit zum Bekenntnis der Sünden zurückkehren und so auch die anderen zum Bekennen und zu einer tiefen Versöhnung einladen kann"[42]. Zukunft kann es nicht ohne Reinigung des Gedächtnisses geben. Versöhnung braucht die Reinigung des Gedächtnisses, diese macht den Weg für Versöhnung frei.

---

[41] UR 6.

[42] L'Osservatore Romano (deutsche Wochenausgabe) Nr. 11, 17. März 2000, 12.

3.5 Abkehr vom Konfessionalismus. Ein ekklesiologischer Vorschlag

„Man kann innerhalb seiner Identität wahrhaftig leben nur in einer ständigen Bewegung der Umkehr.“[43] Die Nagelprobe für die Umkehr der Kirchen ist ihr je eigenes ekklesiales Selbstverständnis. Die historische Identifikation der hier vorliegenden ökumenischen Problematik war hier recht einfach durchzuführen; sie gipfelt in der Erkenntnis, dass der Konfessionalismus des 16. bis 18. Jahrhunderts mit seiner Grundtendenz der Abschottung und Abgrenzung überwunden werden muss. Den Konfessionalismus prinzipiell zu überwinden, dazu war die ökumenische Bewegung des 20. Jahrhunderts angetreten. Es gehört freilich zu den historischen Grunderfahrungen unseres Zeitalters, dass sich zwar der Konfessionalismus verwandeln lässt, nicht jedoch die Konfessionalität der Kirchen. Dies ist und bleibt die historische Hypothek der ökumenischen Bewegung. Diese Einsicht kann zwei Positionen nach sich ziehen, die zwar zunächst einsichtig erscheinen, doch sich verhängnisvoll auswirken können.

(1) Einmal ist und bleibt die konfessionelle Identität unabdingbar Bezugspunkt der kirchlichen Identität. Zwar befindet man sich im Gespräch mit vielen Kirchen und kirchlichen Gemeinschaften, doch der Dialog gerät zum taktischen Spiel, die Zielperspektive ist auf Reintegration ausgerichtet. Maßstab der Beurteilung ist das jeweilige Selbstverständnis der Kirchen. Der Kirchenbegriff ist exklusiv und integralistisch, kirchliche und christliche Identität sind ungekürzt konfessionell und institutionell geprägt. Nur die eigenen Mitglieder gehören der Kirche Jesu Christi an, zerstreute und getrennte Christen gehen dem Untergang und dem Unheil entgegen.

(2) Die andere Position geht von der Unaufhebbarkeit der Konfessionen aus, Zielperspektive ist die Anerkennung der Viel-

[43] Groupe des Dombes, Für die Umkehr der Kirchen, a. a. O., 94.

falt der Konfessionen, Grundeinstellung die des konfessionellen Respekts. Wechselseitige Anerkennung der Gesprächspartner ist Voraussetzung für den Dialog, sein Ziel ist es, für die Kohärenz des Divergenten zu sorgen. Ökumenische Hermeneutik dient schließlich dem Umgang mit den Differenzen.[44]

So sehr sich beide Positionen – gewiss typologisch überzeichnet – auch zu widersprechen scheinen, sie gehen beide von denselben Voraussetzungen aus: sie gehen den Weg des Status quo.[45] Beide Positionen wollen im Kern keine Veränderung, die Erste negiert die Anerkennung des Christseins außerhalb der eigenen institutionellen Organisationsgestalt, die andere verharrt auf der Basis konfessioneller Partikularität. Worin sie sich gleichen – obwohl beide für sich jeweils andere Charaktereigenschaften beanspruchen – ist leicht einzusehen: sie sind beide konservativ geprägt, d. h. ökumenische Bewegung, ökumenischer Dialog werden der eigenen Identität, der eigenen ekklesialen Zielbestimmung unterworfen, Umkehr und Erneuerung werden ausgeschlossen. Damit wird die ökumenische Bewegung um ihren Grundimpuls gebracht. Noch deutlicher: beide Positionen sind nicht ökumenisch. Wer Umkehr und Erneuerung ausschließt – sei es, dass er sich im Besitz der vollen Wahrheit wähnt, sei es, dass er sich mit der Vielfalt des Differenten zufrieden gibt – gibt das Anliegen der ökumenischen Bewegung auf. Die Groupe des Dombes hat deshalb als Forderung festgehalten: nur der Weg der Umkehr ist der Weg zur vollen Gemeinschaft der Kirchen.[46] Umgekehrt formuliert: Wer jede Umkehr und Erneuerung kategorisch ausschließt, verlässt den Weg der Ökumene. Deshalb ist die Ekklesiologie der Probierstein des ökumenischen Anliegens. Die Ekklesiologie ist gleichsam der Haken, an dem die ganze Ökumene hängt.

---

44 Vgl. zu dieser Position U.H.J. Körtner, Wohin steuert die Ökumene?, a. a. O.

45 Groupe des Dombes, Für die Umkehr der Kirchen, a. a. O., 94.

46 A. a. O., 96.

Jede Ekklesiologie, die das ökumenische Anliegen der Umkehr und Erneuerung aufnimmt, steht scheinbar vor einem Widerspruch, der die stärkste Nötigung ist, nach der Einheit zu suchen.[47] Der Widerspruch erscheint, wenn einerseits die Kirche in Treue zur Überlieferung den ekklesialen Vollkommenheitsanspruch festhält, nämlich die eine, heilige, katholische und apostolische zu sein, und zugleich, sozusagen außerhalb ihrer selbst, ekklesiale Elemente und ekklesiale Realität anerkennt. Kann eine Kirche, sobald sie sich selbst mit der einen heiligen Kirche identifiziert, eine andere als Kirche überhaupt anerkennen?[48] Hier liegt die Crux der ganzen ökumenischen Theologie, hier hat das Zweite Vatikanische Konzil zweifellos eine Antwort gesucht. Das Konzil spricht von Elementen der Heiligung und der Wahrheit in anderen christlichen Kirchen und Gemeinschaften. Soweit diese vorhanden sind, ist in ihnen die eine Kirche Jesu Christi wirksam gegenwärtig.[49] Diese Lehre stellt in der katholischen Theologie ein Novum dar. Sie geht zurück auf Aussagen des Konzils, der Kirchenkonstitution „Lumen gentium".[50]

---

47 So nach einer Formulierung von J. Kard. Ratzinger, „Es scheint mir absurd, was unsere lutherischen Freunde jetzt wollen", in: FAZ, 22. September 2000, Nr. 221, 51.

48 Diese Frage stellt Metropolit Damaskinos in einem Brief ausdrücklich, in: Weggemeinschaft des Glaubens. Kirche als Communio, hrsg. v. S.O. Horn (FS Joseph Kardinal Ratzinger) Augsburg 2002, 196f.

49 Johannes Paul II., Enzyklika „Ut unum sint" (VApS 121) 14.

50 Der ganze Text lautet: „Der einzige Mittler Christus hat seine heilige Kirche, die Gemeinschaft des Glaubens, der Hoffnung und der Liebe, hier auf Erden als sichtbares Gefüge verfaßt und trägt sie als solches unablässig; so gießt er durch sie Wahrheit und Gnade auf alle aus. Die mit hierarchischen Organen ausgestattete Gesellschaft und der geheimnisvolle Leib Christi, die sichtbare Versammlung und die geistliche Gemeinschaft, die irdische Kirche und die mit himmlischen Gaben beschenkte Kirche sind nicht als zwei verschiedene Größen zu betrachten, sondern bilden eine einzige komplexe Wirklichkeit, die aus menschlichem und göttlichem Element zusammenwächst. Deshalb ist sie in einer nicht unbedeutenden Analogie dem Mysterium des fleischgewordenen Wortes ähnlich. Wie nämlich die angenommene Natur

In ihrem Mittelpunkt steht die Aussage: Diese Kirche, gemeint ist die von Christus als sichtbares Gefüge verfasste Kirche, die im Glaubensbekenntnis als eine, heilige, katholische und apostolische Kirche bekannt wird, ist in der katholischen Kirche substanziell verwirklicht. Der Sinn des konziliaren Begriffs „subsistit" erschließt sich allerdings erst im Kontext der ganzen, vom Konzil vorgelegten Lehre über die Kirche.

Zunächst: „Lumen gentium" legt ein sogenanntes sakramentales Kirchenverständnis vor. Die Kirche wird theologisch als Mysterium begriffen, jedoch nur dann zureichend, wenn das Sakramentale analog verstanden wird. Deshalb heißt es konsequent schon zu Beginn von „Lumen gentium": in Christus ist die Kirche gleichsam das Sakrament, das heißt Zeichen und Werkzeug für die innigste Vereinigung mit Gott wie für die Einheit der ganzen Menschheit.[51] Die Kirche kann insofern als Mysterium begriffen werden, als sie selbst aus dem Mysterium Gottes durch Gottes Kraft im Wirken des Heiligen Geistes sichtbar hervorgeht. Darin liegt die Pointe des sakramentalen Kirchenverständnisses: als komplexe Wirklichkeit, in der Einheit von göttlichem und menschlichem Element, existiert die Kirche als geschichtliche, mensch-

---

dem göttlichen Wort als lebendiges, ihm unlöslich geeintes Heilsorgan dient, so dient auf eine ganz ähnliche Weise das gesellschaftliche Gefüge der Kirche dem Geist Christi, der es belebt, zum Wachstum seines Leibes (vgl. Eph 4, 16). Dies ist die einzige Kirche Christi, die wir im Glaubensbekenntnis als die eine, heilige, katholische und apostolische bekennen. Sie zu weiden, hat unser Erlöser nach seiner Auferstehung dem Petrus übertragen (Joh 21, 17), ihm und den übrigen Aposteln hat er ihre Ausbreitung und Leitung anvertraut (vgl. Mt 28, 18 ff.), für immer hat er sie als ‚Säule und Feste der Wahrheit' errichtet (1 Tim 3, 15). Diese Kirche, in dieser Welt als Gesellschaft verfaßt und geordnet, ist verwirklicht in der katholischen Kirche, die vom Nachfolger Petri und von den Bischöfen in Gemeinschaft mit ihm geleitet wird. Das schließt nicht aus, daß außerhalb ihres Gefüges vielfältige Elemente der Heiligung und der Wahrheit zu finden sind, die als der Kirche Christi eigene Gaben auf die katholische Einheit hindrängen" (LG 8).

[51] LG 1.

liche Größe, und zwar dort und nur dort, auf der dritten Ebene. Das Göttliche „inkarniert" sich gleichsam – und darin liegt die Analogie zum Mysterium Christi – in konkreter, gesellschaftlicher Gestalt, unter dem Wirken des Heiligen Geistes. Deshalb heißt es theologisch richtig: Die Kirche geht aus der Sendung des Heiligen Geistes hervor; die Pneumatologie ist damit der theologische Ort der Kirche.[52] So gibt es die Kirche weder nur als Mysterium – das wäre das spiritualistische Missverständnis; es gibt sie aber genauso wenig nur als gesellschaftliche Institution – das wäre das empiristische Missverständnis. Kirche ist gleichursprünglich immanent und transzendent, und das macht ihr Mysterium gerade aus.

Zweitens: In diesem sakramentaltheologischem Kontext macht das „subsistit" nunmehr deutlich, dass die Kirche als sichtbar-institutionelle Gestalt in der Geschichte existiert und zwar erkennbar dadurch, dass in ihr die Heilsmittel, die Elemente und Güter der Heiligung und der Wahrheit[53], zu finden sind.[54] Aus ihnen ist die Kirche insgesamt erbaut[55], d. h.: Die Kirche Jesu Christi subsistiert in der katholischen Kirche sakramental, insoweit in ihr die Heilsmittel strukturell vollständig und integral verwirklicht sind, nämlich der Glaube an Jesus Christus, die Taufe, die Eucharistie, die Leitung der Kirche durch das Bischofskollegium und das Petrusamt, kurz Glaube, Sakramente und geistliches Amt.[56] Konkret geschichtlich existiert die katholische Kirche als Integral der ihr anvertrauten Heilsmittel.

---

[52] Vgl. M. Böhnke, Die komplexe Wirklichkeit der Kirche als pneumatologisches Problem, in: Cath(M) 61 (2007) 264–278.

[53] LG 8 und UR 3 zusammengenommen!

[54] Die Erklärung der Glaubenskongregation „Dominus Jesus" hat hier über den Wortlaut des Konzilstextes hinaus die Vollständigkeit als Kriterium angeführt, was dem Text nicht widerspricht, ihm aber eine neue Nuance gibt.

[55] UR 3.

[56] M. Kehl, Die Kirche und die Kirchen: W. Thönissen (Hg.), „Unitatis redintegratio". 40 Jahre Ökumenismusdekret. Erbe und Auftrag, Paderborn 2005, 124.

Das bedeutet schließlich drittens: Auch außerhalb der katholischen Kirche existieren Heilsgüter. Welche sind gemeint? Darauf gibt das Ökumenismusdekret eine klare Antwort. Neben der Heiligen Schrift als geschriebenes Wort Gottes und inneren Gaben wie Gnade, Glaube, Hoffnung und Liebe auch sichtbare Elemente, jene nämlich, die von Christus ausgehen und zu ihm hinführen.[57] Das ist zunächst die Taufe, weil sie in Christus und seinen Leib eingliedert, und in enger Verbindung mit ihr das Bekenntnis des Glaubens; dann die Eucharistie in Verbindung mit dem Sakrament der Weihe in der Kraft der apostolischen Sukzession.[58] Insoweit diese Heilsgüter, nämlich Glaube, Sakramente und Amt wirklich existieren, ist dort von kirchlicher Wirklichkeit zu sprechen. Wir müssen deshalb das „subsistit" als ekklesiologische Öffnungsklausel verstehen. Es eröffnet den Blick über die katholische Kirche hinaus und liefert zugleich die Kriteriologie, mit deren Hilfe ekklesiale Realität außerhalb des eigenen Kirche-Seins erfasst werden kann. Damit ist klar: Kirchen und kirchliche Gemeinschaften existieren konkret außerhalb der eigenen Kirche. Das „subsistit" begründet somit „eine ontologische Brücke zu der Existenz anderer Kirchengemeinschaften"[59]. „Lumen gentium" eröffnet eine Verhältnisbestimmung zur katholischen Kirche, indem sie in diese die anderen Kirchen und Gemeinschaften mit einbezieht, wenngleich nicht unberücksichtigt bleiben darf, dass die katholische Kirche für sich selbst den Vollständigkeitsanspruch feststellt. Dieses Vorgehen erlaubt allerdings, von einem analogen Kirche-Sein bei getrennten Kirchen und kirchlichen Gemeinschaften zu sprechen.

Um die Formel vom „subsistit" im Kontext des Konzilstextes zu verstehen, muss bedacht werden, was sie leisten soll. Daher viertens: „Mit dem Ausdruck ‚subsistit in' wollte das Zweite Vati-

---

57 UR 3.

58 UR 3 und 22 zusammen gelesen.

59 J. Kard. Ratzinger, a. a. O., 207f.

kanische Konzil zwei Lehrsätze miteinander in Einklang bringen: auf der einen Seite, dass die Kirche Christi trotz der Spaltungen der Christen voll nur in der katholischen Kirche weiter besteht, und auf der anderen Seite, ‚dass außerhalb ihres sichtbaren Gefüges vielfältige Elemente der Heiligung und der Wahrheit zu finden sind', nämlich in den Kirchen und kirchlichen Gemeinschaften, die nicht in voller Gemeinschaft mit der katholischen Kirche stehen."[60] Die Formel enthält in der Tat zwei Grundsätze: (1) Die Kirche Jesu Christi und ihre Einheit sind keine bloße Idee oder nur eine endzeitliche Erwartung. (2) Außerhalb der katholischen Kirche gibt es die „Gegenwart des Ekklesialen".[61] Während „Dominus Jesus" die Teilhabe der nichtkatholischen Kirchen und kirchlichen Gemeinschaften am Sein der Kirche eher statisch durch eine ekklesiologische Qualifizierung zu bestimmen sucht[62], hatte die Glaubenskongregation schon früher das Argument einer „dynamischen Synthese" bemüht. So werden „‚Subsistenz' und ‚Elemente' in eine dynamische Beziehung des Zueinanderdrängens gebracht"[63]. Diese dynamische Charakterisierung bringt den Vorteil, die Verhältnisbestimmung im Modus der Gestaltung vornehmen zu können. So kann für die Zukunft nicht ausgeschlossen werden, dass Gemeinschaft und Teilhabe untereinander wachsen können. Darauf hatte die deutsche Übersetzung des lateinischen Wortes „subsistit" schon immer hingewiesen; das Wort „verwirklichen" besitzt nämlich diese dynamische Realität. „Das Bestreben des Ökumenismus ist es eben, die zwischen den Christen bestehende teilweise Gemeinschaft bis zur vollen Gemeinschaft in der Wahrheit und der Liebe wach-

---

60 Die Erklärung der Glaubenskongregation „Dominus Jesus" hat dies erneut herausgestellt (VApS 148) 22.

61 Notifikation der Kongregation für die Glaubenslehre zu dem Buch „Kirche: Charisma und Macht. Versuch einer militanten Ekklesiologie" von Pater Leonardo Boff OFM., 11. März 1985 (VApS 67) 6.

62 So etwa: echte Teilkirchen oder nicht Kirchen im eigentlichen Sinn.

63 Notifikation, a. a. O.

sen zu lassen."[64] Die Formel vom „subsistit" kann daher zuletzt ein Modell von Gemeinschaft von Kirchen im Sinne des Teilhabe-Gedankens begründen.[65]

Lässt sich, abschließend gefragt, damit die ekklesiologische Paradoxie auflösen? Eine positive Antwort wird davon abhängen, ob mit der Formel ein dynamisches Wachstum an ekklesialer Gemeinschaft mitgesetzt ist. Wenn dies nicht ausgeschlossen werden muss, spricht sich die konziliare Lehre für ein nach vorne in die Zukunft hinein offenes Modell aus. Verfehlt wird dieses Verständnis nach zwei Seiten hin: einmal hinsichtlich einer sakramental-mystischen Unterbestimmung im Sinne einer ekklesialen Idee, andererseits hinsichtlich einer institutionellen Überbestimmung im Sinne einer vollständigen Identifizierung von sakramentaler Idee und geschichtlicher Verwirklichung. Es kommt daher darauf an, die Formel vom „subsistit" als geschichtliche Öffnungsklausel zu verstehen. Sie hält jedenfalls die Spannung zwischen der bereits in Christus gegebenen Einheit der Kirche, die in der katholischen Kirche vollständig subsistiert, und der zu verwirklichenden Gemeinschaft der Kirchen offen. Sie ist dann auch ein Hinweis darauf, die ökumenische Frage in Spannung zu halten und sich nicht vorschnell mit Lösungen zufriedenzugeben, die eine Einheit der Kirche nur vortäuschen.

---

64 „Ut unum sunt" (VApS 121) 14.

65 Vgl. dazu zuletzt W. Thönissen, Plädoyer für ein gestuftes Modell von Kirchengemeinschaft, in: W. Thönissen (Hg.), „Unitatis redintegratio". 40 Jahre Ökumenismusdekret. Erbe und Auftrag, Paderborn 2005, 151–162.

4. Ein Konzil verstehen
Zur Konzilshermeneutik

4.1 Das hermeneutische Problem des Zweiten Vatikanischen Konzils am Beispiel der Erklärung über die Religionsfreiheit

Die am 7. Dezember 1965 beschlossene und am selben Tag feierlich verkündete Erklärung über die Religionsfreiheit „Dignitatis humanae" war eines jener heftig umstrittenen Konzilsdokumente des Zweiten Vatikanischen Konzils, von dem man bis zuletzt nicht wußte, ob es überhaupt die Zustimmung der Konzilsväter finden würde.[1] Kaum ein Problem wurde auf dem Konzil so leidenschaftlich diskutiert. Die Auseinandersetzungen um dieses Thema spitzten sich in der sogenannten Novemberkrise des Jahres 1964 zu.[2] Mit 70 Ablehnungen gehört „Dignitatis humanae" zu den verabschiedeten Dokumenten mit den meisten Gegenstimmen. Von alldem ist heute keine Rede mehr. Die Erklärung über die Religionsfreiheit verschwand rasch aus der öffentlichen Diskussion in Kirche und Theologie. Die Erklärung hat freilich eine neue Seite in der langen Geschichte der Kirche aufgeschlagen; sie wurde als endgültige Abkehr der katholischen Kirche von der sogenannten Konstantinischen Epoche mit ihrer Einheit von kirchlicher und weltlicher Gewalt und als Rezeption der freiheitlichen Ordnung moderner bürgerlicher Gesellschaften verstan-

[1] Vgl. die Einleitungen und Kommentare: P. Pavan in: LThKVat, Bd. 2, 704–748; Die Konzilserklärung über die Religionsfreiheit, hrsg. von J. Hamer und Y. Congar (KKTS 20) Paderborn 1967 (mit Kommentaren von P. Pavan, J. Willebrands, E.-J. De Smedt, J.C. Murray, P. Benoit); R.A. Siebenrock in: HThKVat, Bd.4, 125–218.

[2] Beschreibung der Vorgänge bei P. Pavan: LThKVat, Bd. 2, 705ff.

den.[3] Heute tritt die Kirche für die unbedingte Geltung der Menschenrechte ein. Die Erklärung über die Religionsfreiheit beansprucht deshalb nahezu unangefochten ihre Stellung innerhalb der authentischen Tradition der katholischen Kirche. An ihrem Beispiel lässt sich die hermeneutische Herausforderung der kirchlichen Lehre besonders scharf markieren.

Ein kleiner, eher literarisch zu nennender Hinweis markiert die Tragweite der hier darzulegenden hermeneutischen Problematik mit einem Schlag: In den nach 1963 von Adolf Schönmetzer herausgegebenen Ausgaben des Denzinger weist ein bescheidenes Kreuzchen mit dem Vermerk „omittitur" auf die früheren Nummern 1688 bis 1690 hin, die nunmehr entfallen.[4] Was verbirgt sich hinter diesem Vorgang? Das Kreuzchen mit dem Vermerk „omittitur" erscheint, so bemerkt Klaus Schatz nahezu sarkastisch, „gleichsam als Grabkreuz auf die hier ruhende Verurteilung der Religionsfreiheit"[5]. Worauf stützt sich diese spöttische Bemerkung? Die mit dem Verweis „entfällt" bezeichneten Nummern verweisen auf Textabschnitte aus der am 8.12.1864 veröffentlichten Enzyklika Pius' IX., „Quanta Cura". Sie enthalten gerade die entscheidenden Sätze, mit denen die Freiheit des Gewissens und der Gottesverehrung und das Recht auf religiöse Freiheit verurteilt werden. Wie schon Gregor XVI. in „Mirari vos" von 1832 erklärt auch Pius IX. darin als Wahnsinn, „die Freiheit des Gewissens und die Gottesverehrung seien

---

[3] W. Kasper, Wahrheit und Freiheit. Die „Erklärung über die Religionsfreiheit des II. Vatikanischen Konzils" (Abhandlungen der Heidelberger Akademie der Wissenschaften, Philosophisch-historische Klasse, Jg. 1988, 4) Heidelberg 1988, 5f.

[4] Vgl. dazu den dem Denzinger-Schönmetzer beigegebenen Clavis Concordantiarum für die Ausgaben vor 1963 und danach.

[5] K. Schatz, Welche päpstlichen Lehrentscheidungen sind „ex cathedra"? Historische und theologische Überlegungen, in: Dogmengeschichte und katholische Theologie, hrsg. von W. Löser / K. Lehmann / M. Lutz-Bachmann, Würzburg [2]1988, 404–422, hier 413.

jedes einzelnen Menschen Eigenrecht, das in jedem Staat mit ordentlicher Verfassung gesetzlich umschrieben und gewahrt werden müsse, und die Bürger hätten ein Recht auf jede beliebige Freiheit, die weder durch kirchliche noch staatliche Hoheit eingeschränkt werden dürfe, sie sollten vielmehr ihre Meinung in Wort und Schrift oder sonstwie öffentlich verkünden und verbreiten können“[6]. Am Tage der Veröffentlichung von „Quanta Cura“ ließ Pius IX. eine Sammlung von 80 Sätzen, die er in verschiedenen Dokumenten zuvor verurteilt hatte, den „Syllabus errorum“, beifügen; im Syllabus findet sich ebenfalls die klare Verurteilung der Religions- und Kultfreiheit, so in Propositio Nr. 15: „Es steht jedem Menschen frei, diejenige Religion anzunehmen und zu bekennen, die man, vom Lichte der Vernunft geführt, für wahr erachtet“[7].

Zieht man zum Vergleich die Erklärung über der Religionsfreiheit „Dignitatis humanae“ des Zweiten Vatikanums heran und stellt die entsprechenden Aussagen einander gegenüber, fällt der Gegensatz zunächst unmittelbar ins Auge: „Das Vatikanische Konzil erklärt, daß die menschliche Person das Recht auf religiöse Freiheit hat. Diese Freiheit besteht darin, daß alle Menschen frei sein müssen von jedem Zwang ... wie jeglicher menschlichen Gewalt, so daß in religiösen Dingen niemand gezwungen wird, gegen sein Gewissen zu handeln, noch daran gehindert wird, privat und öffentlich ... nach seinem Gewissen zu handeln ... Dieses Recht der menschlichen Person auf religiöse Freiheit muß in der rechtlichen Ordnung der Gesellschaft so anerkannt werden, daß es zum bürgerlichen Recht wird“[8]. Fast ein Jahrhundert nach

---

[6] Pius IX., „Quanta cura“ vom 8.12.1864, unter Bezug auf Gregor VI., „Mirari vos“ vom 15. August 1832; beide Texte abgedruckt in: Die katholische Sozialdoktrin in ihrer geschichtlichen Entfaltung. Eine Sammlung päpstlicher Dokumente vom 15. Jahrhundert bis in die Gegenwart, hrsg. von A. Utz / B. Gräfin von Galen, Aachen 1976, II, 14; II, 29.

[7] DH 2915.

[8] DiH 2.

„Quanta Cura“ und dem Syllabus scheint die Erklärung über die Religionsfreiheit genau das als katholische Lehre zu bestätigen, was Gregor XVI. und Pius IX. als Wahnwitz, als verrückten Gedanken ansahen.

Damit ist die Spannweite des hier vorliegenden hermeneutischen Problems aufgezeigt. Die Erklärung über die Religionsfreiheit hat das selbst sogar markiert. Es heißt da: „Da nun die religiöse Freiheit, welche die Menschen zur Erfüllung der pflichtgemäßen Gottesverehrung beanspruchen, sich auf die Freiheit von Zwang in der staatlichen Gesellschaft bezieht, läßt sie die überlieferte katholische Lehre von der moralischen Pflicht der Menschen und der Gesellschaften gegenüber der wahren Religion und der einzigen Kirche Christi unangetastet. Bei der Behandlung dieser Religionsfreiheit beabsichtigt das Heilige Konzil, zugleich die Lehre der neueren Päpste über die unverletzlichen Rechte der menschlichen Person wie auch ihre Lehre von der rechtlichen Ordnung der Gesellschaft weiterzuführen.“[9] Kann aber nach einer ersten Durchsicht der entsprechenden Texte davon ausgegangen werden, dass bei der Ausarbeitung der Lehre über die Religionsfreiheit nach der Regel der Kontinuität, wonach die Lehre der Kirche sich immer selbst treu und immer die gleiche bleibt, und nach der Regel des Fortschritts, wonach die Lehre der Kirche zu vertiefen und sie klarer zu erfassen ist, vorgegangen worden ist? Die Probleme liegen offensichtlich tiefer.

Nicht nur die hier als Beispiel herangezogene Erklärung über die Religionsfreiheit, wohl die allermeisten Konzilsbeschlüsse, die Konstitutionen, Dekrete und Erklärungen, weisen nicht selten Unsicherheiten, Lücken und Zusammenhanglosigkeiten, oftmals unausgesprochene Bezugnahmen auf frühere Traditionen und Traditionslinien, unvermittelte Kompilationen verschiedener Lehrtraditionen, ja sogar Gegensätze und Widersprüche zwischen Aussagen früherer Konzile, päpstlicher Lehrschreiben

[9] DiH 1.

und der späteren Lehrentwicklung auf. Den Texten fehlen oftmals die begriffliche Präzision, die Eindeutigkeit der Positionsbestimmung, die technische Form und die Einheit der Literaturgattung.[10] Wir haben es hier freilich mit einem durchgehenden Phänomen des Zweiten Vatikanums zu tun.[11] Infrage steht die Interpretation von Konzilsdokumenten, ihrer Aussagen, der darin enthaltenen Lehren der Kirche. Ihre Interpretation ist stark abhängig von ihrer Rezeption in der nachkonziliaren Entwicklung in Theologie und Kirche. So zeigt sich: Die Notwendigkeit einer Konzilshermeneutik ergibt sich überhaupt aus der Vorgeschichte, der Intention, dem Verlauf und der Nachgeschichte des Zweiten Vatikanischen Konzils, seiner Botschaft, seiner Dokumente im Ganzen und der darin enthaltenen Aussagen.

4.2 Die pastorale Intention des Zweiten Vatikanischen Konzils

Erwägungen zu einer Hermeneutik des Zweiten Vatikanischen Konzils stehen vor nicht unerheblichen Problemen. Vierzig Jahre nach dem Ende des Konzils bietet die Auslegung der Konzilstexte noch immer kein kohärentes Bild.[12] Eine umfassende Hermeneutik ist nicht entwickelt,[13] eine sachgemäße In-

---

[10] G. Alberigo, Die Rezeption der großen christlichen Überlieferung durch das Zweite Vatikanische Konzil: Dogmengeschichte und katholische Theologie, a. a. O., 318ff.

[11] O.H. Pesch, Das Zweite Vatikanische Konzil (1962–1965). Vorgeschichte – Verlauf – Ergebnisse – Nachgeschichte, Würzburg 1993, 148–160.

[12] Eine Zusammenschau der Resultate bietet P. Hünermann, Der Text: Werden – Gestalt – Bedeutung. Eine hermeneutische Reflexion, in: HThKVat, Bd. 5, 5–101.

[13] Die wichtigsten Beiträge zu einer Konzilshermeneutik bieten: J. Ratzinger, Zur Lage des Glaubens, München 1985; W. Kasper, Die bleibende Herausforderung durch das II. Vatikanische Konzil. Zur Hermeneutik der Konzilsaussagen, in: ders., Theologie und Kirche, Mainz 1987, 290–299; O.H. Pesch, Das Zweite Vatikanische Konzil, a. a. O.; G. Ruggieri, Zu einer Herme-

terpretation und Rezeption der Konzilsbeschlüsse erst in Ansätzen durchgeführt.[14] Die aus Anlass des 20. Jahrestages des Abschlusses des Konzils einberufene Bischofssynode von 1985 beklagt sich deswegen in ihrem Schlussdokument über das unvollständige und selektive Lesen des Konzils und eine oberflächliche Interpretation seiner Lehre.[15] Papst Benedikt XVI. hat im Jahr seiner Inthronisation nochmals klar zum Ausdruck gebracht, dass die Konzilsrezeption unter der Tatsache gelitten habe, dass zwei gegensätzliche Hermeneutiken miteinander im Streit lagen.[16]

Alle aufgezeigten Schwierigkeiten haben gerade mit der hier sichtbar werdenden Intention zu tun: Das Zweite Vatikanum wollte bewusst ein pastorales Konzil sein. Papst Johannes XXIII. setzte dem Konzil eine primär seelsorgerliche Aufgabe, und er

---

neutik des Zweiten Vatikanischen Konzils, in: Conc (D) 35 (1999) 4–17; G. Alberigo, Treue und Kreativität bei der Rezeption des Zweiten Vatikanischen Konzils. Hermeneutische Kriterien, in: A. Autiero (Hg.), Herausforderung Aggiornamento – Zur Rezeption des Zweiten Vatikanischen Konzils, Altenberge 2000, 9–35; K. Lehmann, Hermeneutik für einen künftigen Umgang mit dem Konzil, in: Zweites Vatikanum – Vergessene Anstösse. Gegenwärtige Fortschreibungen, hrsg. v. G. Wassilowsky (QD 207) Freiburg–Basel–Wien 2004, 71–89; O. Rush, Still Interpreting Vatican II. Some Hermeneutical Principles, New York–Mahwah 2004.

[14] Zur Rezeptionsproblematik vgl. H.J. Pottmeyer, Vor einer neuen Phase der Rezeption des Vaticanum II. Zwanzig Jahre Hermeneutik des Konzils, in: ders. / G. Alberigo / J.-P. Josua (Hg.), Die Rezeption des Zweiten Vatikanischen Konzils, Düsseldorf 1986, 47–65; P. Hünermann, Zur Rezeption des Zweiten Vatikanischen Konzils. Vorüberlegungen zu einer dringlich erforderlichen Bestandsaufnahme, in: A. Autiero (Hg.), Herausforderung Aggiornamento – Zur Rezeption des Zweiten Vatikanischen Konzils, Altenberge 2000, 81–94.

[15] Zukunft aus der Kraft des Konzils. Die außerordenliche Bischofssynode '85. Die Dokumente mit einem Kommentar von Walter Kasper, Freiburg–Basel–Wien 1986, 21ff.

[16] Ansprache von Papst Benedikt XVI. an das Kardinalskollegium und die Mitglieder der Römischen Kurie beim Weihnachtsempfang, 22. Dezember 2005 (VApS 172) 10ff.

schuf damit fast einen neuen Konzilstyp.[17] Die Kirche, hob Papst Johannes zur Eröffnung des Konzils am 11. Oktober 1962 hervor, sieht ihre Aufgabe nicht darin, das Erbe, „diesen kostbaren Schatz nur zu bewahren, … sondern wir wollen jetzt freudig und furchtlos an das Werk gehen, das unsere Zeit erfordert"[18]. Obwohl diese pastorale Ausrichtung des Konzils, die Auseinandersetzung mit den Fragen der Welt, der die Kirche eine Antwort schuldet, intendiert war, konnte man von vornherein nicht annehmen, der Papst wolle auch nur ein Jota eines definierten Dogmas zur Disposition stellen. Das Zweite Vatikanum hat bewusst keine unfehlbare, d. h. letztverbindliche Entscheidung getroffen, aber es wäre völlig verkehrt, wollte man die pastorale Absicht des Konzils gegen seine doktrinale Bedeutung ausspielen. Der Papst betonte vielmehr in seiner Eröffnungsansprache, die Kontinuität des kirchlichen Lehramtes bestätigen zu wollen; er beteuerte wiederholt den Willen, „die katholische Lehre rein, unvermindert und ohne Entstellung" zu überliefern.[19] Der Papst betonte aber deutlich, dass die überlieferten Aussagen des Tridentinums und des Ersten Vatikanums „daraufhin genau geprüft und interpretiert werden"[20]. Freilich verbirgt sich hier nun das spezifische hermeneutische Problem. Darauf weist der Wortlaut des Papstes bereits hin. Von den bisherigen Konzilien kennt man die dogmatische oder disziplinäre Bestimmung. Der verbindliche Sinn eines Konzilstextes, das belegt die Konziliengeschichte, ergibt sich

---

[17] O.H. Pesch, Das Zweite Vatikanische Konzil, a. a. O., 63ff.

[18] Ansprache anlässlich der feierlichen Eröffnung des Zweiten Vatikanischen Konzils am 11. Oktober 1962, in: HThKVat, Bd. 5, 486. Vgl. J.A. Komonchak, Der Kampf für das Konzil während der Vorbereitung (1960–1962), in: Geschichte des Zweiten Vatikanischen Konzils (1959–1965) Bd. I, hrsg. von G. Alberigo und K. Wittstadt, Mainz–Leuven 1997, 189–193, 394–401.

[19] HThKVat, Bd. 5, 486.Vgl. dazu A. Riccardi, Die turbulente Eröffnung der Arbeiten, in: Geschichte des Zweiten Vatikanischen Konzils (1959–1965) Bd. II, hrsg. von G. Alberigo und K. Wittstadt, Mainz–Leuven 2000, 17–25.

[20] A. a. O., 487.

deshalb mit Vorzug aus dem Irrtum, den er abweisen will. Das Zweite Vatikanum hat aber bewusst jede formelle Verurteilung vermieden. Bezüglich der pastoralen Sprechweise eines Konzils versagen hier zunächst die anerkannten Auslegungsprinzipien. Damit unterscheidet sich das Zweite Vatikanum nicht unerheblich von seinen beiden Vorgängern, dem Tridentinum und dem Ersten Vatikanum. Insoweit das Zweite Vatikanum dogmatisch verbindliche Aussagen früherer Konzile und päpstlicher Lehrentscheidungen bekräftigt, behalten diese ihren Verbindlichkeitsgrad, auch wenn sie in ein eher pastoral gehaltenes Dokument integriert wurden. Die Erklärung über die Religionsfreiheit betont ausdrücklich, die überlieferte katholische Lehre unangetastet zu lassen. Damit werden aber gleichzeitig erhöhte Anforderungen an eine Hermeneutik der Lehraussagen gestellt.

Hier wird eine weitere Schwierigkeit offenbar. In der theologischen Diskussion hat sich seit langem die Rede vom Kompromiss in Sachen der Lehre eingebürgert. Giuseppe Alberigo hat zu Recht auf den Kern der hier angerissenen Sachfrage hingewiesen.[21] Es lässt sich zeigen, dass ganze Dokumente oder gewichtige Teile von ihnen ihren Ort in speziellen katholischen Traditionssträngen haben. Diese sind häufig stark von der nachtridentinischen Theologie und Praxis beeinflusst. In anderen Fällen ist hingegen der Versuch erkennbar, sich an die älteste christliche Überlieferung anzuschließen. In wiederum anderen Texten werden beide Weisen miteinander vermischt. Solche Texte stellen das Produkt einer Vermischung dar, zwischen Rückkehr zur ältesten und Beharrung auf der neueren Tradition. So ergibt sich oftmals die Aneinanderreihung doktrineller Linien verschiedener Herkunft. Lassen sich die verschiedenen Traditionen aus offensichtlichen Gründen nicht mehr miteinander kompilieren, erklärt man kurzerhand, wie unser Beispiel zeigt, die ältere Tradition werde von der neueren nicht berührt.

---

[21] G. Alberigo, Die Rezeption der großen christlichen Überlieferung durch das Zweite Vatikanische Konzil, a. a. O., 315ff.

Die Interpretation von Konzilsbeschlüssen ist aber auch nicht losgelöst von ihrer jeweiligen Rezeption in der Nachgeschichte eines Konzils zu betreiben. Aufgrund der jüngsten, durch die Päpste des zwanzigsten Jahrhunderts geprägten Tradition, welche durch die entschlossene Verteidigung der Menschenrechte gekennzeichnet ist, beansprucht die Erklärung über die Religionsfreiheit heute unangefochten identisch zu sein mit der einen Tradition der Kirche. Reicht es aber aus zu behaupten, das Konzil habe die eine und selbe Tradition neu lebendig und fruchtbar gemacht? Hängt diese Interpretation nicht doch auch davon ab, wie stark die jüngere Tradition in Bewusstsein und Leben der Kirche verankert ist? Von nicht unerheblichem Einfluss auf die Interpretation der Texte ist deshalb die Art und Weise, wie sie in das Leben und die Praxis der Kirche integriert werden oder nicht, welche Wirkung sie in Leben und Praxis der Kirche seither erzeugt haben. In welchem Verhältnis Kontinuität und Fortschritt zueinander stehen, ist ein Kernproblem der Konzilshermeneutik und bei weitem nicht gelöst. Wir müssen uns einiger grundsätzlicher Aspekte versichern, um das bisher Dargelegte besser erfassen zu können.

4.3 Zum Textgenus der Erklärung über die Religionsfreiheit

Die eigentliche Bedeutung der Erklärung über die Religionsfreiheit liegt in der feierlichen Feststellung, dass der Mensch ein Recht auf religiöse Freiheit hat. Die Form dieser Erklärung wirft zuallererst die Frage nach dem literarischen Genus einer Erklärung auf. Der Begriff ist neu. Es handelt sich hierbei um Äußerungen zu Fragen, die das Außenverhältnis der Kirche betreffen, also über den Bereich der katholischen Gläubigen hinausreichen. In einer Erklärung, so hat Yves Congar herausgearbeitet[22], verkündet die Kirche eine Wirklichkeit, die allen Menschen gemein-

---

[22] Was besagt die Bezeichnung „Erklärung“?, in: Die Konzilserklärung über

sam ist; sie gibt offiziell bekannt, was bereits in Geltung ist. In unserem Beispiel: Die Kirche äußert sich über ein in bürgerlichen Gesellschaften und Staaten bereits in Geltung befindliches Recht, zu dem sie ihre Meinung kundtut. Sie schafft kein neues Recht, und insofern äußert sie sich hier in einer sehr vorsichtigen und sicher auch grundsätzlich überholbaren Weise. Sie legt auch keine kirchliche Glaubenslehre dar. Was ihren Verbindlichkeitsgrad betrifft, bezieht die Erklärung ihn im Wesentlichen aus der Konstitution über die Offenbarung „Dei Verbum". Das geht aus dem zweiten Teil der Erklärung über die Religionsfreiheit hervor, worin sie sich über die Wurzeln eines Rechts auf religiöse Freiheit erklärt.

Entscheidend mit zur Auswahl des Genus „Erklärung" beigetragen hat sicher die Erkenntnis der Konzilsväter, dass sich die Kirche hier über ein Thema äußert, das ihr sozusagen von außen her, historisch betrachtet, sogar gegen sie und ihren oftmals erbitterten Widerstand gestellt worden ist. Das Recht auf Religionsfreiheit ist keine Erfindung des Zweiten Vatikanischen Konzils. Es war auch keineswegs selbstverständlich, dass sich das Konzil überhaupt zu diesem Thema äußerte. Die Notwendigkeit hierzu ergab sich aus der Nötigung, ihr Verhältnis zu Staat und Gesellschaft in einer autoritativen Stellungnahme darzulegen, gerade weil, wie die Erklärung betont, die „Würde der menschlichen Person den Menschen unserer Zeit immer mehr zum Bewußtsein kommt … und die Zahl derer, die den Anspruch erheben, daß die Menschen bei ihrem Tun … eine verantwortliche Freiheit besitzen und davon Gebrauch machen sollen", stetig wächst.[23] Eine Stellungnahme war demnach unausweichlich geworden. Das Vatikanische Konzil wendet nun diesen Bestrebungen seine besondere Aufmerksamkeit zu, und zwar in der ausdrücklichen Absicht, eine Erklärung

die Religionsfreiheit, hrsg. von J. Hamer und Y. Congar (KKTS 20) Paderborn 1967, 53–58.

[23] DiH 1.

darüber abzugeben, wieweit jene Bestrebungen der Wahrheit und Gerechtigkeit entsprechen. Genau deshalb befragt das Konzil die Tradition und die Lehre der Kirche, freilich mit dem Anspruch, Neues hervorzuholen, das mit dem Alten im Einklang steht, wie es hier ausdrücklich heißt.

4.4 Zur Interpretation der Erklärung über die Religionsfreiheit

In der theologischen Diskussion haben sich im Wesentlichen zwei Richtungen herauskristallisiert, welche die offenkundige Problematik zu lösen suchen. Die erste Position ist durch die Auffassung gekennzeichnet, dass die Erklärung über die Religionsfreiheit über die bisherige katholisch-kirchliche Doktrin nicht nur graduell, sondern prinzipiell hinausgeht. Der Jurist und frühere Verfassungsrichter Ernst-Wolfgang Böckenförde sieht in der prinzipiellen Anerkennung des Rechtes als Freiheitsordnung die Erklärung in einem direkten Widerspruch zur Enzyklika „Mirari vos“ von 1832, zur Enzyklika „Quanta Cura“ von 1864, zum Syllabus und zur Enzyklika „Libertas praestantissimum“ von 1888. „Zu diesen Verlautbarungen des päpstlichen Lehramtes steht die Erklärung über Religionsfreiheit im Verhältnis von A und non-A.“[24] Wenn die Unvereinbarkeit der in „Quanta Cura“ verurteilten Religionsfreiheit mit der Erklärung „Dignitatis humanae“ des Zweiten Vatikanums festzustehen scheint, wie auch Klaus Schatz betont[25], so stellt sich die Frage, welche Autorität,

---

[24] E.W. Böckenförde, Einleitung zur Textausgabe der „Erklärung über die Religionsfreiheit“, in: Zweites Vatikanisches Ökumenisches Konzil. Erklärung über die Religionsfreiheit. Authentischer lateinischer Text der Acta Apostolicae Sedis. Deutsche Übersetzung im Auftrag der deutschen Bischöfe. Mit einer Einleitung von Prof. Dr. Ernst-Wolfgang Böckenförde, Münster–Westfalen 1968, 5–21, wiederabgedruckt in: H. Lutz (Hrsg.), Zur Geschichte der Toleranz und Religionsfreiheit, Darmstadt 1977, 401–412, hier 416.

[25] Vgl. K. Schatz, a. a. O., 409–417.

welche dogmatische Qualität der Enzyklika „Quanta Cura" und des ihr angehängten Syllabus zukommen. Bis in die Dreißigerjahre des letzten Jahrhunderts wird in kirchlichen Handbüchern und theologischen Lexika „Quanta Cura" als Ex-cathedra-Entscheidung angesehen. Erst nach und nach wurde die These vom Unfehlbarkeits-Charakter aufgegeben. Dieser Entwicklung trägt ja auch die Entscheidung Adolf Schönmetzers Rechnung, die Textstellen aus dem „Denzinger" herauszunehmen, welche die Verurteilung der Religionsfreiheit enthalten. Sie entspricht also exakt dem Stand der dogmengeschichtlichen Forschung. Demgegenüber ist die Qualität des Syllabus als Ex-cathedra-Entscheidung immer umstritten gewesen. Klaus Schatz urteilt: Die differenzierten Erkenntnisse dogmengeschichtlicher Forschung verbieten es, Kategorien des Ersten Vatikanums in Lehrentscheidungen zurückliegender Zeiten und Jahrhunderte hineinzutragen. Die Theologie nach dem Ersten Vatikanum vermag nicht sicher anzugeben, welche bisherigen päpstlichen Entscheidungen eigentlich „ex-cathedra" sind. Das alles zeigt: Nach Text und Kontext geurteilt, erscheinen Aussage und Sinn von „Quanta Cura" klar und deutlich. Die Enzyklika steht im Widerspruch zur heute vom Zweiten Vatikanum gelehrten Religionsfreiheit. Freilich kommt dazu folgende Erkenntnis hinzu: Eine Lehre, die heute mit Offenbarungsgegebenheiten untrennbar zusammenzuhängen scheint, muss durch den Fortschritt der theologischen Erkenntnis und die Loslösung von historisch bedingten Vorstellungsmodellen später nicht mehr notwendige Konsequenz des Glaubens sein. Wo immer es also um solche historisch bedingten Modelle geht, dürfte die Auffassung von unfehlbaren Ex-cathedra-Entscheidungen unhaltbar sein. Stimmt man dieser Argumentation zu, erscheint das Urteil gerechtfertigt, „Quanta Cura" als sicher nicht irrtumsfrei zu qualifizieren.

Die zweite Position kommt zu einer gegenteiligen Aussage. Die theologiegeschichtliche Forschung kann aufzeigen, dass die Erklärung über die Religionsfreiheit keineswegs im Widerspruch zur Tradition steht. Sie widerruft nicht, was die Päpste des 19. Jahrhunderts so erbittert verteidigt haben. Das Anliegen der Päpste des 18./19. Jahrhunderts, ihr Widerspruch zum liberalistischen Freiheitsverständnis, ist positiv aufgenommen.[26] Welche Argumente sprechen für diese Sicht? Liest man die Texte aus ihrem jeweiligen historischen Kontext, so erkennt man, dass die Verwerfungen und Verurteilungen der Gewissens-, Meinungs- und Religionsfreiheit der Päpste des 19. Jahrhunderts sich gegen einen Indifferentismus und Rationalismus richten, in welchem sich der Mensch zum obersten Prinzip und zum Richter über alle Wahrheit aufwirft. Anders ist die Situation im 20. Jahrhundert: Nicht mehr der Liberalismus, sondern der Totalitarismus war nunmehr die Gefahr. In den entsprechenden Enzykliken Pius XI. gegen den italienischen Faschismus oder den deutschen Nationalsozialismus trat die Kirche entschlossen auf die Seite der Freiheit und betonte die Würde des Menschen als Person, aus der unveräußerliche Rechte entspringen. Diese neuere von den Päpsten des 20. Jahrhunderts inaugurierte Tradition bricht sich endgültig Bahn in der Enzyklika Johannes' XXIII., „Pacem in terris". Diese jüngere Entwicklung spiegelt sich nun auch in den insgesamt sechsmal überarbeiteten Fassungen der Erklärung wider. Entscheidend zur Anerkennung der Religionsfreiheit haben aber zwei Vorgänge während des Konzils beigetragen: die Intervention der nordamerikanischen Bischöfe zugunsten des juridischen Begriffs der Religionsfreiheit (der sogenannten Verfassungslösung) und während der dritten Sitzungsperiode die Intervention mehrerer Bischöfe, darunter auch des damaligen Kardinals Karol Wojtyła, zugunsten der Herausstellung des ontologischen Fundaments der Religionsfreiheit und der Ausrichtung des Menschen auf die Wahrheit.[27] Gerade diese Hervor-

---

26 W. Kasper, Wahrheit und Freiheit, a. a. O., 36ff.

27 W. Kasper spielt hier auf den Beitrag von J.C. Murray an: Zum Verständnis der Entwicklung der Lehre der Kirche über die Religionsfreiheit, in: Die Konzilserklärung über die Religionsfreiheit, a. a. O., 125–165. Vgl. R. Sebott, Reli-

hebung dürfte die Konzilsväter davon überzeugt haben, dass die Kirche nicht willens ist, den Anspruch des Menschen auf die Wahrheit preiszugeben. Das Grundanliegen der Tradition, die objektive Wahrheit als Ermöglichungsgrund und Ziel der Freiheit, wurde hier mit dem Grundanliegen der Neuzeit, die unbedingte Würde der subjektiven Freiheit, in kritischer und schöpferischer Weise vermittelt.

Kontinuität oder Bruch? Entwicklung oder Widerspruch? In der Tat: Das Problem der Entwicklung der kirchlichen Lehre ist das Kernproblem der Erklärung über die Religionsfreiheit, das allen anderen Problemen zugrunde liegt. Verfolgt man die Geschichte der Entstehung des Textes, so gewinnt man nicht selten den Eindruck, dass es den Verfassern und Bearbeitern in erster Linie darum gegangen war, die Übereinstimmung mit der bestehenden Tradition der Kirche zu zeigen. Sie haben dies aber gerade deswegen getan, um die Rezeption der neueren Lehre rechtfertigen zu können. Beide hier vorgelegten Positionen lassen freilich eine im Grunde vergleichbare Wahrnehmung und ein Ernstnehmen der geschichtlichen Situation erkennen. Das genau ist auch der Kernpunkt in der Erklärung über die Religionsfreiheit: Die Wahrnehmung der historisch-situativen Herkunft neuerer normativer Fragestellungen extra muros ecclesiae. Diese Einsicht führt freilich zu einer Verschärfung der hermeneutischen Frage.

4.5 Kontinuität im Wandel. Zur Rezeption des Konzils

Es ist bemerkenswert, dass beide Positionen eine differenzierte Sicht geschichtlicher Erfahrungen und deren Rezeption reflektieren. Das geschärfte historische Bewusstsein unserer Zeit hat dazu beigetragen, Traditionen insgesamt, kirchliche Lehrent-

---

gionsfreiheit und Verhältnis von Kirche und Staat. Der Beitrag John Courtney Murrays zu einer modernen Frage, Roma 1977.

scheidungen insbesondere aus dem Blickwinkel geschichtlicher Erfahrungen und Situationen heraus neu zu befragen, um so die eine und selbe Tradition der Kirche neu lebendig und fruchtbar zu machen. Dabei zeigt sich nun, dass bestimmte Traditionszeugnisse und -gestalten, von ihrem ursprünglichen historischen Kontext entfernt und gelöst, nicht mehr zu einer Erhellung und Vertiefung des gesamten Glaubensschatzes der Kirche beitragen, sondern gerade zu dessen Verdunkelung. So ließ sich denn auch die klassische, in der Enzyklika „Quanta Cura" vertretene Theorie von These und Hypothese, vom Primat der Wahrheit vor dem Irrtum im Staat-Kirche-Verhältnis auch deswegen nicht mehr durchhalten, weil niemand mehr diese Lehre unter den historischen Bedingungen des 20. Jahrhunderts verstanden hätte. Unter den historischen Gegebenheiten dieses Jahrhunderts ist der Kirche gerade in einer geschichtlichen Grenzerfahrung, dass durch den Totalitarismus die Humanität, die Würde des Menschen als Person auf dem Spiele steht, die Einsicht in die grundlegenden Freiheitsrechte des Menschen gelungen. In dieser geschichtlichen Grenzerfahrung ist der Kirche insgesamt etwas Irreversibles und bleibend Gültiges neu aufgegangen: dass der Mensch als Person Gottes Ebenbild ist. Dieser Personalität entsprechen aber gerade solche Freiheitsrechte, wie sie die modernen Rechtsstaaten in ihren Verfassungen kodifiziert haben. Gerade die Wahrnehmung dieser positiven Grundintention neuzeitlicher Freiheitserfahrungen führt die Kirche dazu, die christliche Bestimmung menschlicher Personalität neu und wieder schärfer in den Blick zu nehmen. Hier steht nicht die Abwehr, sondern die Aufnahme positiver und nicht gegen den Glauben gerichteter Erfahrungen im Vordergrund. Die Erklärung über die Religionsfreiheit hat deshalb bewusst gemacht, dass der Begriff der Würde der Person zum Ausgangs- und Orientierungspunkt wird für das Verhältnis von Kirche und Staat. Maßstab dieses Verhältnisses ist aber nicht mehr ein Kernbestand für unaufgebbar zu haltende Prinzipien und Normen, sondern das

Ganze der auf die geschichtliche Offenbarung Gottes in Jesus Christus bezogenen christlichen Botschaft. Im vollen Lichte der christlichen Botschaft und des Glaubens der Kirche kann die Wahrheit des Menschen in seiner Würde, in seiner Freiheit, in seinen Rechten erklärt und erläutert werden. Was heißt das nun für unsere Fragestellung?

Die Würde des Menschen als Person ist kein neues Thema in Theologie und Verkündigung der Kirche, gleichwohl kommt ihr der Rang eines zentralen dogmatischen Prinzips zu. Diese dogmatische Qualifizierung ist deshalb gerechtfertigt, weil sie sich sozusagen von selbst aus dem Rückbezug ins Mysterium Gottes selbst ergibt. Von Personalität des Menschen lässt sich nur reden, wenn man ihre Relationalität in das Geheimnis Gottes, in die Selbstoffenbarung Gottes in Christus durch den Heiligen Geist hinein mit bedenkt. Insoweit gilt: Die Identität der einen und selben Tradition der Kirche gründet in dieser Selbstoffenbarung und Selbstüberlieferung Gottes durch Jesus Christus. Die Zeugnisse und Gestalten dieser Tradition suchen als Typen, Modelle und Zeichen auf jeweils geschichtliche Weise diese zu vergegenwärtigen. Dieser Prozess der authentischen Vergegenwärtigung zeigt sich schließlich als Wechselverhältnis von historisch-situativer Herkunft der Zeugnisse und Gestalten der Tradition und ihrem dogmatischen Grund. Dieser Prozess, das zeigt unser Beispiel zur Genüge, verläuft nie gradlinig, weder im Modell eines Verfalls noch im Modell einer kontinuierlichen Entwicklung. Wer die Kontinuität des Glaubens der Kirche, ihrer Lehre, bewahren will, muss mit dieser Erneuerung rechnen. Vorstellung und Begriff der Entwicklung sind deshalb in manchen Fällen nur im eingeschränkten Maße zu gebrauchen. Die Erklärung über die Religionsfreiheit ist vor dieser Erkenntnis nicht zurückgeschreckt: Indem sie Neues hervorholt, lässt sie die bisherige Tradition auf sich beruhen; dabei bringt sie aber die älteste und ursprüngliche Tradition, die biblische, wieder voll zur Geltung. Ganz in diesem Sinne und bezogen auf unser Beispiel hat Papst

Benedikt XVI. in der schon erwähnten Rede an die Kardinäle einer einseitig verstandenen Hermeneutik der Diskontinuität und des Bruches nicht eben eine Hermeneutik der Kontinuität entgegengestellt, sondern eine solche der Reform. Mit dem Reformanliegen geht das Argument der Kontinuität einher. Der Papst spricht ausdrücklich von einem Programm, das Johannes XXIII. für das Zweite Vatikanische Konzil vorgelegt hat. „Es ist klar, dass der Versuch, eine bestimmte Wahrheit neu zu formulieren, es erfordert, neu über sie nachzudenken und in eine neue, lebendige Beziehung zu ihr zu treten; es ist ebenso klar, dass das neue Wort nur dann zur Reife gelangen kann, wenn es aus einem bewussten Verständnis der darin zum Ausdruck gebrachten Wahrheit entsteht, und dass die Reflexion über den Glauben andererseits auch erfordert, dass man diesen Glauben lebt."[28] Eine Hermeneutik der Reform, wie Benedikt XVI. sie nennt, umfasst das Zusammenspiel von Diskontinuität und Kontinuität, und zwar in dem Sinne, dass die Bewahrung der Kontinuität innerhalb der Entwicklung des Neuen Diskontinuitäten nicht ausschließen kann, die tatsächlich aufgetreten waren.

Die Bedeutung einer unter den Erfahrungen des Zweiten Vatikanums gewonnenen Konzilshermeneutik, die dem Gedanken der Reform folgt, liegt in der Wahrnehmung eines umfassenden Interpretations- und Rezeptionsprozesses unter der Herausforderung der Geschichtlichkeit. Die Inanspruchnahme einer Hermeneutik ist selbst Hinweis für die Wahrnehmung der Geschichtlichkeit. Hermeneutik als Verstehenslehre eines historisch identifizierbaren und geschichtlich zu verstehenden Ereignisses ist selbst ein Produkt des geschichtlichen Verstehens. Unsere Ausführungen haben gezeigt, dass man als Antriebskräfte der Lehr- und Dogmenentwicklung die Herausforderung der historischen Situativität und der Geschichtlichkeit nicht hoch genug einschätzen kann und viel stärker noch als bisher reflektie-

---

[28] A. a. O., 13.

ren muss. Aussagen des Konzils müssen daher auch von den Fragen der Zeit her interpretiert werden. Dieses hermeneutisch reflektierte Verständnis zeigt schließlich aber auch, dass das Ernstnehmen der Geschichtlichkeit keineswegs zu einer vielfach befürchteten Relativierung des Glaubens und der Lehre der Kirche und zur Abschwächung des authentischen verbindlichen Sprechens der Kirche führen muss, sondern gerade zu deren Erneuerung und Bestätigung. Die Verbindlichkeit dogmatischer Aussagen, ihre Identität, wurzelt in erster Linie im Zusammenhang des Mysteriums des Glaubens selbst. Indem die Erklärung über die Religionsfreiheit gerade vom Mysterium der Offenbarung spricht, argumentiert sie sozusagen von der Mitte der christlichen Botschaft und nicht von deren Bestreitung her. Das ist der qualitative Unterschied zur Enzyklika Pius' IX. „Quanta Cura". Und darin liegt wohl auch die Bedeutung des Zweiten Vatikanischen Konzils, das anders als seine Vorgänger sich nicht gescheut hat, von diesem Mysterium aus der Mitte, nicht aber allein von seiner Infragestellung her zu sprechen.

5. Grund und Gestalt des Glaubens
Dogmenhermeneutische Einsichten

Die „Gemeinsame Erklärung zur Rechtfertigungslehre" erinnert in Sprache und Duktus an die maßgeblichen Bekenntnisschriften des 16. Jahrhunderts, vor allem an die Confessio Augustana. „Die Lehre von der Rechtfertigung hatte für die lutherische Reformation des 16. Jahrhunderts zentrale Bedeutung. Sie galt ihr als der erste und Hauptartikel, der zugleich Lenker und Richter über alle Stücke christlicher Lehre sei" (Nr. 1). Die Gemeinsame Erklärung rekurriert auf die im lutherisch-katholischen Dialog erzielten Verständigungen und Ergebnisse der vergangenen 30 Jahre. Der 1999 erzielte Konsens wurde im Malta-Report von 1972 und in dem Dokument zum 450. Gedenktag der Confessio Augustana „Alle unter einem Christus" vorbereitet. So ergibt sich heute die Einsicht in ein gemeinsames Verständnis in grundlegenden Glaubenswahrheiten.[1] Im Malta-Bericht wurde daher bereits zwischen Botschaft und Rechtfertigungslehre unterschieden. Rechtfertigung ist „Gesamtausdruck des Heilsgeschehens"[2]. Im Blick auf das im Evangelium bezeugte Heilsgeschehen suchen die Kirchen eine Übereinstimmung im Verständnis der Rechtfertigungslehre, wie sie in den kirchlichen Überlieferungen bezeugt wurde. Im Fundament des christlichen Glaubens gibt es einen gemeinsamen Bezugspunkt für die verschiedenen christlichen Überlieferungen. In allem geht es um die Bezeugung des Evangeliums[3]. Die Rechtfertigungsbotschaft erscheint als Explikation der Mitte des Evangeliums. Die ökumenischen und hermeneutischen Bemühungen

---

[1] DwÜ 1, 326.

[2] DwÜ 1, 255.

[3] DwÜ 1, 254 ff.

weisen hier auf den Umstand hin, dass die kirchliche Überlieferung Bezeugungsinstanz der in Christus ergangenen Selbstüberlieferung Gottes ist und insoweit vom Heilsgeschehen unterschieden, nicht aber getrennt werden darf.

5.1 „Doctrina" und „canones" im Konzil von Trient

Den Theologen des 16. Jahrhunderts standen keine fertigen Antworten zur Verfügung, als sie Luthers rechtfertigungstheologische Problemstellung aufzunehmen versuchten. Die katholische Kontroverstheologie brauchte Zeit, um zum Kern der lutherischen Rechtfertigungslehre vorzudringen.[4] Die Bedeutung des Konzils lag von Anfang an auf dem Artikel von der Rechtfertigung. Wenn das Konzil von Trient sich also zu dieser Frage äußern wollte, musste es sich erstmals lehramtlich äußern und das katholische Glaubensbewusstsein formulieren. Dies konnte nur geschehen in der Abgrenzung von der lutherischen Lehre.[5] Das Konzil suchte eine Antwort, ohne auf die Zugehörigkeit zu einzelnen theologischen Schulen zu achten. Das Ziel der Dekrete und insbesondere des Dekretes über die Rechtfertigung war die Abgrenzung. Die entscheidende Frage ist die nach dem Stellenwert und der Bedeutung des Trienter Konzils, insbesondere der vom Konzil erlassenen Dekrete.

Der September-Entwurf des Jahres 1546 brachte allerdings „eine in der Geschichte der Trienter Entscheidungen epochemachende Neuerung formaler Art"[6] hervor. Die bisher erlassenen Dekrete des Konzils von Trient bestanden aus canones, in denen Irrtümer zurückgewiesen wurden. Dieses Vorgehen entsprach einem ungeschriebenen Gesetz der Konzilien. Mit dem nun vorlie-

[4] H. Jedin, Geschichte des Konzils von Trient, Bd. II, Freiburg 1957, 141.

[5] A. a. O., 142.

[6] A. a. O., 201.

genden neuen Entwurf wurde jedoch der noch in den canones enthaltene positive Lehrstoff herausgelöst und in sogenannten Lehrkapiteln, capitula genannt, vorangestellt. Diese Trennung wurde beibehalten und charakterisiert das Dekret im Ganzen. Das Motiv für die Änderung bestand im Wesentlichen darin, dass der Zustand der doktrinalen Unsicherheit in der Verkündigung des Rechtfertigungsglaubens beendet werden sollte. Die Lehrkapitel stellen eine von der Autorität des allgemeinen Konzils getragene kirchenamtliche Doktrin dar. Es entstand nun allerdings, da die Hauptrichtung des Konzils, abzugrenzen, nicht aufgegeben wurde, ein tief greifendes Problem. Es ist dies die Frage nach der Autorität der Lehrkapitel. Wenn das Hauptgewicht auf den canones liegt, die ihr Ziel darin finden, abzugrenzen, so ergibt sich daraus eine sichere Regel für die Interpretation des Dekretes insgesamt. Die Lehrkapitel dagegen verstehen sich als Erläuterung der canones. Dem folgte auch die Abtrennung der Lehrkapitel für einen in erster Linie praktischen Zweck. Sie sollten der Glaubensverkündigung als Norm dienen und richteten sich vornehmlich an die Seelsorger.[7] Die canones dienten in der dem Konzil folgenden Zeit, in der die Jesuiten die Ausbildung der Seelsorger und der Theologen betrieben, als Grundlage für den kontroverstheologischen Unterricht. Damit trat eine verhängnisvolle Entwicklung ein, welche die theologischen Auseinandersetzungen bis in das 20. Jahrhundert hinein bestimmen sollte.

Will man das Dekret im Ganzen verstehen, dann muss man es von der Abgrenzung her lesen und interpretieren. Das entscheidende Gewicht bleibt bei den canones.[8] Die Grundtendenz

---

[7] A. a. O., 263.

[8] K. Ganzer, Das Konzil von Trient und die theologische Dimension der katholischen Konfessionalisierung, in: Die katholische Konfessionalisierung. Wissenschaftliches Symposium der Gesellschaft zur Herausgabe des Corpus Catholicorum und des Vereins für Reformationsgeschichte 1993, hrsg. von W. Reinhard und H. Schilling, Münster 1995, 51.

der Abgrenzung hat eine theologische Konfessionalisierung zur Folge. Unter dieser Ausrichtung stand auch das Dekret über die Rechtfertigung. Für die Auseinandersetzung mit den Reformatoren ungeeignet erweist sich eine vertiefte Beschäftigung mit Luthers Auffassung, wie sie etwa noch der Augustiner-General Seripando während der Abfassung des Dekretes befürwortete. Das Konzil bevorzugte eine doktrinale Sprechweise, die ganz an der scholastischen Begrifflichkeit orientiert war. „Die Offenlegung der historischen Quellen zur Geschichte des Trienter Konzils ermöglicht es, die Geschichtlichkeit der Dekrete schärfer zu erfassen. Wir sind jetzt imstande, schärfer und genauer zu bestimmen, was die Väter des Trienter Konzils als katholischen Glauben definieren wollten und was nicht. Nicht jedes Anathema, das einem Trienter Canon beigefügt ist, deckt eine unfehlbare Glaubensentscheidung des höchsten Lehramtes. Die Väter des Konzils waren viel zurückhaltender und bescheidener, als man früher annahm. Was sie wollten, läßt sich durch einen Vergleich verdeutlichen: Stellt man sich das Geheimnis des Glaubens als einen Kreis vor, so definiert das Konzil nur ein Segment, alles andere wird offen gelassen. Die Theologie behielt große Freiheit, um tiefer in das Glaubensgeheimnis einzudringen, Zusammenhänge herauszustellen, vor allem dem Geheimnis der Kirche näher zu kommen."[9] Hier hat das Zweite Vatikanische Konzil eine neue Seite in der Geschichte der Kirche aufgeschlagen. Es ist von höchster Bedeutung für das Verständnis des Rechtfertigungsdekretes, dass das Konzil am Ziel der Abgrenzung festgehalten hat. Die Konzilsdefinitionen werden überfordert, wenn man von dieser Grundrichtung absieht und zu viel von ihnen verlangt. Das Konzil wollte keine jede Glaubenswahrheit in ihrer ganzen Fülle abgerundete Darstellung vorlegen. Genau diese Sicht der Erfassung der historischen Umstände und

---

[9] H. Jedin, Geschichte des Konzils von Trient, Bd. IV/2, Freiburg i.Br. 1975, 258.

der Zielrichtung des Konzils ermöglichen heute eine klare Erfassung der Geschichtlichkeit seiner Definitionen.[10]

Das Zweite Vatikanische Konzil hat eine umfassende Sicht auf den Wirklichkeitscharakter der Offenbarung eröffnet und einen verengten doktrinalen Offenbarungsbegriff, wie er sich seit Trient, in dessen Wirkungsgeschichte, entwickelt hatte, hinter sich gelassen.[11] Mit dem Zweiten Vatikanischen Konzil setzt sich der Zugriff auf die alles umfassende Wirklichkeit Gottes als Selbstoffenbarung im Heilshandeln Christi durch. Die dogmatische Konstitution über die göttliche Offenbarung beschreibt Gottes Offenbarungshandeln in einer umfassenden heilsgeschichtlichen Perspektive. Der theozentrische Ansatz tritt stark hervor, die trinitarische Konzeption setzt sich durch. Seitdem hat sich in der katholischen Theologie die Rede von einem umfassenden Perspektiven- oder Paradigmenwechsel im Offenbarungs- und Traditionsverständnis eingeprägt.[12]

Um das Verhältnis des Zweiten Vatikanischen Konzils zum Tridentinum auszuloten, sprach schon Hubert Jedin von einer „kopernikanischen Wende“[13]. Diese besteht darin, dass das Zweite Vatikanische Konzil an vielen Stellen eine positive Darlegung der christlichen Wahrheit gewagt hat. Die dogmatische Konstitution über die göttliche Offenbarung „Dei verbum“ entfaltet im ersten Kapitel Gottes Selbstoffenbarung in einer umfassenden theologischen Gesamtsicht, in einer heilsgeschichtlich trinitari-

---

[10] H. Jedin, Historische Randbemerkungen zum Thema: Tridentinum und Wiedervereinigung, in: Begegnung der Christen. Studien evangelischer und katholischer Theologen, hrsg. von M. Roesle und O. Cullmann, Stuttgart–Frankfurt a.M. 1965, 458.

[11] J. Ratzinger, Kommentar zu „Dei verbum“, in: LThKVat, Bd. 2, 516.

[12] H.J. Pottmeyer, Bleiben in der Wahrheit. Verbindlichkeit des Glaubenszeugnisses der Kirche aus katholischer Sicht, in: Verbindliches Zeugnis II. Schriftauslegung – Lehramt – Rezeption, hrsg. von W. Pannenberg und Th. Schneider, Freiburg i.Br.–Göttingen 1995, 143.

[13] H. Jedin, Vaticanum II und Tridentinum. Tradition und Fortschritt in der Kirchengeschichte (Arbeitsgemeinschaft für Forschung des Landes Nordrhein-Westfalen. Geisteswissenschaften, Heft 146) Köln–Opladen 1968, 11.

schen Konzeption die Geschichte der Selbstüberlieferung Gottes im Leben und Schicksal Christi durch das Wirken des Heiligen Geistes. So entsteht ein theologisches Kompendium, das in Kürze und Konzentration, formelhaft und zugleich feierlich-verbindlich, den Kern des christlichen Glaubens aufweist und festhält.[14] Will man diesen Grundzug des Zweiten Vaticanums bewerten, indem man es mit den Dekreten des Tridentinums vergleicht, so tritt als Charakteristikum hervor: Nicht mehr die die Verurteilungen enthaltenen canones stehen im Zentrum, sondern die den Kern des christlichen Glaubens markierenden Lehrkapitel, also Sentenzen, Hauptsätze, Formeln in verbindlich-feierlicher Fassung. Das Primäre sind die positiven Darlegungen. Damit hat das Konzil stillschweigend auch einen bedeutenden Perspektivenwechsel in der Methodologie vorgenommen. Die Unterscheidungslehren werden nicht geleugnet, sieht man etwa auf das Ökumenismusdekret, das Gemeinsamkeiten und Unterschiede auflistet. In den Mittelpunkt jedoch rückt das Zweite Vatikanische Konzil das Gemeinsame, nicht mehr das Trennende. Das aber heißt: Das Verhältnis in der Bedeutungsfolge von doctrina und canones wird im Zweiten Vaticanum und mit dem Zweiten Vaticanum umgekehrt. Nicht mehr die canones, sondern die die positive Darlegung des christlichen Glaubens enthaltende doctrina ist das Entscheidende.[15] Insoweit ist nun die Frage zu klären, in welchem Verhältnis doctrina und canones zueinander stehen. Die „Gemeinsame Erklärung“ hat hier offensichtlich das Gemeinsame und das Unterscheidende in ein Spannungsverhältnis gebracht, von dem aber noch nicht klar ist, wie es zu begründen und wie es zu verstehen ist. Schließen sich Grund-Konsens und sprachliche und theologische Gestaltungen und

[14] A. a. O., 506. Auf die markanten Unterschiede zur dogmatischen Konstitution „Dei filius“ von 1870 weist der Kommentator des Textes des Zweiten Vatikanischen Konzils, Joseph Ratzinger, ausdrücklich und eindringlich hin.

[15] H. Jedin, a. a. O., 8 ff.

Akzentsetzungen im Sinne von Unterscheidungslehren prinzipiell aus oder schließen sie sich ein?

5.2 Sensus und Formula. Ansätze zur dogmengeschichtlichen Reflexion

Nimmt man das hier skizzierte ökumenische Problem zunächst aus katholischer Sicht in den Blick, so steht man vor dem Grundproblem der Geschichtlichkeit des Dogmas. Dogmengeschichte und katholische Theologie scheinen sich nach einem Urteil führender deutscher katholischer Dogmenhistoriker wie Feuer und Wasser zueinander zu verhalten.[16] Die katholische Dogmengeschichtsschreibung ist eine junge theologische Disziplin, welche die Theoretisierung der Dogmenentwicklung als Vorstufe der Dogmengeschichtsschreibung verstand.[17] Ohne hier näher auf die Entwicklung der katholischen Dogmengeschichtsforschung einzugehen, kann man heute davon ausgehen, dass die Perspektive einer innerkatholischen Verständigung weitgehend durch das 1973 von der Kongregation für die Glaubenslehre veröffentlichte Dokument „Mysterium ecclesiae" bestimmt wird. Die Glaubenskongregation hat darin in einem recht theoretisch gehaltenen Kapitel eine für die heutige Diskussion interessante Unterscheidung prononciert, nämlich die zwischen sensus dogmatum und formula dogmatica. Die Formeln stammen offensichtlich von Vinzenz von Lérins[18] und wurden bereits im Ersten Vatikanischen Konzil in der Dogmatischen Konstitution „Dei Filius" über den katholischen Glauben auf-

---

[16] Dogmengeschichte und katholische Theologie, hrsg. von W. Löser / K. Lehmann / M. Lutz-Bachmann, Würzburg ^{2}1988, 11.

[17] L. Scheffczyk, Katholische Dogmengeschichtserforschung: Tendenz – Versuche – Resultate, in: Dogmengeschichte und katholische Theologie, a. a. O., 121ff.

[18] Commonitorium primum 23, n. 3 (CCL 64) 177f.

genommen:[19] „Was diese Geschichtlichkeit angeht, muß zunächst bedacht werden, daß der Sinn, den die Glaubensaussagen haben, teilweise von der Aussagekraft der zu einer bestimmten Zeit und unter bestimmten Umständen angewandten Sprache abhängt. Außerdem kommt es bisweilen vor, daß eine dogmatische Wahrheit zunächst in unvollständiger, aber deshalb nicht falscher Weise ausgedrückt und später im größeren Zusammenhang des Glaubens und der menschlichen Erkenntnisse betrachtet und dadurch vollständiger und vollkommener dargestellt wird. Ferner will die Kirche in ihren neuen Aussagen das, was in der Heiligen Schrift und in den Aussagen der früheren Überlieferungen schon einigermaßen enthalten ist, bestätigen oder erhellen ... Schließlich unterscheiden sich zwar die Wahrheiten, die die Kirche in ihren dogmatischen Formeln wirklich lehren will, von dem wandelbaren Denken einer Zeit und können auch ohne es zum Ausdruck gebracht werden ... Dies beachtend muß man sagen, daß die dogmatischen Formeln des kirchlichen Lehramtes die offenbarte Wahrheit von Anfang an in geeigneter Weise mitgeteilt haben und, auch wenn die Formeln dieselben bleiben, das auch weiterhin tun werden, wenn man sie richtig interpretiert ... Der Sinn der dogmatischen Formeln (sensus formularum dogmaticarum) selbst aber bleibt in der Kirche immer wahr und konstant, wenn er auch mehr erhellt und vollständiger erkannt wird."[20]

Karl Lehmann hat in einem der Erklärung beigegebenen Kommentar auf einige Probleme hingewiesen.[21] Zunächst wird folgende Grundstruktur erkennbar: Der Sinn von Glaubensaussagen

[19] DH 3020.

[20] Erklärung „Mysterium ecclesiae" zur katholischen Lehre über die Kirche und ihre Verteidigung gegen einige Irrtümer von heute, hrsg., eingeleitet und kommentiert von K. Lehmann (Nachkonziliare Dokumentation, Bd. 43) Trier 1975, 149–151. Diese Schrift setzt sich mit einigen Thesen aus Hans Küngs Büchern „Die Kirche" und „Unfehlbar? Eine Anfrage." auseinander.

[21] K. Lehmann, Kommentar, in: a. a. O., 81.

wird an die Sprache gebunden, die den jeweiligen historischen Situationen entspringt. Die Erklärung arbeitet hier keineswegs mit einer groben Trennung von Wort und Gedanke. Eine direkte Entgegensetzung von Sinn und Formel wird vermieden. Es gibt eine Entsprechung, wie diese aussieht, bleibt aber zunächst offen. Darin kann man gewiss auch eine Grenze der gewählten Formulierung entdecken. Die Erklärung der Glaubenskongregation arbeitet auch nicht mit der These, nach der man von sprachloser Idealität oder einer vom Wort losgetrennten reinen Begrifflichkeit auszugehen hätte. Bis in die jüngsten Erklärungen der Glaubenskongregation hinein ist allerdings festzustellen, dass das Lehramt in der Tat von vielfältigen Sprach- und Sprechweisen ausgeht, die sie von den in der klassischen Sprache der Überlieferung ausgedrückten Glaubenslehren unterscheidet.[22]

Hier stellen sich nun Fragen: Kann man von einem überzeitlichen Sinn sprechen, der sich von den von Zeit und Umständen abhängigen Ausdrucksweisen prinzipiell unterscheidet? Müsste man nicht dagegen formulieren: Auch der Sinn der Glaubensaussagen ist nicht unabhängig von der theologischen Sprache, die zu einer bestimmten Zeit gesprochen wird? Gibt es den in der reinen Idealität vorzufindenden Sinn von Glaubensaussagen, der sich nicht einer bestimmten Sprache bedient? Und müsste man nicht auch fragen: Steckt hinter diesen Vorstellungen nicht doch ein – eher plattes – platonisches Verständnis, das von überzeitlichen Ideen und bestimmten der Zeit behafteten Ausdrücken ausgeht, die kommen und vorübergehen? Müsste man hier nicht analog der ekklesiologischen Erkenntnis klarer formulieren: Die in den dogmatischen Aussagen enthaltene Wahrheit der Offenbarung Gottes subsistiert in konkreten, von der Kirche überlieferten und vom kirchlichen Lehramt festgehaltenen Glaubensaussagen? Diese Formel gälte es nach katholischem Verständnis auch in einer

---

[22] Notificatio der Kongregation für die Glaubenslehre bezüglich einiger Veröffentlichungen von Prof. Dr. Reinhard Messner, in: AAS (93) 2001, 386.

hermeneutischen Überlegung festzuhalten. Dann aber entsteht noch einmal das Problem, wie sich die Geschichtlichkeit des Dogmas ausdrücken ließe. Leo Scheffczyk hat dieses Problem in die Frage zu kleiden versucht, ob es nicht eher um die geistige Substanz oder gar die Kernwahrheit gehe, die sich nicht ändern oder gar in ihr Gegenteil umschlagen dürfe. Im Blick darauf wäre ein weiter Raum von akzidentellen Änderungsmöglichkeiten freigegeben. Hierfür hat Scheffczyk eine Reihe von Kriterien entwickelt.[23] Wie immer man im Einzelnen formulieren will, es wird klar, dass das von der Glaubenskongregation verwendete Begriffspaar „sensus und formula" zur Lösung des hier vorliegenden ökumenischen Problems zunächst beizutragen vermag.

5.3 Die Unterscheidung von Wesen und Form

Nach dem Ende des Zweiten Vatikanischen Konzils und mit Beginn eines umfassenden bilateralen ökumenischen Dialoges, an dem die römisch-katholische Kirche nachhaltig beteiligt war bzw. den sie selbst mit initiierte, begannen auch Gespräche über die ökumenische Stellung des Papstamtes bzw. des Petrusdienstes. Die Siebzigerjahre des 20. Jahrhunderts können als eine Blütezeit dieser ökumenischen Reflexionen bezeichnet werden[24]. Seitdem ist die Frage des Primats des Bischofs von Rom in ökumenischen Dialogen nicht mehr verstummt. In seiner am 25. Mai 1995 veröffentlichten Enzyklika „Ut unum sint" weist Papst Johannes Paul II. auf diesen Umstand besonders hin und knüpft an diesen umfangreichen Dialog selbst an.

---

[23] L. Scheffczyk, Katholische Dogmatik, Bd. 1, Aachen 1997, 173.

[24] Vgl. hierzu den Bericht von Wolfgang Klausnitzer, „Jurisdiktionsprimat und / oder Petrusdienst des Bischofs von Rom". Zu einigen neueren ökumenischen Veröffentlichungen, in: ThQ 178 (1989) 155ff. Klausnitzer weist in seinem Bericht auf einige gewichtige Sammelbände bzw. Gemeinschaftswerke hin.

In den Mittelpunkt seiner Betrachtungen rückt der Papst eine Einladung. Er bittet darum, mit ihm „einen brüderlichen, geduldigen Dialog aufzunehmen“ (Nr. 96). Dieser bezieht sich darauf, eine „Form der Primatsausübung zu finden, die zwar keineswegs auf das Wesentliche ihrer Sendung verzichtet, sich aber einer neuen Situation öffnet“ (Nr. 95). Der Papst richtet diese Einladung an die kirchlichen Verantwortlichen und die Theologen der von Rom getrennten Kirchen und kirchlichen Gemeinschaften.

Der Anlass für seine Bitte waren sowohl die in den vergangenen Jahren erfolgten umfangreichen Gespräche über die Frage des Primats des Bischofs von Rom, die ihm bedeutungsvoll und ermutigend erschienen, als auch der Ertrag aus den Gesprächen in der gesamten ökumenischen Bewegung. Insbesondere griff der Papst dabei auf die wenige Jahre vorher in Santiago de Compostela abgehaltene 5. Weltversammlung der Kommission für Glauben und Kirchenverfassung des Ökumenischen Rates der Kirchen zurück, in der es hieß, die Versammlung „möge die Anregung geben zu einer neuen Untersuchung über die Frage eines universalen Dienstamtes an der christlichen Einheit“[25]. Die von ihm ausgesprochene Bitte, einen geduldigen Dialog mit ihm selbst aufzunehmen, weiß sich also veranlasst durch den ermutigenden Dialog über die Frage des Primats des Bischofs von Rom. Der Papst sieht sich selbst bereits innerhalb eines solchen Dialogs, den er an einer bestimmten Stelle nun selbst vorantreiben will.

Die Bitte des Papstes, mit ihm in einen Dialog über die Frage des Dienstes des Bischofs von Rom an der Einheit einzutreten, löste eine lebhafte Debatte auch innerhalb der katholischen Theologie aus. Die Kongregation für die Glaubenslehre hat sich die Einladung des Heiligen Vaters zu eigen gemacht und beschlos-

---

[25] Santiago de Compostela 1993: Fünfte Weltkonferenz für Glauben und Kirchenverfassung des Ökumenischen Rates der Kirchen 3. bis 14. August 1993. Berichte, Referate, Dokumente, hrsg. von G. Gaßmann und D. Heller, Frankfurt a.M. 1994, 233.

sen, die Thematik unter rein lehrmäßigem Aspekt im Rahmen eines Symposiums zu vertiefen. Bereits 1989 hatte die Glaubenskongregation zu einem Kongress über das Thema „Der Primat des Bischofs von Rom im ersten Jahrtausend" eingeladen und historisch-theologische Fragen diskutiert. Nunmehr wurde die Fragestellung auf die systematisch-theologische Ebene ausgedehnt unter dem Stichwort „Der Primat des Nachfolgers des Petrus". Das Symposion fand vom 2. bis 4. Dezember 1996 im Vatikan statt; seine Akten wurden im Jahre 1998 der Öffentlichkeit übergeben. Im Besonderen befasste sich das Symposium mit der Einladung des Papstes, „eine Form der Primatsausübung zu finden, die zwar keineswegs auf das Wesentliche ihrer Sendung verzichtet, sich aber einer neuen Situation öffnet"[26]. Drei Themenbereiche wurden vorgegeben: Der dogmatische Sinn des Primats des Nachfolgers des Petrus und seine Weitergabe, die Verbindung von Primat und Episkopat, Natur und Ziel der päpstlichen Interventionen[27]. Neben der Dokumentation der Beiträge veröffentlichte die Glaubenskongregation als Zusammenfassung des Symposiums Erwägungen zum Thema: „Der Primat des Nachfolgers Petri im Geheimnis der Kirche", die dem Sammelband als Zusammenfassung beigegeben wurden.

Aufgrund der anlässlich des Symposiums im Dezember 1996 gehaltenen Vorträge der Wissenschaftler, die nach Rom eingeladen worden waren, verfasste die Glaubenskongregation einige vom Präfekten und vom Sekretär unterzeichnete Erwägungen, in denen wesentliche Punkte der katholischen Glaubenslehre über den Primat in Erinnerung gerufen werden. Bei diesen Erwägungen handelt es sich weder um eine Synthese der von den Wissenschaftlern vorgetragenen Thesen noch wollte man sich auf

---

[26] Enzyklika „Ut unum sint" von Papst Johannes Paul II. über den Einsatz für die Ökumene. 25. Mai 1995 (VApS 121) Bonn 1995.

[27] Vgl. Il primato del successore di Pietro. Atti del simposio teologico, Vatikanstadt 1998.

offene Fragen einlassen, die weiterer Studien bedürfen. Die Kongregation für die Glaubenslehre will mit diesen Erwägungen wesentliche Punkte der katholischen Lehre über den Primat des Nachfolgers Petri in Erinnerung rufen. Diese Erwägungen besitzen insofern also einen gewissen verbindlichen Charakter. Dies kommt auch darin zum Ausdruck, dass die Glaubenskongregation mehrfach die katholische Lehre über den Primat bekräftigt. Es ist klar, dass es sich bei diesen Erwägungen, wie der Name sagt, nicht um eine autoritative letztverbindliche Aussage des Lehramtes handelt. Ausdrücklich wird nämlich darauf hingewiesen, dass diese Aufgabe allein in die Kompetenz des Papstes als Nachfolger Petri fällt.

Die Erwägungen nehmen zunächst eine für die weitere Diskussion wichtige Grundunterscheidung vor, nämlich die zwischen Ursprung, Zielsetzung, Wesen des Primats auf der einen Seite und der Frage nach der Ausübung des Primats und ihrer Formen auf der anderen Seite[28]. Hier wendet die Glaubenskongregation die schon aus früheren Erklärungen bekannte Grundunterscheidung zwischen sensus und formula nunmehr auch ausdrücklich auf das Amt des Nachfolgers Petri an[29]. Danach ist in erster Linie zu sagen: Grundlinien des Amtes des Bischofs von Rom als Nachfolger des Petrus, der Primat als Amt, das dem Petrus übertragen wurde, wird zurückgeführt auf das Zeugnis des Neuen Testamentes. Sendung und Dienst des Petrus geben den unhintergehbaren und unverrückbaren Grund für die Bestimmung des Wesens des Primates des Nachfolgers Petri ab. Nur in dieser Nachfolge des Petrus kann der Bischof von Rom seinen Primatsdienst in der Gesamtkirche wahrnehmen. Im Zusammenhang mit dieser grund-

[28] Vgl. J. Ratzinger u. a., Der Primat des Nachfolgers Petri im Geheimnis der Kirche. Erwägungen der Kongregation für die Glaubenslehre, in: OR(D) 11.12.1998, 8f.

[29] Kongregation für die Glaubenslehre, Erklärung „Mysterium Ecclesiae zur katholischen Lehre über die Kirche und ihre Verteidigung gegen einige Irrtümer von heute", a. a. O., Nr. 5.

legenden Bedeutung des Neuen Testamentes werden auch die entsprechenden Aussagen des Ersten und des Zweiten Vatikanischen Konzils eingeordnet. Ziel des Amtes, das der Bischof von Rom als Nachfolger des Petrus ausübt und das somit das Wesen dieses Amtes ausmacht, ist das immerwährende sichtbare Prinzip und Fundament für die Einheit der Vielheit von Bischöfen und Gläubigen. Dieses Amt ist aber nicht vom Amt jedes anderen Bischofs und seiner Sendung getrennt. Episkopat und Primat sind miteinander verbunden und nicht voneinander zu trennen, sie erfreuen sich beide göttlicher Einsetzung. Damit ist klar, dass zu den unverrückbaren Wesensmomenten des Amtes des Bischofs von Rom als Nachfolger des Petrus die unaufhebbare Verbundenheit von Papst und Bischöfen hinzugehört.

Von der Darstellung des Wesens des Primats in Ursprung und Zielsetzung unterschieden nimmt die Erklärung Ausführungen zum Thema „Ausübung des Primats und ihre Formen“ vor. Hier wird zunächst einmal negativ festgehalten: Das Amt des Bischofs von Rom ist kein Koordinierungs- oder Präsidentenamt, das auf einen Ehrenvorrang beschränkt ist. Auch darf der Primat nicht wie eine Monarchie politischer Art begriffen werden. Positiv ausgedrückt: Der römische Bischof steht unter dem Wort Gottes und unter dem katholischen Glauben (Nr. 7). Er ist Garant für den Gehorsam der Kirche und in diesem Sinne servus servorum. Somit hat das Wächteramt (episkope) seine Grenzen dort, wo es aus dem Gesetz Gottes folgt und in der Offenbarung enthalten ist und unantastbar aus der göttlichen Stiftung der Kirche hervorgeht. Die Darlegungen zur Ausübung des Primates gehen danach von zwei charakteristischen Grundzügen aus, die Voraussetzung für alles weitere darstellen: nämlich von der Einheit des Episkopates und vom bischöflichen Charakter des Primates (Nr. 8). Der Primat des Papstes beinhaltet die Befugnis, der Einheit aller Bischöfe und aller Gläubigen wirksam zu dienen. In gleicher Weise wird aber auch klar, dass die Befugnisse zur Leitung der Kirche, die dem Bischof von Rom als Nachfolger des Petrus in der Ausübung des Primates aufgetragen sind, keiner Instanz gegenüberstehen, der gegenüber der römische Bischof sich über den Gebrauch der empfangenen Gabe von Rechts wegen verantworten müsste. Die konkreten Weisen der Ausübung des Primates messen die Erwägungen der Glaubenskongregation am Maßstab, in welchem sie die Erfordernisse der ihm eigenen Zielsetzung, nämlich der Einheit der Kirche zu dienen, zum Ausdruck bringen.

Gegenüber dieser positiven Beschreibung, der Einheit der Kirche zu dienen, wird auf der anderen Seite deutlich gemacht, dass die Kompetenzen des Primates nicht dadurch bestimmt werden können, dass man ein Mindestmaß an Befugnissen sucht, die vom Papst in der Geschichte ausgeübt wurden. Hier gilt nunmehr folgende Maßgabe: „Daher bedeutet die Tatsache allein, dass in einer gewissen Epoche eine bestimmte Aufgabe vom Papst ausgeführt wurde, nicht, dass diese Aufgabe notwendigerweise immer dem römischen Bischof vorbehalten sein müsse; und umgekehrt: Die Tatsache allein, dass eine bestimmte Funktion vorher nicht vom Papst ausgeübt worden ist, berechtigt nicht, daraus den Schluss abzuleiten, dass diese Funktion in keiner Weise in Zukunft zur Zuständigkeit des Petrusdienstes gehören könne" (Nr. 12). Noch einmal macht die Glaubenskongregation damit deutlich, dass allein der Papst die Kompetenz besitzt, über Formen der Ausübung seines Hirtenamtes selbst zu sprechen.

Die Erwägungen der Glaubenskongregation aus dem Jahre 1996 haben in der Literatur eine unterschiedliche Aufnahme gefunden. Hier werden zwei grundlegende Einschätzungen vorgetragen: Nach dem Urteil von Peter Hünermann stellen die Erwägungen der Glaubenskongregation einen „Hemmschuh im Hinblick auf die vom Papst für notwendig erachteten Diskussionen dar"[30]. Weil die Erwägungen mit keinem Wort auf die Voraussetzungen

---

[30] P. Hünermann, Gesucht: Ein neues Paradigma des Petrusdienstes, in: Im Dienst der einen Kirche. Ökumenische Überlegungen zur Reform des Papstamtes, hrsg. von H. Schütte, Farnkfurt a.M.–Paderborn 2000, 195.

eingehen, unter denen sich die heutige Gestalt des Petrusdienstes herausgebildet hat, ist nur eine eingeschränkte Sichtweise im Blick, die lediglich die Frage nach akzidentellen Veränderungen an den wesentlichen Punkten der Glaubenslehre über den Primat erlaubt. Würde man stattdessen diese historischen Voraussetzungen mit in den Blick nehmen, könnten schärfer die Leistungsgrenzen des Jurisdiktionsprimates und des definierenden Magisteriums erkannt werden. Erst auf dieser Grundlage können Veränderungen vorgenommen werden, die Peter Hünermann als Transformation der Gestalt des Petrusdienstes bezeichnet. Ein eingehender Paradigmenwechsel ist erforderlich, nicht nur Veränderungen an wesentlichen Punkten der Glaubenslehre über den Primat.

In anderer Weise nimmt Hermann Josef Pottmeyer die Einschätzung der Erwägungen der Glaubenskongregation vor. Einen ganz neuen Ton in der Auffassung sieht Pottmeyer in der Unterscheidung zwischen dem Ursprung und dem Wesen des Primates des Petrus und dessen konkreter Umsetzung und rechtlicher Gestaltung. Wenn je nach den Erfordernissen der Kirche immer wieder neu über die Gestaltungen zu entscheiden ist, dann verschieben sich die Grenzen zwischen dem Bereich göttlicher Verfügung und dem Bereich menschlicher Gestaltung. „Zugleich wird ein objektives Kriterium für die Gestaltung genannt, nämlich die Erfordernisse der Kirche (necessitas Ecclesiae)."[31] Nimmt man in dieser Weise die Erwägungen der Glaubenskongregation ernst, dann öffnen sich Möglichkeiten zur Veränderung in der konkreten Weise der Ausübung des Petrusdienstes und des Umfangs der von ihm wahrgenommenen Befugnisse. Eingebettet in die grundlegende Voraussetzung der Communio-Ekklesiologie ist Pottmeyer der Ansicht, dass es sich hierbei um bemerkenswerte Aussagen handelt[32]. Freilich bleiben Fragen. Eine der we-

[31] H.J. Pottmeyer, Die Rolle des Papsttums im Dritten Jahrtausend (QD 179), Freiburg i.Br. 1999, 126.

[32] Vgl. H.J. Pottmeyer, a. a. O., 125.

sentlichen lautet hier, ob die Ausübung des Primates nicht auch ihre Grenze in den Befugnissen der Kollegialität finden muss. Pottmeyer schließt seine diesbezüglichen Überlegungen mit der Bemerkung, dass das Dokument der Glaubenskongregation bemerkenswerte Perspektiven enthält, die dem Petrusamt eine gewandelte Rolle eröffnen. Was bedeuten diese Ausführungen für unsere Fragestellung?

5.4 Identität im Wandel. Dogmenhermeneutische Folgerungen

Die Abkehr von der kontradiktorischen Abgrenzung im Vorgang der dogmatischen Lehrentfaltung ermöglicht im Zeitalter des ökumenischen Dialogs die Wahrnehmung einer gemeinsamen Grundposition in Grundwahrheiten des christlichen Glaubens. Die Umkehr in der Bedeutungsfolge im Verhältnis von Grundwahrheiten und Abgrenzung macht eine Annäherung in der Frage der Rechtfertigung möglich. Hilfreich erschien hier zunächst die in der Dogmenhermeneutik noch eher undifferenziert entfaltete Unterscheidung von Grund, Wesen einerseits und Gestaltung andererseits. Will man demzufolge das Problem von Identität und geschichtlichem Wandel im Zusammenhang dogmatischer Lehrentfaltung angemessen in den Blick nehmen, so scheint zuerst eine verdeutlichende Gegenüberstellung angebracht. Als problematisch müssen wohl zwei Positionen angenommen werden: (1) Die Substanz der Glaubenswahrheit ist ewig, ursprünglich, überzeitlich und unwandelbar. Veränderungen, Entwicklungen zeigen sich einzig in akzidentellen Bestimmungen. Diese betreffen die Sprache, die Aussagegestalt und Akzentsetzungen im hierarchischen Gefüge der Glaubenswahrheiten. (2) Glaubenswahrheiten sind immer unvollständig, erneuern sich ständig und verhalten sich zur Wahrheit des Glaubens asymptotisch. Das kann in zweifacher Weise vorliegen: Die ursprüngliche Wahrheit verliert sich im Laufe der Zeit und muss daher immer wieder neu angeeignet und gesichert werden. Oder die Glaubenswahrheit wird im Laufe der Zeit immer vollständiger und vollkommener dargestellt. Wahrheit erweist sich danach erst im größeren Zusammenhang des Glaubens. Beide Positionen übersehen Entscheidendes: Weder Identität noch Veränderung oder Verschiedenheit lassen sich gegeneinander profilieren oder schließen sich gegenseitig aus. Identität und Verschiedenheit der Glaubenswahrheit liegen auf derselben Ebene. „Wo bloße Identität vorliegt, ist nichts geschehen; wo bloße Verschiedenheit festzustellen ist, kann ebenfalls nicht von Geschichte die Rede sein."[33] Deshalb muss die Verhältnisbestimmung von Identität und Veränderung anders durchgeführt werden.

Glaubenswahrheit meint immer das Ganze des Glaubens, bezogen auf die je einzelne Wahrheit oder das Dogma. Die hier in Anlehnung an Aristoteles und Thomas von Aquin vorgenommene Bestimmung vermeidet die populären Missverständnisse dadurch, dass sie eine bestimmungslose Grundlage ebenso ausschließt wie wechselnde und einander ablösende Eigenschaften als Ganzheiten, die sich wie holistische Gebilde asymptotisch zueinander verhalten.[34] Akzidentelle Bestimmungen sind Prädikationen der Substanz und von ihr nicht zu lösen. Die Substanz ist selbst wandlungsfähig und zwar dadurch, dass sie wechselnde Eigenschaften als prädikative Bestimmungen besitzt.[35] Genau darin nämlich, dasselbe auf andere Weise zu sein, erweist sie sich als identisch und immer wesensgleich. Das Bild vom unwandelbaren Kern und der darauf bezogenen veränderbaren Peripherie

---

[33] J. Ratzinger, Das Problem der Dogmengeschichte in der Sicht der katholischen Theologie (Arbeitsgemeinschaft für Forschung des Landes Nordrhein-Westfalen, Heft 139) Köln–Opladen 1966, 22.

[34] Ich beziehe mich hier auf Ausführungen von B. Wald, Substantialität und Personalität. Philosophie der Person, Paderborn 2005, 85–88.

[35] So Aristoteles in der Kategorienschrift: 4a, 29ff. (Kategorien. Lehre vom Satz, hrsg. von E. Rolfes, Hamburg 1925/1974, 51).

verfehlt das Verständnis der Wahrheit des Glaubens. Die Substanz des Glaubens ist immer schon als bestimmt anzusehen, und daher ist diese selbst Träger der Bestimmungen. Deshalb betreffen Veränderungen immer die Wahrheit des Glaubens selbst. Das macht ihre Geschichtlichkeit aus. Das Selbstverständnis des christlichen Glaubens geht von der Einheit von Identität und Verschiedenheit aus.[36] Freilich muss diese Einheit noch genauer betrachtet werden.

Im Rückblick auf das eingangs dargestellte Sachproblem ist schon jetzt erkennbar, dass ein Fortschritt in der Entwicklung der christlichen Wahrheit dadurch erzielt werden kann, dass Christen trotz der Geschichte gegenseitiger Abgrenzungen lernen können, sich das eine Erbe der Christenheit neu gemeinsam anzueignen. Dies kann offenbar so geschehen, dass die Geschichte der unterschiedlichen Lehrentfaltung nicht eliminiert werden muss, sondern in den Prozess der gemeinsamen Aneignung integriert werden kann.

---

[36] B. Wald, a. a. O.

6. Hierarchia Veritatum
Eine dynamische Interpretationsregel

Die Rede von einer „Hierarchie der Wahrheiten" hat in der nachkonziliaren katholischen Theologie eine wechselvolle Geschichte erlebt.[1] Zunächst während des Konzils und unmittelbar danach als eine bedeutende und wichtige ökumenische Regel, die den ökumenischen Dialog zweifelsohne fördern und beleben könne. Innerkatholisch enthusiastisch[2], vor allem von der protestantischen Theologie nahezu euphorisch begrüßt[3], hat die Rede von der Hierarchie der Wahrheiten in der Folgezeit dann doch nicht die überwältigende Aufmerksamkeit gefunden, die ihr mit auf den Weg gegeben zu sein schien. Nur wenige der von der katho-

[1] Der Begriff als solcher taucht erstmals – wenn auch noch nicht exakt in der heute gebräuchlichen Weise – in einem Beitrag von C.-J. Dumont 1952 auf, der explizit die Frage stellte: Y a-t-il une hiérarchie de valeur entre les vérités de foi?; wiederabgedruckt in dem Aufsatzband: C.-J. Dumont, Les Voies de l'Unité Chrétienne. Doctrine et Spiritualité (Unam Sanctam 26) Paris 1954, 157–161, ist aber der Sache nach älter. Y. Congar hatte bereits einige Jahre früher auf eine „hiérarchie dans la révélation" hingewiesen. Vgl. hierzu W. Henn, The Hierarchy of Truth according to Yves Congar (Analecta Gregoriana, Vol. 246) Roma 1987, 151–164.

[2] Vgl. U. Valeske, Hierarchia Veritatum. Theologiegeschichtliche Hintergründe und mögliche Konsequenzen eines Hinweises im Ökumenismusdekret des II. Vatikanischen Konzils zum zwischenkirchlichen Gespräch, München 1968.

[3] 1992 hält A. Birmelé die Aussage von der Hierarchie der Wahrheiten immer noch für ein bedeutendes Ergebnis des Zweiten Vatikanischen Konzils und angesichts der Frage nach der Kirchengemeinschaft „heute wahrscheinlich noch aktueller als sie es vor 25 Jahren war" (Die Wahrheit und die „Hierarchie der Wahrheiten": VERITAS ET COMMUNICATIO. Ökumenische Theologie auf der Suche nach einem verbindlichen Zeugnis. FS zum 60. Geburtstag von U. Kühn, hrsg. von H. Franke u. a., Göttingen 1992, 242.

lischen Kirche geführten bilateralen Dialoge machen sich die Kenntnis der Regel ausdrücklich zunutze. Neuere Handbücher der ökumenischen Theologie gehen nur sporadisch auf den Grundsatz ein[4], eine neuere systematische Darstellung aus katholischer Feder fehlt. Entscheidend ist die Erkenntnis: Bis heute konnten innerkatholisch weder Sinn, Bedeutung noch ökumenische Relevanz und Konsequenzen[5] der Aussage klar, deutlich und verbindlich herausgearbeitet werden[6].

6.1 Neue Aktualität der Rede von der Hierarchie der Wahrheiten

Neues Interesse hat die Aussage auf katholischer Seite im Umfeld der „Gemeinsamen Erklärung zur Rechtfertigungslehre" erfahren. Walter Kasper hat im Blick auf den kriteriologischen Stellenwert und die Funktion der Rechtfertigungslehre von einer gewissen Konvergenz zur katholischen Lehre von der Hierarchie der Wahrheiten gesprochen.[7] Danach besagt die Lehre von der Hierarchie der Wahrheiten, „daß die einzelnen Glaubenswahrheiten nicht nur nebeneinander aufgezählt werden dürfen, sondern entsprechend ihrer Nähe zum christologischen Fundament und Zentrum des gesamten christlichen Glaubens interpretiert

---

[4] Vgl. hierzu das Handbuch der Ökumenik, hrsg. vom J.-A.-Möhler-Institut, Paderborn 1986–1987, Bd. 2, Bd. 3/1 und Bd. 3/2.

[5] Ein erster Versuch hierzu ist das von der Gemeinsamen Arbeitsgruppe der Römisch-Katholischen Kirche und des Ökumenischen Rates der Kirchen in Auftrag gegebene und entgegengenommene Studiendokument „Der Begriff der ‚Hierarchie der Wahrheiten' – Eine ökumenische Interpretation": DwÜ 2, 751–760.

[6] Vgl. A. Kreiner, „Hierarchia Veritatum". Deutungsmöglichkeiten und ökumenische Relevanz, in: Cath(M) 46 (1992) 2.

[7] In allem Christus bekennen. Einig in der Rechtfertigungslehre als Mitte und Kriterium des christlichen Glaubens?, in: KNA-ÖKI Nr. 32 vom 12. August 1997, 5–7.

werden müssen"[8]. Kasper sieht in der christologischen Begründung und Zielrichtung, welche sowohl der Rechtfertigungslehre wie der katholischen Lehre von der Hierarchie der Wahrheiten eigen sei, den Konvergenzpunkt zwischen evangelisch-lutherischer und römisch-katholischer Tradition. Zur Erläuterung der katholischen Lehre fügt er an, dass es auch nach katholischem Verständnis völlig widersinnig wäre, „etwa das Dogma von der Unfehlbarkeit des Papstes gleichberechtigt und alternativ neben die Rechtfertigungslehre zu stellen"[9]. Danach kann die Lehre von der Hierarchie der Wahrheiten als Interpretationsregel verstanden werden, welcher die Funktion zukommt, einzelne Glaubenswahrheiten auf ihr christologisches Fundament zu orientieren und entsprechend ihrer Nähe zum Zentrum des christlichen Glaubens in einem größeren systematischen Zusammenhang einzuordnen. Weil Jesus Christus allein das Heil ist, lässt diese „christologisch orientierte Kriteriologie" keine anderen gleichberechtigten Kriterien zu. Der Grundsatz von der Hierarchie der Wahrheiten lässt sich also in Analogie zur Rechtfertigungslehre demnach als „ein unverzichtbares Kriterium" verstehen, mit dessen Hilfe „die gesamte Lehre und Praxis der Kirche unablässig auf Christus hin" orientiert werden soll.[10] Der Annex zur „Gemeinsamen Erklärung" legt genauer fest, was hiermit gemeint ist: „Die Rechtfertigungslehre ist Maßstab oder Prüfstein des christlichen Glaubens"[11]. Soll dies nun auch für den Satz von der Hierarchie der Wahrheiten gelten bzw. bringt dieser Grundsatz die mit der kriteriologischen Funktion der Rechtfertigungslehre verbundene Intention zum Ausdruck? Fungiert der Grundsatz von der Hierarchie der Wahrheiten als Maßstab des christlichen Glaubens? Ist der Grundsatz von der Hierarchie

[8] A. a. O., 7.

[9] A. a. O.

[10] So die Nr. 18 der „Gemeinsamen Erklärung zur Rechtfertigungslehre" (Text in: DwÜ 3, 424).

[11] Annex Nr. 3 (DwÜ 3, 440).

der Wahrheiten ein der Rechtfertigungslehre analoges Strukturprinzip, ja ein Identifikationskriterium des Christlichen? Und ist er damit Schlüssel zur Lösung ökumenischer Probleme?

Damit stehen wir hier vor einer zweifachen Aufgabe: Zunächst muss der Frage nachgegangen werden, was man überhaupt unter der Rede von der Hierarchie der Wahrheiten zu verstehen hat. Die schon angeschnittene Vieldeutigkeit der Rede von der Hierarchie der Wahrheiten macht eine sorgfältige Sichtung möglicher Deutungen notwendig. Zweitens: Die im Hinblick auf die Gemeinsame Erklärung zur Rechtfertigungslehre aktualisierte Erwartung, die Rede von der Hierarchie der Wahrheiten sei eine Art Schlüssel für die ökumenische Problemstellung, muss ebenso einer kritischen Prüfung unterzogen werden.

6.2 Die Formel im Ökumenismusdekret

Der Satz von der Hierarchie der Wahrheiten findet sich im zweiten Kapitel des Ökumenismusdekretes unter dem Stichwort „Die praktische Verwirklichung des Ökumenismus". Im Rahmen der Darlegung der praktischen Aufgaben ökumenischer Bestrebungen erfolgt eine Auflistung verschiedener Mittel, darunter der geistliche Ökumenismus, die innere Bekehrung, die Ausbildung durch die Theologie, Zeugnis und Dienst, und schließlich der Dialog. Beim ökumenischen Dialog müssen die katholischen Theologen, so sagt es der Text, sowohl in Treue zur Lehre der Kirche wie in gemeinsamer Forschungsarbeit mit Theologen der getrennten Kirchen die „göttlichen Geheimnisse zu ergründen suchen". Zwischen Polemik und falscher Irenik hindurch sollen katholische Theologen die verschiedenen Lehren miteinander vergleichen: „Beim Vergleich der Lehren miteinander soll man nicht vergessen, daß es eine Rangordnung oder ‚Hierarchie' der Wahrheiten innerhalb der katholischen Lehre gibt, je nach der verschiedenen Art ihres Zusammenhangs mit dem Fundament des christlichen Glaubens. So wird der Weg bereitet werden, auf dem alle in diesem brüderlichen Wettbewerb zur tieferen Erkenntnis und deutlicheren Darstellung der unerforschlichen Reichtümer Christi angeregt werden (vgl. Eph 3,8)“[12].

Der Text erinnert zunächst an ein existierendes Lehrstück innerhalb der katholischen Lehre, macht also auf die Tatsächlichkeit derselben aufmerksam[13]. Die Aussagen zur Hierarchie der Wahrheiten können dann als ein Mittel für den ökumenischen Dialog verstanden werden, dessen Aufgabe in zweierlei Richtung zu beschreiben ist: Erstens zielt der Dialog auf die Ergründung der göttlichen Geheimnisse; dabei muss die gesamte Lehre der Kirche klar vorgelegt werden. Zweitens verfolgt der Dialog die Aufgabe, die verschiedenen, von den getrennten Kirchen vorgelegten Lehren komparativisch zu vergleichen. Im Blick auf diesen Vergleich dient der Grundsatz von der Hierarchie der Wahrheiten als Mittel zur Verständigung und Erläuterung der von den Kirchen vorgelegten Lehren. „Die Aussage über eine ‚Hierarchie der Wahrheiten‘ muß also innerhalb dieses breiteren, unablässig forschenden Verständnisses von Dialog verstanden werden“[14]. Der Intention des Konzils folgend ist die Aussage von der Hierarchie der Wahrheiten in erster Linie also als ein Hilfsmittel des ökumenischen Dialogs zu verstehen, das der an sich feststehenden und unveränderlichen Lehre der Kirche zur gegenseitigen Erhellung, also zur Interpretation der Lehre der Kirche dient.

---

[12] UR 11. Der lateinische Urtext lautet in der Kernpassage: „In comparandis doctrinis meminerint existere ordinem seu ‚hierarchiam‘ veritatum doctrinae catholicae, cum diversus sit earum nexus cum fundamento fidei christianae“.

[13] U. Valeske hat darauf aufmerksam gemacht, dass es nicht unbedeutend ist, wie der Text zu übersetzen ist. Aufgrund zweier zunächst unterschiedlicher Varianten konnte der Eindruck entstehen, die Konzilsaussage erinnere in erster Linie an ein existierendes Lehrstück katholischer Theologie. Die jetzt allgemein akzeptierte Übersetzung macht dagegen nur auf die Tatsächlichkeit einer Rangordnung aufmerksam (a. a. O., 13f.).

[14] Der Begriff der „Hierarchie der Wahrheiten“ – Eine ökumenische Interpretation, in: DwÜ 2, 752.

Der Satz von der Hierarchie der Wahrheiten, der auf eine Rede von Erzbischof Andreas Pangrazio aus Görz zurückgeht und erst in der letzten Fassung des Schemas nach nochmaliger Schlussredaktion aufgenommen wurde[15], hat zum unmittelbaren Hintergrund verschiedene kirchliche Äußerungen, vor allem eine markante in der Enzyklika Pius XI. „Mortalium animos" zurückgewiesene Auffassung. Danach dürfe keinesfalls jene Unterscheidung verwendet werden, „die man zwischen den sogenannten grundlegenden und nicht grundlegenden Kapiteln des Glaubens einzuführen beliebte"[16]. Gegenstände des Glaubens können nicht so unterteilt werden, dass „die einen von allen angenommen werden müßten, die anderen dagegen frei der Zustimmung der Gläubigen überlassen werden könnten"[17]. Erzbischof Pangrazio griff diese päpstliche Einschärfung auf, bestätigte sie, legte aber gleichwohl Wert auf die Unterscheidung, die damit offenbar nicht in Widerspruch zu stehen braucht, es gebe „eine hierarchische Ordnung der geoffenbarten Wahrheiten", und zwar: eine Unterscheidung von Wahrheiten, die zur Ordnung des Zieles, also zum Mysterium des dreieinigen Gottes, und von Wahrheiten, die zur Ordnung der Heilsmittel, also zu den Mysterien, gehören.[18] Die Lehrunterschiede betreffen weniger jene Wahrheiten, die zur Ordnung des Zieles gehören, als jene Wahrheiten, die zur Ordnung der Mittel gehören. Begründet

---

15 Vgl. U. Valeske, a. a. O., 26–29.

16 DH 3683.

17 Ebd.

18 Text in: Y. Congar / H. Küng / D. O'Hanlon (Hrsg.), Konzilsreden, Einsiedeln 1964, 143. U. Valeske hat darauf hingewiesen, dass hinter der Aussage von Erzbischof Pangrazio der Artikel von C.-J. Dumont – Konsultor des Sekretariats für die Einheit – stehe, der bereits 1954 auf die folgende Unterscheidung aufmerksam machte: Y a-t-il une hiérarchie de valeur entre les vérités de foi?, in: ders., Les Voies de l'Unité chrétienne. Doctrine et Spiritualité, Paris 1954, 157–161. Aber auch Y. Congar gehört zu den Theologen, auf die sich Erzbischof Pangrazio offensichtlich bezieht. Vgl. dazu H. Schützeichel, Das hierarchische Denken in der Theologie, in: Cath(M) 25 (1971) 91.

wurde die Einfügung der Aussage von der Hierarchie der Wahrheiten mit dem Hinweis, den Kardinal König einbrachte[19], es dürfte für den ökumenischen Dialog von größter Bedeutung sein, dass sowohl die Übereinstimmungen als auch die Differenzen zwischen den Lehren „mehr gewogen als nur aufgezählt werden“[20]. Damit war eine folgenreiche Unterscheidung getroffen und kirchlicherseits anerkannt worden. Wesentlich war hier zunächst die Einsicht in die Möglichkeit, überhaupt eine Unterscheidung im Sinne einer Gewichtsverschiebung treffen zu können, nachdem die Enzyklika eine solche Unterscheidung a limine ausgeschlossen hatte.

6.3 Die Formel im Kontext der nachkonziliaren Diskussion

In der nachkonziliaren Diskussion haben sich verschiedene Deutungsmuster herauskristallisiert, welche die hier möglich gewordenen Unterscheidungen auf ihren Sinn und ihre Tragweite hin auszuloten suchen. Zur Erleichterung ihres Verständnisses lassen sie sich den verschiedenen Grundbegriffen der Aussage von der Hierarchie der Wahrheiten zuordnen:

(1) *Hierarchie*: Eine gleichermaßen schwerwiegende und weitreichende Entscheidung traf das Konzil, offenbar mit Blick auf die Enyzyklika „Mortalium animos“, mit der nun möglich gewordenen Unterscheidung zwischen dem theologischen Verbindlichkeitsgrad von Glaubenslehren und ihrer Nähe zum Fundament des Glaubens. Die Enzyklika hatte im Blick auf eine

---

[19] Schema Decreti „De Oecumenismo“. Modi a Patribus Conciliares propositi a Secretariatu ad Christianorum unitatem fovendam examinati, II, caput II „De Oecumenismo Exercitio“. Typis Polyglottis Vaticanis MCMLXIV, pag 12, Modus 49.

[20] Dt. Text in: L. Kardinal Jaeger, Das Konzilsdekret „Über den Ökumenismus“. Sein Werden, sein Inhalt und seine Bedeutung. Lateinischer und deutscher Text mit Kommentar (KKTS 13) Paderborn 1965, 98.

mögliche Unsicherheit über den definierten Status einer geoffenbarten Glaubenslehre unter den Gläubigen die Aufgabe des Lehramtes einzuschärfen versucht. Die Gewichtung nach der Nähe zum Fundament oder Zentrum des Glaubens lässt die Möglichkeit aufscheinen, es gibt neben der Gewichtung nach dem theologischen Verbindlichkeitsgrad, „daß etwa eine definierte Lehre schon allein aufgrund ihrer Definiertheit zu den erstrangigen Wahrheiten gehörte oder eine nicht definierte Offenbarungswahrheit eo ipso minderen Ranges wäre“[21], ein weiteres Kriterium, nach dem gewichtet werden könne. Auch hier zeigt sich also mit dem Hinweis auf das Fundament des Glaubens eine Unterscheidung, deren Tragweite erst ausgelotet werden muss.

Der Satz von der Hierarchie der Wahrheiten kann als Korrektur und Ergänzung eines einseitig festgelegten Hierarchiebegriffs verstanden werden, der seit der Spätscholastik und dem Tridentinum das erkenntnistheoretische Interesse bei der Wertung der Glaubenswahrheiten bestimmte. „Die Ekklesiologie wurde vielfach zu einer Lehre von der Hierarchie, zu einer Hierarchiologie. Damit hängt zusammen, daß bei der Untersuchung der einzelnen Glaubenslehren die propositio ecclesiae und der verpflichtende Charakter herausgestellt wurden, ohne dass gleichzeitig die innere Ordnung der Glaubenswahrheiten genügend sichtbar gemacht wurde.“[22] Aus dem vorausgesetzten Begriff der kirchlichen Unfehlbarkeit ergibt sich, folgt man etwa den Ausführungen Albert Langs, dass Lehrentscheidungen der Kirche „eine volle und unwiderrufliche Gewißheit“ eignet: „Unter diesem logischen Gesichtspunkt haben alle unfehlbaren Entscheidungen der Kirche einen absoluten Gewißheitsgrad“[23]. Demgegenüber lassen sich Gewissheitsqualitäten unterschieden:

---

[21] J. Feiner, Kommentar zum Dekret über den Ökumenismus, in: LThKVat, Bd. 2, 89.

[22] H. Schützeichel, a. a. O., 93.

[23] A. Lang, Fundamentaltheologie, Bd. II, München ^{2}1962, 264. Zur Verdeutlichung des vorliegenden Sachverhaltes schließe ich mich den Ausfüh-

Die formell von Gott geoffenbarten Wahrheiten sind fide divina zu glauben. Schwieriger zu entscheiden ist nun die Frage nach der Gewissheit theologischer Konklusionen, die aus einer geoffenbarten und einer nicht geoffenbarten Prämisse gewonnen werden. Danach ist klar, dass die von der Kirche vorgelegten Wahrheiten verschiedene Gewissheitsqualitäten besitzen: „Unter diesem Gesichtspunkt ergibt sich eine Rangordnung, an deren Spitze die formell geoffenbarten Wahrheiten stehen ...; ihnen schließen sich die Wahrheiten an, die von der Kirche vorgelegt werden auf Grund der ihr verliehenen Lehrautorität und Unfehlbarkeit; zuunterst stehen die religiös-sittlichen Wahrheiten, die der rein natürlichen Erkenntnis entstammen, also bloß natürliche Gewißheit haben"[24]. Albert Lang folgert aus dieser Sachlage zu Recht, dass die „Zahl der Möglichkeiten, in denen sich die verschiedenen Wahrheitsqualitäten und Sicherheitsgrade der theologischen Erkenntnisse begegnen können"[25], überaus groß ist. Die seit dem 14. Jahrhundert entwickelten und seit dem 19. Jahrhundert in Geltung gekommenen Ordnungen weisen deshalb ein hohes Maß an Variabilität bei der Bestimmung der Wahrheitsqualität von dogmatischen Sätzen auf.

Das Problem, auf das die Konzilsaussage von der Hierarchie der Wahrheiten hier Bezug nimmt, liegt in der Differenz zwischen einer in diesem Kontext neu eingefügten Hierarchie der Wahrheiten und der vorliegenden Hierarchie der Gewissheiten: Danach kann eine „vom kirchlichen Lehramt sehr hoch qualifizierte Glaubenswahrheit (z. B. Assumptio BMV) ... in der Hierar-

---

rungen von A. Lang an. Vgl. dazu aber auch U. Valeske, Hierarchia Veritatum, a. a. O., 91–93.

[24] A. a. O., 269.

[25] Ebd. Vgl. dazu auch: A. Kolping, Art. Qualifikationen, theol.: LThK ([2]1963), Bd. 8, 914–919; L. Scheffczyk, Art. Qualifikationen, in: LThK, Bd. 8, 755–757; W. Beinert, Theologische Erkenntnislehre, in: Glaubenszugänge. Lehrbuch der Katholischen Dogmatik, hrsg. von W. Beinert, Bd. 1, Paderborn u. a. 1995, 148–150.

chie der Wahrheiten eine untergeordnete Stellung einnehmen, während eine nicht so hoch oder gar nicht qualifizierte Aussage der Kirche zu den Grundwahrheiten des Glaubens gehören kann, was z. B. zutrifft bei der vom Vaticanum II vorgetragenen, aber nicht definierten Lehre über die Wirksamkeit des Geistes Christi in der Kirche sowie über die Analogie zwischen Inkarnation und Kirche“[26]. Nach Heribert Schützeichel leitet das Konzil zu einer Unterscheidung zwischen der Hierarchie der Wahrheiten und einer Hierarchie der Gewissheiten nicht nur an, sondern gibt der Hierarchie der Wahrheiten auch den Vorzug. Diese hierarchische Rangordnung wird nunmehr inhaltlich-systematisch bestimmt. Daraus lässt sich die Regel entnehmen: „Eine Definition, also eine, was die Gewißheit angeht, höchste Qualifizierung einer Glaubenslehre, wird nur dann glaubwürdig sein, wenn eine solche Akzentuierung – jene Definition bedeutet eine Akzentsetzung – nicht nur den jeweiligen Bedürfnissen der Kirche und der Dynamik der Theologie und Frömmigkeit entspricht, sondern auch vor der Hierarchie der Wahrheiten gerechtfertigt werden kann“[27]. Somit qualifiziert der vom Zweiten Vatikanum inaugurierte Grundsatz von der Hierarchie der Wahrheiten eine inhaltlich-systematisch bestimmte Hierarchie gegenüber einer eher formal bestimmten Hierarchie der Gewissheiten. Das kirchliche Lehramt hat eine solche „Hierarchie der Dogmen in der Kirche“ anerkannt, zweifelsohne aber festgehalten, dass alle Dogmen, da sie offenbart sind, „mit dem gleichen göttlichen Glauben geglaubt werden“ müssen[28]. Damit hat das kirchliche Lehramt die inhaltlich-systematische Gewichtung von Dogmen nach UR 11, die Gewichtung nach der Wahrheitsqualität, zwar aner-

[26] H. Schützeichel, Das hierarchische Denken in der Theologie, a. a. O., 99.

[27] Ebd.

[28] Kongregation für die Glaubenslehre, Erklärung „Mysterium ecclesiae“ zur katholischen Lehre über die Kirche und ihre Verteidigung gegen einige Irrtümer von heute, hrsg., eingeleitet und kommentiert von K. Lehmann (Nachkonziliare Dokumentation, Bd. 43), Trier 1975, Nr. 4, 147.

kannt, gleichwohl aber der formal-abstrakten Gewichtung nach den Gewissheitsgraden nicht den Rücken gekehrt.[29] Da nun mehrere Hierarchien zu bedenken sind, ist eine klare, für den ökumenischen Dialog brauchbare Regel aus diesem Tatbestand nicht zu entnehmen.

(2) *Fundamentum*: Die Gewichtung innerhalb der Hierarchie der Wahrheiten ergibt sich gemäß Konzilstext nach dem Grad des Zusammenhangs mit dem Fundament des christlichen Glaubens. Der Grundgedanke vom Fundament bestimmt danach die unterschiedliche Rangfolge der Glaubenswahrheiten.[30] Was ist mit Fundament gemeint? Die Konzilskommentare weisen auf das lebendige Zentrum des christlichen Glaubens hin, auf Jesus Christus selbst, auf das Mysterium Christi.[31] Der Kontext der Aussage lässt diese Auslegung möglich erscheinen. Mehrfach ist im selben Abschnitt von „göttlichen Geheimnissen", von den unerforschlichen Reichtümern Christi die Rede, vor allem mit Bezug auf Eph 3,8. Dort ist – im Kontext gesehen – explizit vom Mysterion Christi, vom Christusmysterium die Rede.[32] Dies legt nahe, von der Person Jesu Christi als dem Fundament des Glaubens auszugehen. Heribert Mühlen hat in einer eingehenden Untersuchung herausgearbeitet, dass das Zentrum der neutestamentlichen Offenbarung nicht die Lehre Jesu, sondern seine Person sei.[33] Das Mysterium ist Jesus Christus selbst. Gemäß der vom Konzil favorisierten Rede von der Selbstoffenbarung des

---

29 Vgl. zu dieser Einschätzung den Kommentar von K. Lehmann, a. a. O., 79.

30 Vgl. dazu „Der Begriff der ‚Hierarchie der Wahrheiten – Eine ökumenische Interpretation", a. a. O., 755.

31 Vgl. Lorenz Kardinal Jaeger, a. a. O., 97; J. Feiner, a. a. O., 89.

32 Vgl. hierzu die Kommentare: R. Schnackenburg, Der Brief an die Epheser (EKK, Bd. 10), Zürich–Einsiedeln–Köln–Neukirchen-Vluyn 1982, 127–145; E. Schweizer, Der Brief an die Kolosser (EKK, Bd. 12), Zürich–Einsiedeln–Köln–Neukirchen-Vluyn [4]1997, 81–92. Ebenso immer noch: G. Bornkamm, Art. Mysterion, in: ThWNT, Bd. 4, 809–834.

33 Die Lehre des Vaticanum II über die „hierarchia veritatum" und ihre Bedeutung für den ökumenischen Dialog, in: ThGl 57 (1966) 303–335, hier 390.

dreieinigen Gottes im Mysterium der Person Jesu Christi lassen sich die von der Kirche vorgelegten Glaubenswahrheiten auf das „eine Ur-Geheimnis der Person Jesu" zurückführen.[34] Wieder lässt sich eine bedeutsame Unterscheidung vornehmen: zwischen satzhaft ausgesagten Wahrheiten über Gott und seine Offenbarung, Mysterien genannt, und dem Mysterium im eigentlichen und strengen Sinn des Wortes, nämlich Gott selbst, insofern er sich den Menschen selbst offenbart. Mysterium besagt daher nicht mehr zunächst die Eigenschaft eines Satzes, sondern die Unbegreiflichkeit der Personalität Gottes.[35] Daraus lässt sich die Regel entnehmen: Eine von der Kirche geglaubte und verkündete Wahrheit hat um so mehr Gewicht, als sie eine Nähe zur Person Jesu Christi und damit zum Mysterium Trinitatis hat.[36] „Die Trinität ist also nicht nur der Inhalt des Glaubens, sondern auch dessen formale, formgebende Struktur."[37] Wird mit diesem Verständnis an die Mysterienhaftigkeit des trinitarischen Mysteriums selbst erinnert, so zeigt sich, dass „die Zahl der Grundmysterien des Christentums absolut beschränkt ist, nämlich auf das Mysterium des Vaters, ... auf das Mysterium des inkarnierten Sohnes und auf das Mysterium der Geistsendung. In der Hierarchie der Wahrheiten nehmen sie, und sie allein, den höchsten Rang ein und sind zugleich der formale Verständnishorizont aller übrigen Glaubenswahrheiten"[38]. Damit ist klar: Mit Fundament ist das Mysterium Trinitatis gemeint, und dieses ist von den von der Kirche verkündeten Wahrheiten zunächst zu unterscheiden. Heribert Mühlen plädiert also im Wesentlichen für eine Unterscheidung von Dogma und Fundament des Dogmas. Noch schärfer als Mühlen hat neuerdings Hans-Joachim

---

[34] A. a. O., 310.

[35] Vgl. a. a. O., 306.

[36] Vgl. a. a. O., 311.

[37] A. a. O., 312.

[38] A. a. O., 315.

Schulz die sich hier zeigende Differenz markiert, nämlich zwischen Dogma und Offenbarung, zwischen Dogma und dem Ereignis der Offenbarung und des Heilshandelns Gottes in Jesus Christus selbst.[39] Nicht ein System von Dogmen steht hier im Blick, sondern die Partizipation am Heilshandeln Gottes in Jesus Christus. Deshalb könne, so folgert Schulz, der Begriff des fundamentum nicht vom Dogma aus gelesen werden, sondern nur vom Christusmysterium als dem Ereignis der Offenbarung des dreieinigen Gottes.[40] Allerdings darf, und das muss hier kritisch gesehen werden, der Zusammenhang von Dogma und Fundament des Glaubens nicht auseinandergerissen werden, soll die Intention des Artikels 11 nicht verfehlt werden.[41]

(3) *Nexus*: Bestimmt das Gewicht des fundamentum die Rangfolge der Wahrheiten im Gefüge der Glaubenslehre, so ist die Art des Zusammenhangs (nexus) mit ihm eigens zu bedenken. Schon das I. Vatikanum hat in einer bis heute viel beachteten Passage den nexus mysteriorum angesprochen, wonach es einen Zusammenhang der Geheimnisse selbst untereinander und mit dem letzten Zweck des Menschen gibt[42]. Wie aber dieser Zusammenhang genauer zu definieren ist, bleibt bis heute weithin offen. Je näher eine Wahrheit zum Fundament des Glaubens liegt, umso größer ist ihr Gewicht. Das deutet auf die Möglichkeit direkter oder indirekter Verbindungen hin. Gibt es ein System, in dem jede einzelne Wahrheit eingeordnet werden kann? Es lassen sich eher

---

[39] Der Grundsatz „Lex orandi – Lex credendi" und die liturgische Dimension der „Hierarchie der Wahrheiten", in: LJ 49 (1999) 171–181, hier 181. Schon früher: ders., Bekenntnis statt Dogma. Kriterien der Verbindlichkeit kirchlicher Lehre (QD 163), Freiburg–Basel–Wien 1996, 37–43.

[40] Vgl. a. a. O., 179–181.

[41] Schon M.J. Scheeben sprach von einem „mystischen Kosmos", um den Zusammenhang der Geheimnisse in der christlichen Offenbarung mit der Offenbarung selbst zu wahren, in: Handbuch der katholischen Dogmatik, Bd. 2, Freiburg i.Br. 1873, 8–38.

[42] DH 3016.

dynamische Beziehungen ausmachen[43]. Ein starres System anzunehmen, widerspräche auch dem Sinn des als personales Zentrum markierten fundamentum des christlichen Glaubens. Also weder das Modell einer formalen Logik[44] noch das einer transzendentalen Deduktion führen an dieser Stelle weiter. Karl Lehmann hat in einer beeindruckenden Analyse dargelegt, dass der Versuch einer Lösung der anstehenden Frage nur der einer beweglichen und dynamischen Strukturierung sein kann: „Es geht nicht um ein in sich schwebendes Ideensystem, das um sein eigenes Zentrum schwingt, sondern um ein Versammeln der ursprünglichen Potenz christlicher Offenbarung zugleich auf die Mitte des Menschen hin. Die Logik der menschlichen Sinnfrage und die durch das Evangelium erwirkte Änderung des menschlichen Sinnes machen die Struktur und die Ordnung der Heilswahrheiten aus"[45]. Hier deuten sich eine gewisse Umstrukturierung und in bestimmten Grenzen eine Umgewichtung in der gegenseitigen Zuordnung christlicher Wahrheiten an. Das alles lässt sich nur in einem dynamischen Beziehungsgefüge denken, das jeder einseitigen Verfestigung und Zentrierung entgegensteht. In einem solchen dynamischen Beziehungsgefüge, das die Rückbindung der christlichen Wahrheiten zum Fundament kritisch zu bewähren hat, glaubt Karl Lehmann auch das Phänomen des Katholischen auszumachen.[46] Der Satz von der Hierarchie der Wahrheiten ist dann auch so zu lesen, dass er einer einseitigen Konzentration widerspricht. „Es besteht offenbar eine große Scheu, die Vielfältigkeit des konkret gelebten Glaubens durch ein abstraktes Reduktionsprinzip oder durch mehrere eindeutige Kriterien zu beschränken und diese

---

[43] So explizit in: Der Begriff der „Hierarchie der Wahrheiten" – Eine ökumenische Interpretation, a. a. O., 756.

[44] Vgl. D. Froitzheim, Logische Vorüberlegungen zum Thema „Hierarchie der Wahrheiten", in: StZ 188 (1971) 422–425.

[45] K. Lehmann, Zum Problem einer Konzentration der Glaubensaussagen, in: ders., Gegenwart des Glaubens, Mainz 1974, 153.

[46] A. a. O., 159f.

dann theoretisch und mit einem gewissen Zwangscharakter für die einzig verbindliche ‚Mitte' auszugeben"[47]. Allerdings muss Karl Lehmann eingestehen: das alles lässt sich hermeneutisch nur schwer zur Sprache bringen. Damit ist auch hier eine charakteristische Unterscheidung offenkundig geworden: Der Satz von der Hierarchie der Wahrheiten will als Differenz zu jedem einseitig hierarchischen Systemgedanken verstanden werden. Er steht einer Reduktion und Konzentration auf ein oder nur wenige Prinzipien und Kriterien kritisch gegenüber.[48]

(4) *Ein vorläufiges Fazit*: Kann der Satz von der Hierarchie der Wahrheiten als ein klares und verständliches hermeneutisches Prinzip aufgefasst werden? Ist die „Hierarchie der Wahrheiten" ein brauchbarer Schlüssel zur Lösung der ökumenischen Problemstellung, wie sie hier beschrieben wurde? Die vorgetragenen Darlegungen haben erwiesen, dass es keinen Hinweis gibt, von einem eindeutigen Kriterium oder Prinzip zu sprechen. Ein Ordnungs- oder Strukturprinzip im klaren Sinn des Wortes ist der Satz von der Hierarchie der Wahrheiten sicher nicht. Der Satz leitet aber zu einer Reihe von notwendigen und unverzichtbaren Unterscheidungen, zu Korrekturen, ja zu Umschichtungen im Verständnis christlicher Lehre an: Die Aussage von der Hierarchie der Wahrheiten will im Kontext des Ökumenismusdekretes und vor dem Hintergrund früherer kirchlicher Entscheidungen und Festlegungen im Zusammenhang der theologischen Erkenntnislehre einen differenzierten Begriff von Hierarchie zur Verwendung vorschlagen, der die bisherige Lehrauffassung nicht aufhebt, aber doch entscheidend ergänzt. Gegenüber einer rein propositionalen Fassung christlicher Wahrheiten kann sich nun auch die auf Heilserfahrung und Heilsverwirklichung beziehen-

---

47 A. a. O., 159.

48 In diesem Gedanken wurzelt auch das in der nachkonziliaren katholischen Theologie vorhandene Misstrauen gegenüber der Exponierung eines einzigen Kriteriums für die Identifikation des Christlichen.

de Gestalt von Offenbarung als Vergegenwärtigung des Christusmysteriums als kirchlich approbierte Lehre behaupten. Die Rede von der hierarchia veritatum gewinnt ihren Sinn aus der von Jesus Christus her bestimmten Partizipation am mysterium trinitatis. Damit kommt gegenüber einem statischen Hierarchiebegriff ein eher dynamischer in den Blick, der Raum lässt für die an Kommunikations- und Partizipationsprozesssen orientierte Form der „Offenbarungszuwendung“[49]. Freilich, dieses aus dem Kontext eruierte Konzept von hierarchia veritatum ist kein Gegenmodell zu einer „Hierarchie der Dogmen“[50] im Sinne einer gefügten Einteilung und Einordnung in ein logisch plausibles System. Der Satz von der hierarchia veritatum ist darum auch kein hermeneutisch eindeutiger Schlüssel, etwa im Sinne einer Mystagogie genannten Erschließung der göttlichen Heilsverwirklichung, wie Hans-Joachim Schulz vorgeschlagen hat[51], sondern er bleibt eine Regel, die zur Differenzierung anleitet.

6.4 Die Formel im Kontext der Rechtfertigungsdebatte

Mit dieser eher nüchternen, aber gleichwohl realistischen Einschätzung ist zunächst auch die weitergehende Frage nach der hierarchia veritatum als der Rechtfertigungslehre vergleichbarem Kriterium, wie Walter Kasper vorgeschlagen hat, negativ beantwortet. Geht man freilich die Diskussion um das Prinzip der Hierarchie der Wahrheiten noch einmal genauer durch, trifft man auf einige Bezugspunkte, die unserer Diskussion weiterhelfen können.

Heinrich Fries hat in seiner Bilanz zur Diskussion um das gemeinsam mit Karl Rahner herausgegebene Buch „Einigung der Kirchen – reale Möglichkeit“ mit Blick auf die umstrittene These

---

49 Vgl. dazu H.-J. Schulz, a. a. O., 179.

50 So der Wortlaut der Erklärung „Mysterium ecclesiae“, a. a. O., 147.

51 A. a. O., 178; vgl. auch Bekenntnis statt Dogma, a. a. O., 41.

II[52] auch das vom Zweiten Vatikanum erneuerte Prinzip von der hierarchia veritatum angesprochen[53]. Fries hält es für zutreffend, dieses Prinzip in Anspruch zu nehmen. Damit zusammen könnte die genannte These als Schlüssel dienen und reale Möglichkeiten für die Einheit im Glauben eröffnen. Klarer als Rahners Kommentar markiert Heinrich Fries Sinn und Bedeutung dieses Prinzips: „Zur Einheit des Glaubens ist gefordert die Nichtverwerfung von verbindlichen Dogmen einer anderen Teilkirche; es ist nicht gefordert das explizite Bekenntnis der Teilkirchen zu diesen Dogmen“[54]. Fries spricht hier den Umgang mit den aus dem 16. Jahrhundert stammenden Lehrverurteilungen an. Die Anwendung des Prinzips von der Hierarchie der Wahrheiten könnte also verstanden werden als Anweisung zum Verzicht auf gegenseitige Verwerfungen; der Satz mutiert demnach zu einem Prinzip der legitimen Verschiedenheit. Otto Hermann Pesch

52 Der Text lautet: „Darüberhinaus gelte ein realistisches Glaubensprinzip: in keiner Teilkirche darf dezidiert und bekenntnismäßig ein Satz verworfen werden, der in einer anderen Teilkirche ein verpflichtendes Dogma ist. Im übrigen ist aber über These I hinaus kein ausdrückliches und positives Bekenntnis in einer Teilkirche zu einem Dogma einer anderen Teilkirche verpflichtend gefordert, sondern einem weitergehenden Konsens der Zukunft überlassen. Das gilt erst recht von authentischen, aber nicht definierten Lehrerklärungen der römischen Kirche. Das ist besonders bei ethischen Fragen zu beachten. Bei diesem Prinzip würde nur das getan, was jede Kirche heute schon ihren eigenen Angehörigen gegenüber praktiziert“ (H. Fries / K. Rahner, Einigung der Kirche – reale Möglichkeit. Erweiterte Sonderausgabe. Mit einer Bilanz „Zustimmung und Kritik“ von H. Fries [QD 100] Freiburg–Basel–Wien 1985, 35).

53 Im selben Band: a. a. O., 170f. Aber schon im Kommentar zur These II findet sich der Hinweis von K. Rahner über den Unterschied zwischen einer objektiven und subjektiven Hierarchie der Wahrheiten. Freilich versteht Rahner das Prinzip im Zusammenhang der Lehre von der fides implicita zu sehr als „Selektionsraster“ (a. a. O., 45).

54 1987 publizierte H. Fries in einem Buch zusammen mit O.H. Pesch eine ausführlichere Bilanz zum gemeinsamen Buch mit K. Rahner unter dem Titel: Streiten für die eine Kirche, München 1987, 13–84, hier 36.

macht noch klarer, worauf es ankommt: Es gehe beim Prinzip der Hierarchie der Wahrheiten letztlich um eine Absage an ein „schematisches Abzählen von Unterscheidungslehren", über die als Bedingung von Kircheneinheit zuvor Konsens erzielt werden müsse: „Entscheidend ist die Eröffnung einer Suche nach Einheit, die sich auf das grundlegende gemeinsame Bekenntnis konzentriert und von diesem Mittelraum aus die nachgeordneten Lehrunterschiede zu gewichten sucht"[55]. Damit würde das Prinzip von der Hierarchie der Wahrheiten selbst über den zu erzielenden Konsens im gemeinsamen Bekenntnis Raum öffnen für Lehrunterschiede und Lehrdifferenzen, in denen kein Konsens erzielt, lediglich die Frage nach der Tragweite und den Konsequenzen bestehender Lehrverurteilungen geklärt sein müsste.

Im Blick auf die in den Achtzigerjahren geführte Debatte über Grundkonsens und Grunddissens hat Walter Kasper das hier erkennbare Problem in der Verhältnisbestimmung von Grundkonsens und Unterscheidungslehren bzw. Lehrverurteilungen zu lokalisieren versucht[56]. Nach der Hierarchie der Wahrheiten bilden die vielen Offenbarungsaussagen „ein organisches Ganzes, eine Struktureinheit". Das Prinzip der Hierarchie der Wahrheiten fördert eine Konzentration und Interpretation aller Einzelwahrheiten im durch das Christusmysterium bestimmten Gesamtzusammenhang, betreibt aber keine Reduktion. Eine rein quantitative Interpretation ist danach ausgeschlossen. Sowohl gegenüber einer objektivistischen wie einer aktualistisch-existenziellen Wahr-

[55] Das Zweite Vatikanische Konzil (1962–1965). Vorgeschichte – Verlauf – Ergebnisse – Nachgeschichte, Würzburg 1993, 225.

[56] Grundkonsens und Kirchengemeinschaft. Zum Stand des ökumenischen Gesprächs zwischen katholischer und evangelisch-lutherischer Kirche, in: ThQ 167 (1987) 161–181, dann veröffentlicht im Sammelband: Grundkonsens – Grunddifferenz: Studie des Straßburger Instituts für Ökumenische Forschung: Ergebnisse und Dokumente, hrsg. von A. Birmelé und H. Meyer, Frankfurt a.M.–Paderborn 1992, 97–116. Vgl. dazu W. Kasper, Art. Dogma/Dogmenentwicklung, in: NHThG, Bd. 1, 185f.

heitsauffassung soll das Prinzip von der Hierarchie der Wahrheiten den nexus mysteriorum, wie er in der Offenbarung des dreieinigen Gottes seinen Grund hat, zur Sprache bringen. Demgegenüber hebt Wolfgang Beinert an der Hierarchie der Wahrheiten, die er ebenso als Interpretationsprinzip versteht, gerade die Möglichkeit hervor, einen „auch quantitativ umschreibbaren Grundbestand (...) verpflichtender gemeinchristlicher Bekenntnisinhalte" zu erstellen.[57] Zwischen beiden Positionen ist eine Differenz im Verständnis von der hierarchia veritatum nicht zu übersehen. Nach unseren bisherigen Ausführungen scheint klar, dass es keine Hinweise dafür gibt, einen quantitativ umschreibbaren Grundbestand an verpflichtenden Bekenntnisinhalten zu eruieren. Dennoch macht diese Debatte auf eine wichtige Unterscheidung aufmerksam: Der Hinweis auf ein „differenziertes Strukturganzes, dessen Grund und Mitte das Christusgeheimnis ist"[58], lässt zumindest die im Rahmen des Satzes von der Hierarchie der Wahrheiten plausibel erscheinende Differenzierung von Konsens und Lehrunterscheidungen als möglich und sinnvoll erkennen.

Danach ist der Satz von der Hierarchie der Wahrheiten tatsächlich im Sinne eines differenzierten Konsenses zu lesen. Hierarchie der Wahrheiten heißt dann: Der gefundene und festgestellte Konsens trägt die jeweils unterschiedlichen und konfessionell bestimmten Entfaltungen des gemeinsamen Verständnisses, befreit diese von der ihnen anhaftenden kontradiktorischen Wirkung in Form des Widerspruchs und des gegenseitigen Ausschlusses, lässt aber Raum für unterschiedliche Akzentsetzungen und Ausgestaltungen des gemeinsamen Verständnisses in Sprache und Form. Die verbleibenden Unterschiede heben aber den Konsens

---

[57] Möglichkeit und Umfang ökumenischer Konsense. Eine historisch-theologische Studie zur „Grundkonsens"-Problematik, in: Cath(M) 43 (1989) 268–294; ebenfalls abgedruckt in: Grundkonsens – Grunddifferenz, a. a. O., hier 69.

[58] W. Kasper, Grundkonsens und Kirchengemeinschaft, a. a. O., 101.

nicht auf. Erst so ist der Forderung nach einem differenzierten Strukturganzen Genüge getan. Der Satz von der Hierarchie der Wahrheiten gibt damit dem differenzierten Konsens eine klarere Struktur und fügt diesem die Maßgabe bei, den Grundgedanken der Einheit im Sinne eines Strukturganzen nicht aus dem Auge zu verlieren. Konsens und unterschiedliche Entfaltungen des gemeinsamen Verständnisses gehören zusammen und dürfen nicht auseinandergerissen werden. Aber auch umgekehrt schärft die hermeneutische Methode des differenzierten Konsenses den Blick für die Differenziertheit des Ganzen und lässt die Hierarchie tatsächlich als eine Ordnung und Rangfolge mit unterschiedlichen Gewichtungen erkennen. Hier zeigt sich die dem Satz von der Hierarchie der Wahrheiten eigentümliche Dynamik, die sich als das beherrschende Element herauskristallisiert.

6.5 Eine hermeneutische Regel[59]

Nach der Durchsicht verschiedener Deutungen des infrage stehenden Satzes von der Hierarchie der Wahrheiten stellt sich abschließend die Aufgabe einer Evaluation. Von seiner Geschichte und vom systematischen Kontext her gelesen gab der Satz von der Hierarchie der Wahrheiten zunächst einige Differenzierungen preis, die für den Fortgang der ökumenischen Problemstellungen von Bedeutung sind. Hier lassen sich drei verschiedene Ebenen unterscheiden: (1) Die *erkenntnistheoretische* Ebene: Die Aussage von der Hierarchie der Wahrheiten kann als ein Prüfstein für notwendige Unterscheidungen gelesen werden, ja als eine Regel, die zu einer sorgfältigen Prüfung von einzelnen Sachverhalten anleitet. In erster Linie will der Satz eine Öffnung des

[59] Die Frage nach einem hermeneutischen Prinzip stellte ausdrücklich schon W. Hryniewicz, La hiérarchie des verités. Implications oecuméniques d'une idée chrétienne, in: Irén 51 (1978) 470–491, bes. 483, 490f.

in der Tradition ausgebildeten Hierarchiebegriffs einleiten. Neben der Rangordnung formaler theologischer Qualifikationen kommt nun auch eine inhaltlich-dogmatische Qualifikation zur Geltung, die dem Ansatz einer vom Zweiten Vatikanum favorisierten heilsgeschichtlich orientierten Theologie folgt. Freilich, einen Maßstab zur Herstellung einer Rangordnung von Wahrheiten christlichen Glaubens gibt der Satz von der Hierarchie der Wahrheiten nicht her. Auch der Bezug zum Christusmysterium als Fundament des Glaubens gibt kaum Hinweise zur Etablierung einer geeigneten Hierarchie von Wahrheiten. Hier zeigt sich der Satz eher als eine dynamische Regel, die jeder starren Hierarchisierung widerstreitet, aber Raum gibt für eine Konzentration auf die alle Wahrheiten übersteigende Wahrheit des sich selbst offenbarenden Gottes. Erkenntnistheoretisch schwierig zu lösen bleibt aber die Verhältnisbestimmung von Inhalt und Sprache, von formula und sensus.

Seine eigentliche Bedeutung gibt der Satz nun allerdings im Kontext zweier anderer Fragestellungen zu erkennen, zunächst im Zusammenhang der Frage nach der hermeneutischen Methode des differenzierten Konsenses. Daher (2) die *hermeneutische* Ebene: Der Satz von der Hierarchie der Wahrheiten gibt einen differenzierten Konsensbegriff zu erkennen, dem er eine entscheidende Prägung zufügt, nämlich das Zueinander von Konsens in Grundwahrheiten des christlichen Glaubens und Lehrunterschieden, die ihrer kirchentrennenden Wirkung entledigt wurden. Es bleibt aber die Frage zu klären, wie groß innerhalb des gegliederten Strukturganzen die Spannbreite zwischen Konsens und Lehrunterschieden ist. Ausgeschlossen wird dagegen das bloße Beieinander von Konsens und weiterhin bestehenden Lehrverurteilungen. (3) Schließlich ist der Satz von der Hierarchie der Wahrheiten in seiner *ekklesiologischen* Dimension zu erkennen: Auch hier ist er zwar kein Maßstab, mit dessen Hilfe der Umfang des für Kirchengemeinschaft Notwendigen und Hinreichenden klar und eindeutig erfasst werden könnte. Er kann aber als eine Orientierungshilfe fungieren, die zu prüfen hilft, auf welcher Grundlage die volle Kirchengemeinschaft erklärt und verwirklicht werden kann.

Am ehesten noch könnte man den Satz von der Hierarchie der Wahrheiten als Hinweis auf ein differenziertes Strukturganzes lesen, das allerdings auf jeden einzelnen Sachverhalt bezogen werden muss. Er ist eine wichtige Hilfe, im Umfeld zunehmender Ausdifferenzierungen und Pluralisierungen das Ziel der Einheit nicht aus dem Auge zu verlieren. Für die künftige Diskussion ist der Satz von der Hierarchie der Wahrheiten als Reflexionsregel vorzuschlagen. Sie gibt zu erkennen, dass der Zusammenhang von Pluralität und Einheit – ein ureigenes katholisches Anliegen – immer wieder zu bedenken und in den ökumenischen Dialog einzubringen ist.

7. Nicht nur transzendentale Logik, sondern Logik des Transzendentalen! Perspektiven des Einheitsdenkens

7.1 Denkformen im Kontext konfessionell-theologischer Kontroversen

Der ökumenische Dialog, genauer seine Gesprächsführung, zeichnet sich durch eine eigene Problematik aus.[1] Jedes ökumenische Gespräch beginnt zwangsläufig mit einer direkten Bezugnahme auf die traditionellen Kontroversfragen. Sie bilden den Ausgangspunkt des Gesprächs. Differenzen in der Lehre der Kirchen gelten weithin als entscheidender Grund für den Zerfall der abendländischen Kirchen in verschiedene Konfessionen.[2] Die entscheidenden kontroverstheologischen Fragen haben jedenfalls dafür gesorgt, dass nach den Vierzigerjahren des 16. Jahrhunderts der Gesprächsfaden zwischen den Konfessionsparteien zerriss. Die damals ausgesprochenen gegenseitigen Verurteilungen und Verwerfungen und die bald ausgebildeten unterschiedlichen Lehren der Kirchen machten weitere Gespräche unmöglich. Um von dieser historisch bedingten Sachlage aus im 20. Jahrhundert ökumenische Gespräche zu führen, sind eine Reihe von wichtigen Entscheidungen nötig, die ein neues Gespräch überhaupt sinnvoll erscheinen lassen.

Zu den Voraussetzungen einer Neubewertung der alten Streitfragen sind folgende Gesichtspunkte zu zählen: (1) Die nach dem Zweiten Weltkrieg entschieden veränderte weltpolitische Lage der

---

[1] Bericht der Evangelisch-lutherischen/Römisch-katholischen Studienkommission „Das Evangelium und die Kirche“, 1972, in: DwÜ 1, 251.

[2] Lehrverurteilungen – kirchentrennend? I. Rechtfertigung, Sakramente und Amt im Zeitalter der Reformation und heute, hrsg. von K. Lehmann und W. Pannenberg (Dialog der Kirchen, Bd. 4), Freiburg i.Br.–Göttingen 1986, 19.

Christenheit wird gemeinhin als Signal für die Aufnahme der ökumenischen Gespräche verstanden. Im Hintergrund standen nicht nur die seit dem Ersten Weltkrieg virulente Friedensfrage, sondern – zumindest in Deutschland – die durch die soziographisch veränderte Lage der Bevölkerung hervorgerufene Auflösung bisher feststehender konfessioneller Milieus. Für die Fünfzigerjahre ist es in zunehmendem Maße die sog. Mischehen-Frage, die die erste Kontaktnahme zwischen den Kirchen notwendig machte. (2) Die Wiederentdeckung der Autorität der Heiligen Schrift und ihre Auslegung bilden die Grundlage einer Verständigung über den in den gegenseitigen Verwerfungen strittigen Glauben.[3] Dazu beigetragen haben insgesamt die ökumenische Bewegung, soweit sie aus der Bibelbewegung selbst hervorgegangen ist, und auf katholischer Seite die durch das Zweite Vatikanum manifest gewordene Verankerung der Lehre vom Wort Gottes als Inhalt von Schrift und Tradition und die Aufnahme moderner bibelkritischer Methoden in der Auslegung der Heiligen Schrift durch die Enzyklika „Divino afflante spiritu" Pius XII. von 1943. (3) Anstöße durch die historische Forschung im Bereich der Kirchen- und Dogmengeschichte führen zu einer neuen Bewertung der alten Kontroversthemen. „So erkennt heute die katholische Seite unbefangener den Beitrag der Reformation zu einem von der Schrift her erneuerten Verständnis des Evangeliums und die Berechtigung der Kritik Luthers und Calvins an Theologie und kirchlichem Leben ihrer Zeit. Umgekehrt erkennt die evangelische Seite zunehmend, daß die scholastische Theologie die biblische Botschaft für die fragenden Menschen ihrer eigenen Zeit und mit den Denkmöglichkeiten dieser Zeit ausgelegt hat."[4]

Diese wenigen Hinweise lassen Motive erkennen, die als historisch zementiert erscheinenden Kontroversthemen wieder aufzunehmen und einer neuen Bewertung zu unterziehen. Dabei begann sich eine gemeinsame Perspektive herauszukristallisie-

[3] Lehrverurteilungen – kirchentrennend?, a. a. O., 29.

[4] A. a. O., 21.

ren, in deren Licht neue Einsichten gewonnen werden konnten.[5] Je stärker diese gemeinsame Perspektive zu wirken begann, umso klarer konnten weitere differenzierte Erkenntnisse gewonnen werden. Dazu zählen folgende: (1) Die Unterscheidung zwischen einer intendierten Sache und der sie zur Aussage bringenden Sprache eröffnet den Blick auf die Tatsache, dass der kontroverstheologische Streit oftmals ein Kampf um Worte war. Aussagen, Formulierungen und Begrifflichkeiten bringen das besondere Gepräge einer kirchlichen und dogmatischen Tradition zur Sprache. „Wo man aber, wie es in unseren Kirchen geschieht, in verschiedenen, ja gegensätzlichen Sprachen spricht, da gilt: Will man einen echten Lehrgegensatz feststellen, so darf man nicht nur einzelne Wort vergleichen. Das gilt ganz besonders, wenn man einander Spitzenthesen und Extrempositionen entgegenschleudert, wie es im 16. Jahrhundert öfters der Fall war"[6]. (2) Die jeweils gewählte Sprache diente oftmals dem Zweck, unterschiedliche Anliegen und besondere Schwerpunkte bei der Auslegung der einen Botschaft der Heiligen Schrift in den jeweiligen kirchlichen und dogmatischen Traditionen zu markieren. Es kommt deshalb darauf an, solche Auslegungsschwerpunkte zu identifizieren, mit dem Ziel herauszuarbeiten, wo sie die Sache in besonderer Weise herausstellen oder auch durch Einseitigkeiten in der Darlegung gefährden. (3) Texte eines Konzils oder Bekenntnisschriften, die das Gedächtnis der Kirche repräsentieren, erweisen sich als geschichtlich bedingt, insoweit sie den Glauben der Gemeinschaft der Kirche in einer bestimmten Zeit zum Ausdruck bringen. Dies betrifft nicht ihren Wahrheitsgehalt. Kirchliche Lehre bedarf immer wieder neuer Interpretation. Insoweit stehen sich im 16. Jahrhundert ausformulierte und kontrovers vorgebrachte Positionen nicht mehr unverändert gegenüber.

---

5 Das Evangelium und die Kirche, in: DwÜ 1, 249.

6 Lehrverurteilungen – kirchentrennend?, a. a. O., 22.

Solche Differenzierungen zwischen Sache und Sprache, zwischen Anliegen und Schwerpunkten einerseits und der gemeinsamen Perspektive andererseits, zwischen Wahrheitsgehalt und Ausdrucksgestalt haben den ökumenischen Dialog „in kaum zu überschätzendem Maße zu fruchtbarem Fortschritt“[7] geführt. Die differenzierten Wertungen erlauben es einer gemeinsamen Verständigung, „die unterschiedlichen Denkformen und Begriffsbildungen auf beiden Seiten besser zu erfassen“[8]. „Unter hermeneutischem und sprachtheologischem Aspekt verkennt heute kaum jemand noch, daß die Scholastik sich der Denk- und Sprachkategorien der aristotelischen Metaphysik bedient, um den Wirklichkeitsbezug des Glaubens zu reflektieren. Umgekehrt ist erkannt, daß Luther und die anderen Reformatoren diese Sprechweise ablehnten, weil sie der Sprache der Bibel zu neuem Recht verhelfen wollten. Daß hier kein ausschließlicher Gegensatz entstehen muß, beweist die Tatsache, daß schon Melanchthon und erst recht die spätere lutherische und reformierte Theologie sich ohne Verrat an der reformatorischen Sache auch wieder – wenngleich unter Modifikationen – der scholastisch-aristotelischen Ausdrucksweise bedienen konnten.“[9] Diese Sichtweise führt in einzelnen kontroverstheologischen Fragestellungen wie der Rechtfertigungslehre und der Abendmahlsfrage dazu, unterschiedliche Lehrgestalten miteinander zu profilieren, die sich nicht mehr kontroverstheologisch voneinander abheben und damit gegenseitig im Wege der Verurteilungen ausschließen müssen. Solche Lehrgestalten oder konfessionelle Positionen, die sich Sprach- und Denkformen verdanken, lassen unterschiedliche Schwerpunkte und Anliegen erkennen, die die Struktur der Gedankenführung bestimmen und die jeweilige Ausdrucksgestalt prägen.[10] Es kommt im Gespräch

---

[7] A. a. O., 24.

[8] A. a. O., 21.

[9] A. a. O., 44.

[10] Im Blick auf das Thema „Die Gegenwart Jesu Christi im Sakrament der Eucharistie“ formuliert „Lehrverurteilungen – kirchentrennend?“: „Auch

darauf an, die jeweilige Mitte der Lehrgestalten freizulegen, um sie in ihrer Spannung zueinander im Blick auf die eine christliche Wahrheit zu beurteilen. So stehen schließlich unterschiedliche theologische Entfaltungen in fruchtbarer Spannung zur wiedergefundenen Gemeinsamkeit im Glauben, die in einzelnen Fragekomplexen konsensual bestimmt wird. Die „Gemeinsame Erklärung zur Rechtfertigungslehre" hat diese Spannung in die Verhältnisbestimmung von Konsens in Grundwahrheiten der Rechtfertigungslehre und unterschiedlichen Entfaltungen in Einzelfragen gefasst. Solche unterschiedlichen Sprach- und Denkformen schließen sich nicht aus, sondern im Gegenteil einander ein.

Die historisch ausdifferenzierte Wahrnehmung der einstmals kontrovers bestimmten Lehren der Kirchen erlaubt den am Dialog beteiligten Partnern, in einen Prozess gemeinsamen Verstehens einzurücken, der ihnen Wege zu einer neuen Verständigung in bisher als abgeschlossen betrachteten Fragen ermöglicht. Sie helfen, die Kontroversen im 16. Jahrhundert neu zu lesen: nicht einzelne Worte und Begriffsbildungen stehen sich mehr gegenüber, sondern Gestaltungen mit unter-

---

wenn die lutherische Lehre von der Realpräsenz der katholischen Lehre von der Transsubstantiation recht nahe zu kommen scheint und beide sich insofern von der reformierten Lehre unterscheiden, ergibt sich bei genauerem Zusehen, daß die lutherische Lehre in einem zentralen Punkt eine Sonderstellung einnimmt, die in ähnlicher Weise sowohl von Thomas von Aquin als auch von Calvin her abzulehnen war ... Insofern bilden die drei Positionen ein Dreieck, wobei jeweils eine Zweiergruppe in dem einen oder anderen Punkt der dritten Meinung gegenübersteht: Gemeinsam ist Luther und Calvin die Ablehnung der Transsubstantiation; Thomas und Calvin die Anlehnung der Ubiquität der Menschheit Christi; Thomas und Luther die Behauptung der Anwesenheit des wahren Leibes ‚in' den Elementen bzw. ‚sub specie panis' ... Anliegen und Grundintentionen der jeweils anderen Position können in der Rückschau besser verstanden werden: Alle drei Lehrgestalten versuchten, das Geheimnis der Gegenwart Christi in der Eucharistie auszusagen, allerdings in unterschiedlichen Theorieansätzen, die unter den Bedingungen des 16. Jahrhunderts offenkundig nicht zu vermitteln waren" (a. a. O., 104).

schiedlichen Schwerpunkten und Anliegen, die aufeinander bezogen sich nicht gegenseitig abgrenzen, sondern als Gesamtperspektiven jeweils gezielt das eine Geheimnis des Glaubens zum Ausdruck bringen. Dieser Vorgang hermeneutischer Art kann insgesamt als der einer zunehmenden Ausdifferenzierung verstanden werden. Im Kern geht es hierbei, worauf schon Hans Urs von Balthasar recht früh hingewiesen hat, um die Bestimmung eines Formalprinzips, welches eine Regel darstellt, die die Ordnung und das Wesen eines kirchlichen Lehrgebäudes und einer inhaltlichen Dogmatik festlegt.[11]

Denkstile und Denkformen prägen Sachgehalte und Inhalte in verschiedenen Sprachen, Schwerpunktsetzungen und Anliegen, die ihre eigenen Gesetze haben. Sprach- und Denkformen wechseln einander ab, unterscheiden sich voneinander und können sich auch untereinander profilieren. Sie bilden schließlich Systeme, die sich gegeneinander abheben. Entscheidend an dieser Systembildung ist die darin ausgeprägte formale Logik, die das Inhaltliche bestimmt. Das Formale als solches ist freilich nicht das Inhaltliche, dieses aber ist auch nicht frei von der Prägung durch das Formalprinzip. Die Bestimmung eines solchen Formalprinzips erleichtert dem Gespräch der Konfessionen, die jeweiligen Unterscheidungslehren genauer zu erfassen. Als Systeme umfassen sie besonders ausgeprägte Formulierungen, Begrifflichkeiten und kurz gefasste Formeln, die innerhalb ihres Ganzen einen besonderen Stellenwert besitzen. Von außen betrachtet handelt es sich um abgeschlossene Systeme, von innen zeigen sie sich als lebendiges Ganzes, das bestimmten eingeübten Regeln gehorcht, die für Außenstehende zunächst nicht zu erkennen sind. Für das konfessionelle Gespräch kommt es darauf an, eine angemessene Verhältnisbestimmung von innen und außen zu realisieren, die einen kontrollierten Umgang mit

11 H.U. von Balthasar, Karl Barth. Darstellung und Deutung seiner Theologie, Einsiedeln ^{4}1976, 54ff.

den Unterscheidungslehren erlaubt. Da verhindert werden soll, dass solche sich nicht weiterhin wie in der Geschichte der Konfessionalisierung als einander ausschließende Gegensätze verfestigen und das Gespräch blockieren, muss jeweils von außen nach innen, von innen nach außen „übersetzt" werden. Dies ist das schwierige Geschäft des gegenseitigen Verstehenlernens. Die „Gemeinsame Erklärung zur Rechtfertigungslehre" leistet dieses Vorgehen dadurch, dass sie jeweils die konfessionell geprägte Formulierung als solche ausweist und dann hinzusetzt, wie diese im Gegenüber verstanden werden soll. Die konfessionell geprägte Aussage wird also mit einer Interpretation versehen, die das Verstehen von anderer Seite aus ermöglichen soll.[12] Nichts ist daher im konfessionellen Gespräch wichtiger, wie Hans Urs von Balthasar formuliert hatte, als die Klärung der Denkform.[13]

Für das gemeinsame Verstehen ist es unerlässlich, das erkannte Formalprinzip auf die jeweiligen material bestimmten Unterscheidungslehren zu beziehen. Hans Urs von Balthasar

---

12 Das demonstriert folgendes Beispiel: „(20) Wenn Katholiken sagen, daß der Mensch bei der Vorbereitung auf die Rechtfertigung und deren Annahme durch seine Zustimmung zu Gottes rechtfertigendem Handeln ‚mitwirke', so sehen sie in solch personaler Zustimmung selbst eine Wirkung der Gnade und kein Tun des Menschen aus eigenen Kräften. (21) Nach lutherischer Auffassung ist der Mensch unfähig, bei seiner Errettung mitzuwirken, weil er sich als Sünder aktiv Gott und seinem rettenden Handelns widersetzt. Lutheraner verneinen nicht, daß der Mensch das Wirken der Gnade ablehnen kann. Wenn sie betonen, daß der Mensch die Rechtfertigung nur empfangen kann (mere passive), so verneinen sie damit jede Möglichkeit eines eigenen Beitrags des Menschen zu seiner Rechtfertigung, nicht aber sein volles personales Beteiligtsein im Glauben, das vom Wort Gottes selbst gewirkt wird." (DwÜ 3, 424f.). Die jeweiligen konfessionell bestimmten Aussagen mit ihren spezifischen Prägungen (katholisches „Mitwirken" gegen lutherisches „mere passive") werden in der Übersetzung so präsentiert, dass sie sich nicht mehr widersprechen müssen, sodass damit die Aussage der anderen Seite eingeholt werden kann. So werden beide konfessionellen „Systeme" füreinander durchlässig.

13 H.U. von Balthasar, Karl Barth, a. a. O., 201.

hat hierzu – wenn auch eher beiläufig – auf Kants transzendentale Logik verwiesen.[14] Schon Kant sprach seinerzeit von einer Form des Denkens, worunter er die logische Form im Verhältnis der Erkenntnisse aufeinander verstand.[15] Kant nennt diese Logik, die sich mit der Möglichkeit der Erkenntnis a priori befasst, transzendental, weil sie es bloß mit den Gesetzen des Verstandes und der Vernunft zu tun hat.[16] Nun ist klar, dass Kant hierbei nur die allgemeinen Gesetze im Blick hat, die von allem Inhalt der Erkenntnis zu unterscheiden sind, weil sie sich nur auf die Form des Denkens beziehen, also von allem Inhalt der Erkenntnis abstrahieren,[17] nicht jedoch die im konfessionellen Gespräch angezielten regionalen Logiken, die Inhalte bestimmen und prägen. Dennoch ist hier ein fundamentaler Zusammenhang mit unserer Thematik erkennbar. Balthasar scheint hier den Kontext erahnt zu haben, gab selbst aber keinen entscheidenden Hinweise auf die Philosophie des zwanzigsten Jahrhunderts, in der über Denkformen nachgedacht wurde.

7.2 Die Idee einer hermeneutischen Reflexionsregel nach Kant

Bei der Einteilung unseres Erkenntnisvermögens verweist Kant neben den Verstandesbegriffen auch auf die reinen Vernunftbegriffe oder Ideen. Eine kleine, eher unbedeutende und kaum rezipierte Stelle im Gesamtwerk des Philosophen Immanuel Kants wirft unmittelbar ein Schlaglicht auf das hier dargelegte Problem unterschiedlicher Denkformen und ihres Verständnisses gerade im Kontext der Vernunftideen. In Paragraph 59 der „Kritik der Urteilskraft" führt Kant unter dem bemerkenswerten

---

[14] A. a. O., 210.

[15] Kritik der reinen Vernunft B 79 (hrsg. v. R. Schmidt, Hamburg 1956).

[16] Kritik der reinen Vernunft B 81.

[17] Kritik der reinen Vernunft B 170.

Titel „Von der Schönheit als Symbol der Sittlichkeit“ den Unterschied zwischen direkter und indirekter Darstellung aus: Um die Realität unserer Begriffe darzulegen, sind immer Anschauungen erforderlich. Kant drückt diese Verhältnisbestimmung mit der bekannten Formel aus, dass Anschauung und Begriffe alle unsere Erkenntnis ausmachen, „so daß weder Begriffe, ohne ihnen auf einige Art korrespondierende Anschauung, noch Anschauung ohne Begriffe, ein Erkenntnis abgeben können“.[18] Die Antwort auf das hier offenkundige Problem der Erkenntnis bietet der von Kant sogenannte Schematismus der reinen Verstandesbegriffe. Wie reine Verstandesbegriffe auf Erscheinungen angewandt werden können, zeigt nur eine vermittelnde Vorstellung. Das hierzu notwendige Verfahren erfolgt demgemäß schematisch, insofern einem Begriff, den der Verstand fasst, eine korrespondierende Anschauung gegeben wird. Das Schema ist quasi ein Monogramm der Einbildungskraft, das zwischen Begriff und Anschauung tritt. Der Begriff vom Hund etwa beinhaltet eine Regel, nach der meine Einbildungskraft die Gestalt eines vierfüßigen Tieres verzeichnen kann, ohne dass diese auf irgendein durch die Erfahrung vermitteltes Bild zurückgreifen muss. „Dieser Schematismus unseres Verstandes ... ist eine verborgene Kunst in den Tiefen der menschlichen Seele, deren wahre Handgriffe wir der Natur schwerlich jemals abraten“[19].

Nun gibt es aber Fälle, wo diese Anwendung nicht möglich erscheint, nämlich bei den Vernunftbegriffen oder Ideen der Vernunft, etwa Freiheit oder Unsterblichkeit. Ihnen kann keine sinnliche Anschauung angemessen sein. Deshalb unterscheiden sie sich prinzipiell von Verstandesbegriffen oder Kategorien. Freilich verlangen sie zu ihrer Erfassung ein Hilfsmittel, das dem des Schemas analog ist. Verlangt wird also nach einem Verfahren, das nicht dem Inhalt der Anschauung, sondern nur der Form ih-

---

[18] Kritik der reinen Vernunft B 74.

[19] Kritik der reinen Vernunft B 180f.

rer Reflexion entspricht. Kant gibt dafür ein anschauliches Beispiel: Ein nach inneren Volksgesetzen herrschender monarchischer Staat wird symbolisch durch einen beseelten Körper, ein durch einen einzelnen absoluten Willen beherrschter Staat aber symbolisch durch eine bloße Maschine wie etwa die einer Handmühle dargestellt. Zwischen einem despotischen Staat und einer Handmühle ist zwar keine Ähnlichkeit, wohl aber zwischen der Form, über beide zu reflektieren. So enthält also unser der Anschauung entsprechender Ausdruck, nämlich die Handmühle, ein Symbol für die Reflexion. Das heißt: Die Mechanik der Handmühle wirkt über die Drehkurbel auf miteinander verzahnte Kegelräder und ist damit ein anschauliches Bild für einen monokausalen Ablauf. Diese „Mechanik der Kausalität" stellt also eine Form der Reflexion dar. Nur durch diese Form oder Regel, über beide untereinander nicht vergleichbaren Gegenstandsbereiche zu reflektieren, ist eine Veranschaulichung möglich.

Die indirekte Darstellung verfährt also auf zweifachem Wege: zunächst wird der abstrakte Begriff auf den empirischen Gegenstandsbereich bezogen, und dann die aus diesem Gegenstandsbereich ermittelte „Regel der Reflexion" auf den ganz anderen Gegenstand übertragen, dem nie eine Anschauung direkt korrespondieren kann.[20] Solche Symbole dienen demnach der Reflexion als hermeneutische Hilfsmittel, sodass eine Veranschaulichung eines durch direkte Anschauung nie erfassbaren Begriffs ermöglicht wird. Verglichen werden also nicht bloße Vorstellungen oder anschauliche Inhalte miteinander, sondern Reflexionsregeln, das sind Formen reflektierender Vorstellungen, in denen bestimmte Mechanismen oder Funktionsweisen erkennbar und eingängig sind.[21]

---

[20] Kritik der Urteilskraft (hrsg. v. K. Vorländer, Hamburg 1924) 213.

[21] Vgl. P. Ziche, Abstrakte Metaphern und anschauliche Begriffe. Indirekte Darstellung, Kants „Regeln der Reflexion" und die Funktion von Metaphern in der Philosophie, in: PhJ 112 (2005) 402.

Kant resümiert: „Unsere Sprache ist voll von dergleichen indirekten Darstellungen nach einer Analogie."[22] Freilich ist hier nicht der Ort, bemerkt Kant zugleich, dies auszuführen, obwohl dieses „Geschäft ... bis jetzt noch wenig auseinandergesetzt worden"[23] ist. Kant hat sich nur an wenigen Stellen mit diesem Thema beschäftigt und, wie Gerhard Krüger ausweist, die indirekte Darstellung nie in ähnlicher Ausführlichkeit dargelegt wie die direkte.[24] Dennoch besitzt die Symbolik einen wichtigen Stellenwert in Kants Philosophie.[25] Die eminente Bedeutung dieser hier nur in aller Kürze aufgeführten Hinweise erhebt sich aus der daraus folgenden Einsicht, dass die symbolische Darstellung ein Verfahren mit Typen, Mustern, Modellen anzeigt, das uns zur Verdeutlichung von sinnlich nicht wahrnehmbaren Gegebenheiten dienen kann. Die Bedeutung dieser symbolisch-analogischen Darstellungsweise hat in unserem Jahrhundert das Menschenrechtsdenken überzeugend dargestellt: Freiheit kann, wenn sie gedacht wird, nur analogisch-symbolisch gedacht werden.[26] Ein solches Denken kann sich freilich nicht mehr theoretisch und objektivierend, sondern nur noch praktisch-typologisch vollziehen. Das aber heißt: Vor dem Hintergrund der neuzeitlichen Welt- und Selbsterfahrung des Menschen typisiert Autonomie den unbedingten, an den Menschen gestellten, aber jederzeit seiner Verfügung entzogenen Anspruch, zu seiner Freiheit genötigt zu sein. Wer diese Darstellungsweise allerdings übersieht, landet

---

[22] Kritik der Urteilskraft, 212.

[23] Ebd.

[24] Vgl. G. Krüger, Philosophie und Moral in der Kantischen Kritik, Tübingen ²1967, 86.

[25] Vgl. H. Bielefeldt, Kants Symbolik. Ein Schlüssel zur kritischen Freiheitsphilosophie, Freiburg–München 2001, 15ff.

[26] Vgl. J. Schwartländer, Rückblickende Einführung, in: ders. (Hg.), Modernes Freiheitsethos und christlicher Glaube. Beiträge zur juristischen, philosophischen und theologischen Bestimmung der Menschenrechte, München–Mainz 1981, 13–20.

mit seiner Freiheitsauffassung im bloßen Empirismus. Kant hat die Richtung gewiesen, in der das moderne Freiheitsdenken sich heute bewegen kann.

Es ist nun zu fragen, ob wir mit diesen Hinweisen zu einer symbolischen Darstellungsweise dem Problem eines theologischen Verständnisses von konfessionell identifizierbaren Typen oder Denkformen nähergekommen sind. Kant gibt noch ein weiteres aufschlussreiches Beispiel, das uns hier weiterhelfen kann. Wenn Wörter wie „Grund", „abhängen", „woraus fließen", „Substanz" nicht nur als schematische Ausdrücke zu nehmen sind, d. h. als elementare und abstrakte philosophische Grundbegriffe, sondern als Symbole im Sinne einer indirekten Darstellung, dann käme also hier derselbe Vorgang zur Anwendung wie vorhin beschrieben. Kant plädiert im Zusammenhang philosophischer Grundbegriffe nachdrücklich für eine solche symbolische Anwendung. Das kann jedenfalls so verstanden werden, den symbolischen Gehalt dieser abstrakten Grundbegriffe im Sinne einer Denkform zu nehmen, mit dessen Hilfe ein spezifischer Sachverhalt zum Ausdruck gebracht werden soll. Zumindest erscheint in dieser Hinsicht das Argument plausibel, Wörter und Begriffe nicht nur in einer, sondern mindestens in einer zweifachen Vorstellungsart zu verwenden. Dann tritt zwischen Sachverhalt und Darstellung eine gewisse Öffnung ein, die es auch ermöglicht, verschiedene Denk-Formen miteinander ins Spiel zu bringen. Der Sinn dieses Verfahrens erscheint darin, nicht die Begriffe und die mit ihnen einhergehenden Vorstellungen miteinander zu vergleichen, sondern deren Reflexionsregeln. Philosophische Grundbegriffe als Symbole zu nehmen, hieße dann, sie als Typen oder Modelle für die anschauliche Darlegung eines als solchen direkt nie darzustellenden Sachverhaltes zu werten. Statt „Verdinglichung des Unanschaulichen" muss es nun heißen: Vergegenwärtigung des Unbedingten. Damit kann man die bloße Vergegenständlichung des an sich Unanschaulichen vermeiden, ohne ein metaphysisches Verständnis abzuweisen. Das hat auch zur Folge, solche Systembildungen zunächst nach ihren eigenen Reflexionsregeln oder interner Logik zu befragen, um sie erst dann miteinander ins Gespräch zu bringen. In dieser Mediatisierung liegt wohl der unbestreitbare Vorteil eines Denkens in symbolischen Formen. Kant hat dazu entscheidende Klärungen beigebracht.

7.3 Weltanschauungstypen und Denkformen nach Karl Jaspers und Hans Leisegang

Unter völlig anderen philosophischen und gesellschaftlich-historischen Bedingungen hat Karl Jaspers zu Beginn des zwanzigsten Jahrhunderts die Pluralität von Weltanschauungen zu ergründen gesucht, indem er auf den Unterschied zwischen Philosophie und Psychologie hingewiesen hat. Im Gegensatz zur Philosophie will die Psychologie allerdings keine universale Betrachtung der Welt des Menschen vornehmen, sondern sich dem Schicksal des Menschen, seiner Lebensgestaltung und den Wertungen des Lebens zuwenden. Während Philosophie von jeher das Ganze der Erkenntnis angeht, betreibt die Psychologie die Betrachtung von Weltanschauungen. Sie will nicht rationale Erkenntnis im Ganzen sein, sondern verstehen, welche Positionen die Seele einnimmt. Solche Psychologie ist erfahrungsbezogen. Ecksteine dafür bilden „ein pulsierendes Leben von Ausstrecken und Einziehen, von Selbsthingabe und Selbsterhaltung, von Liebe und Einsamkeit, von Ineinsfließen und Kampf, von Bestimmtheit, Widerspruch und Einschmelzung, von Einstürzen und Neubau“[27]. Aus unmittelbarer Erfahrung gewinnen Menschen Anschauungen, weil sie Dasein und Leben zu verstehen suchen. Aus zufälligem Erfahren und Erleben entwickeln sich Abstraktionen, die sich schließlich zu Ideen verdichten. Sie erscheinen jeweils als Geist einer Epoche.

---

[27] Psychologie der Weltanschauungen, Berlin 1919 (^{3}1925) 7f.

„Jeder Geist erscheint vielseitig und vieldeutig nach den Charakteren, die ihn in sich aufnehmen, und mehrdeutig auch nach Herkunft und Wirkungen."[28] Psychologisches Verstehen sucht in aller Vielfalt des zugrunde liegenden weltanschaulichen Materials unterschiedlicher Epochen und Zeiten nach Gesetzmäßigkeiten und Grundgedanken. „So besteht die Aufgabe, immerfort systematisch zu sein und doch zu versuchen, kein System zur Herrschaft kommen zu lassen, damit möglichst viele, möglichst alle systematischen Gedanken wirksam werden."[29] Aus der Blickrichtung eines Subjektes her gelesen muss jede Weltanschauung perspektivisch aufgefasst werden. Die Beschreibung solcher perspektivischer Weltauffassung läßt sich schließlich, so das Fazit, typisieren, nach jeweiligen Charaktermerkmalen unterscheiden und festlegen. Zu solcher Typisierung zählt auch die Unterscheidung von besonderen Denktechniken. Jaspers nennt deren drei: die scholastische, die experimentierende und die dialektische. Während die erste logisch-ordnend verfährt, so die zweite empirisch und die dritte schließlich synthetisch. Das Entscheidende daran ist: Denktechniken sind nur ein Formales, sie sind Medien, die sich auf Inhalte beziehen, nicht aber diese hervorbringen. Denktechniken kann man erlernen, einüben und anwenden wie das Rechnen.[30]

Für eine solche Typologie der Weltanschauungen beruft sich Jaspers auf Kant. Seine Ideenlehre liefere den entscheidenden Hinweis hierzu, weil sie eine systematische Grundauffassung von Weltanschauungen ermöglicht. Jaspers bietet im Anhang eine knappe Zusammenfassung von Kants Ideenlehre, die er wohl zu Recht für das Zentrum seiner Philosophie hält, weil sie sowohl in der theoretischen wie praktischen als auch ästhetischen Philosophie, sprich der Urteilskraft, auftaucht. Ideen geben keine eigene Anschauung, sie sind also nicht konstitutiv für die Gegen-

---

[28] A. a. O., 11.

[29] A. a. O., 19.

[30] A. a. O., 76–84.

standserkenntnis, aber sie haben für den Verstand eine regulative Bedeutung. Diese besteht darin, das Unbedingte oder das Ganze der Ursachen zur Darstellung zu bringen. „Totalität und Unbedingtheit sind das Wesen der Idee.“[31] Indem Jaspers an dieser regulativen Funktion der Idee selbst festhält, kann jede Typenkonstruktion nur dann als richtig bezeichnet werden, wenn sie relativ auf das Ganze ist. Gegenüber der Pluralität von Weltanschauungen ist die Ordnung des Ganzen unter der Idee der Vernunft allerdings nur als Versuch zu verstehen, die isolierende Verabsolutierung einer einzelnen Anschauung zu vermeiden. Der Nachteil eines solchen Verfahrens liegt also direkt auf der Hand: die Unterscheidung zwischen Philosophie und Psychologie ist unaufholbar, die Vernunftidee letztlich eine nachklappende Konstruktion und damit eine bloße Erinnerung an die wissenschaftstheoretische Idee der Einheit der Wissenschaften. Zwar liefert Jaspers einheitliche und systematische Elemente zur Erfassung unterschiedlicher Weltanschauungen und Denktypen, aber ein Modell zur Begründung dieser Einheitlichkeit liefert er nicht.

In ähnlicher Weise gelingt es dem Leipziger Philosophen Hans Leisegang zunächst, die Pluralität von Denkformen plausibel zu machen. Dabei schließt er sich unmittelbar an Jaspers an, den er ausführlich heranzieht. Ausdrücklich lobt er Jaspers Unterscheidung von Denktechniken, kritisiert freilich die fehlende Erklärung ihrer Entstehung. Unter einer Denkform versteht man im Anschluss an Hegel, den Leisegang für den Vater der Denkformen-Lehre hält, „das in sich zusammenhängende Ganze der Gesetzmäßigkeiten des Denkens, die sich aus der Analyse von schriftlich ausgedrückten Gedanken eines Individuums ergeben und sich als derselbe Komplex bei anderen ebenfalls auffinden lassen“[32]. An dieser Definition lassen sich mehrere charakteristische Merkmale ablesen: (1) Eine Denkform bildet ein in sich

[31] A. a. O., 468.

[32] Denkformen, Berlin–Leipzig 1928, 9.

geschlossenes Ganzes. (2) Denkformen beziehen sich auf Anschauungen und bleiben ständig an ihnen orientiert. Sie setzen eine ihr entsprechende Wirklichkeit voraus. (3) Denkformen sind sprachbezogen und bilden das je Eigene des zu untersuchenden Individuums. Sie sind Sprachgebilde. (4) Denkformen bilden durch Gesetzmäßigkeiten geprägte Komplexe von Ausdrücken, Termini, Begriffen und Ideen. – Die Aufgabe der Denkformenforschung besteht darin, die Ordnungs- und Orientierungsprinzipien zu erkennen, welche die jeweiligen Denkformen beherrschen. Die hermeneutische Aufgabe ist daher zunächst eine rein philologische, die methodisch-logisch ansetzt. Anders als Jaspers hat Leisegang den Ganzheitscharakter von Denkformen direkt im Blick. Er unterscheidet fünf Groß-Gebilde wie den Gedankenkreis, den Kreis von Kreisen, die Begriffspyramide, die Antinomien und die kreisförmige Entwicklung oder den gradlinigen Fortschritt. Die Typologie der Denkformen bringt Ordnung in die Vielfalt der einzelnen Wirklichkeitsbereiche. Offen bleibt freilich, wie sie miteinander zusammenhängen. Denkformen sind streng geschieden voneinander, sodass nur „ein Sprung aus einer Denkform in die andere gemacht“[33] werden kann. Keine Denkform kann als die einzige richtige und der ganzen Wirklichkeit entsprechende verstanden werden; es bleibt bei ihrer prinzipiellen Verschiedenheit. Wenn auch die Pluralität der Denkformen unaufhebbar erscheint, bildet der Einblick auf die Logik der Denkformen einen großen Fortschritt in deren Erkenntnis. Sie müssen als logisch und sprachlich eigentümliche Komplexe verstanden werden, zwischen denen Verstehen durch Analyse und Vergleich erst hergestellt werden muss. Die Typologie der Denkformen bildet daher einen Ansatz für die methodische Erfassung konfessionell unterschiedlich geprägter religiöser Lebens- und Denkformen, die über eigene Lebens- und theologische Denkmuster verfügen.

---

[33] A. a. O., 448.

7.4 Symbolik nach Ernst Cassirer

Neben Jaspers bezieht sich Hans Leisegang auch auf Ernst Cassirer. Dessen Philosophie symbolischer Formen erstreckt sich in ähnlicher Weise auf kulturelle Gebilde, deren logische Gesetzmäßigkeiten erforscht werden können. „Das Prinzip des Symbolischen", schreibt Cassirer, „mit seiner Universalität, seiner allgemeinen Gültigkeit und Anwendbarkeit ist das Zauberwort, das ‚Sesam, öffne dich!', das den Zugang zur menschlichen Welt, zur Welt der menschlichen Kultur, gewährt"[34]. Der Mensch lebt in einem symbolischen Universum. Sprache, Mythos, Kunst und Religion sind Bestandteile dieses Universums. Der Mensch kann der Wirklichkeit nicht unmittelbar gegenübertreten, weil er sich so sehr mit sprachlichen Formen, künstlerischen Bildern, mythischen Symbolen oder religiösen Riten umgeben hat, dass er nichts erkennen kann, ohne dass sich dieses artifizielle Medium zwischen ihn und die Wirklichkeit schiebt. Sprache, Religion, Kunst, Wissenschaft, Geschichte – sie bestimmen die Sphäre des Menschseins; sie sind keine isolierten, zufälligen Schöpfungen. „Sie werden von einem gemeinsamen Band zusammengehalten. Aber dieses Band ist kein vinculum substantiale, wie es die Scholastik gedacht und beschrieben hat; es ist vielmehr ein vinculum functionale. Hinter den zahllosen Gestaltungen und Äußerungen müssen wir nach der Grundfunktion von Sprache, Mythos, Kunst und Religion forschen, und letztlich müssen wir versuchen, diese Elemente bis zu einem gemeinsamen Ursprung zu verfolgen."[35] Die Philosophie der symbolischen Formen betrachtet die Grundstruktur der einzelnen menschlichen Tätigkeiten und sucht sie zugleich als ein organisches Ganzes zu verstehen.

---

[34] Versuch über den Menschen. Einführung in eine Philosophie der Kultur, Frankfurt a.M. 1990, 63 (engl. Orig.: An Essay on Man. An Introduction to a Philosophy of human Culture, New Haven 1944).

[35] Versuch über den Menschen, a. a. O., 110.

Die Pointe dieses Denkens in symbolischen Formen liegt in einer kritischen Sicht der Metaphysik. Die Metaphysik aller Zeiten stand nach Cassirer immer wieder vor dem Grundproblem, die Wirklichkeit des Seins an sich selbst sichtbar werden zu lassen. Die Metaphysik gehe von der Einsicht aus, „alles bloß Symbolische zu vergessen, in dem wir uns vom Banne der Wortsprache und der Sprache der räumlichen Bilder und Analogie losreißen“[36]. Stattdessen müssen wir mit Cassirer von der Erkenntnis ausgehen, dass die Wirklichkeit für uns nicht anders als in der Eigenart symbolischer Formen fassbar wird; sie sind die Medien, in denen Wirklichkeit überhaupt erst erfassbar wird. Statt sich unmittelbar der Wirklichkeit zuzuwenden, stellt das theoretische Bewusstsein ein System von Zeichen auf und lernt gleichermaßen, diese Zeichen als Stellvertreter der Gegenstände zu gebrauchen. Zum Erstbegriff der Symboltheorie gehört daher der Gedanke der Repräsentation.[37] Während in der empirischen Weltsicht der Gegenstand dadurch bestimmt wird, dass er rückwärts in seine Bedingungen und vorwärts in seine Wirkungen verfolgt wird, er als Glied in einem kausalen Gefüge erscheint, tritt im symbolischen Verständnis das Wesen in seiner Erscheinung hervor. Das „Bild“ bringt die „Sache“ nicht in einem defizienten, sondern in einem potenzierten Maße hervor.[38] Wahrnehmung geschieht nicht über eine Zerlegung in differente Elemente, etwa Leib und Seele, Form und Materie, Ursache und Wirkung, sondern in einer stetig fortschreitenden Entäußerung. Nicht Dingwahrnehmung, sondern Ausdruckswahrnehmung ist hier das entscheidende Stichwort.[39] So ist der Symbolcharakter der Wahrnehmung zu entdecken: Der Symbolbegriff stellt sich vor jeder Differenzierung in Bild und Sache als „Manifestation und Inkar-

---

[36] Philosophie der symbolischen Formen, 3. Teil, Darmstadt 1954/[10]1994, 43.

[37] A. a. O., 68–107.

[38] A. a. O., 81.

[39] A. a. O., 99.

nation eines Sinnes“[40], als Offenbarung und Manifestation geistiger Grundfunktionen im Material des Sinnlichen dar. Hier „waltet eine Verknüpfung, die nicht aus getrennten Elementen erst zusammengefügt zu werden braucht, sondern die primär ein sinnerfülltes Ganzes ist, das sich selbst interpretiert“[41]. Der Symbolbegriff bringt die spezifische Weise der Repräsentation, der Vergegenwärtigung zum Ausdruck. Cassirer spricht sogar von der Urfunktion der Vergegenwärtigung, der Repräsentation.[42]

Das „Sein der Erscheinung läßt sich von ihrer repräsentativen Funktion nicht abtrennen“[43]. Das metaphysische Kausalitäts-Problem wandelt sich somit in ein Bedeutungsproblem: Alles Sein entspringt aus der Repräsentation. Die Bedingung der Möglichkeit aller Gegenstandserkenntnis wurzelt im Grundverhältnis der Repräsentation. Mit dieser kurzen Formel ist die eigentliche Tragweite der Philosophie symbolischer Formen erfasst. Der von Cassirer entfaltete Begriff des Symbolischen sprengt den Rahmen eines gegenständlich gedachten metaphysischen Denkens; er fügt sich seinen Einteilungen und Dualismen nicht. „Das Symbolische gehört niemals dem ‚Diesseits‘ oder ‚Jenseits‘, dem Gebiet der ‚Immanenz‘ oder ‚Transzendenz‘ an: sondern sein Wert besteht eben darin, daß es diese Gegensätze, die einer metaphysischen Zweiweltentheorie entstammen, überwindet. Es ist nicht das Eine oder das Andere, sondern es stellt das ‚Eine im Anderen‘ und das ‚Andere im Einen‘ dar.“[44] Die Bedeutung der symbolischen Form der Welterfassung liegt demnach in deren medialem Charakter.

Über diese repräsentative Funktion der symbolischen Formen hinaus lässt sich an ihnen als komplexer kultureller Systeme auch

---

40 A. a. O., 109.

41 A. a. O., 117.

42 A. a. O., 219.

43 A. a. O., 164.

44 A. a. O., 447.

eine ihnen jeweils eigene Logik erkennen, die Aufschluss über ihre Eigenart, ihr Funktionieren gibt. Jedes System verfügt demnach über eine typische Verhaltensweise, die sie von anderen Formen unterscheidet. Cassirers Symbolforschung macht deshalb erstmals darauf aufmerksam, dass komplexe Systeme nicht direkt miteinander verglichen werden können, sondern nur über einen Umweg.[45] Zunächst muss das System nach seiner eigenen Logik hin verstanden werden, die Regeln ihres Funktionierens müssen im Binnenverhältnis erkannt werden, ehe sie in einem Außenverhältnis miteinander in Beziehung gebracht und verglichen werden können. Es kommt deshalb darauf an, die Grammatik der symbolischen Form, sozusagen ihr logisches Gerüst, zu erfassen. Ist dieses erkannt, können die jeweiligen Grammatiken untereinander in ihren jeweiligen Gesetzmäßigkeiten miteinander in Bezug gebracht werden. Verglichen werden so also nicht einzelne Vorstellungen, Termini oder Begriffe, sondern Regeln, nach denen sie funktionieren. Schon Kant hatte dies in seiner Urteilskraft ausgearbeitet, jetzt bietet Cassirer den entscheidenden Hinweis, dass symbolische Formen selbst nach Regeln funktionieren, deren Funktionsweisen sich symbolisch verstehen lassen. Kulturelle Formen müssen sich nach ihrer symbolischen Grundform hin befragen lassen. Damit gibt Cassirer der kantischen Transzendentalphilosophie eine richtungweisende Pointe: die menschliche Urteilskraft erfasst nicht nur ein Symbol für die Reflexion, die Reflexion verfährt selbst symbolisch in einem größeren kulturellen Kontext. Die Art und Weise der Reflexion ist also selbst durch Typik geprägt. Das erhebt das Verstehen in eine Meta-Ebene hinein. Damit ist es die Kunst einer solcherart verfahrenden Transzendentalphilosophie, die Eigenart von Übertragungen zu erken-

[45] Vgl. O. Schwemmer, Die Vielfalt der symbolischen Welten und die Einheit des Geistes. Zu Ernst Cassirers „Philosophie der symbolischen Formen“, in: Ernst Cassirers Werk und Wirkung. Kultur und Philosophie, hrsg. v. D. Frede und R. Schmücker, Darmstadt 1997, 46ff.

nen, die eine Übersetzung von einer in die andere Ebene überhaupt erst möglich macht.

7.5 Metapher und Sprache nach Hans Blumenberg

Das „Verfahren der Übertragung der Reflexion“ hat auch Hans Blumenberg bei Kant entdeckt. Er führt dessen Entdeckung in eine Metaphorologie hinein, die nun ihrerseits einige aufschlussreiche Aspekte zum Verstehen von konfessionell voneinander abgeschlossenen kulturellen Formen erlaubt. Blumenberg fragt ausdrücklich, unter welchen Voraussetzungen Metaphern in der philosophischen Sprache Legitimität haben können.[46] Er richtet hier sein Augenmerk auf den Vorgang der Übertragung. Nach Kant gibt es drei entscheidende Übertragungsvorgänge: bei den empirischen Begriffen durch Beispiele, bei den Verstandesbegriffen durch Schemate, bei den Vernunftbegriffen durch Unterlegung einer Vorstellung, die mit dem herangezogenen Symbol die Form der Reflexion teilt. Blumenberg versteht Symbol im kantischen Sinn als Metapher, ein Begriff, den Kant selbst nicht verwendet, um so dem Vorgang der Übertragung, der in der Symbolisierung steckt, auf die Spur zu kommen. Das Geschäft der Reflexion auf diesen Vorgang der Übertragung ist die Aufgabe einer metaphorologischen Paradigmatik, wie Blumenberg selbst ausführt.[47]

Was Blumenberg treffend „Hintergrundmetaphorik“ nennt, bezieht sich auf den Bildcharakter, der in jeder Übertragung steckt. In der Aufdeckung der Bilder, die unser Verstehen und Erkennen leiten, steckt nicht nur das Interesse am ursprünglich Symbolischen, das darin enthalten ist, sondern an den allen Bildern innewohnenden Leitvorstellungen, die unsere Erkenntnis in

---

[46] Paradigmen zu einer Metaphorologie, Frankfurt a.M. 1998, 10.

[47] A. a. O., 12.

eine bestimmte Richtung drängen und zwingen. Unserer Weltsicht liegen Bilder zugrunde, die Erkenntnis „kanalisieren“. Diesen Zusammenhang in Erfahrung zu bringen, darauf richtet sich eine Metaphorologie. Das Entscheidende hieran ist die Überlegung, dass mit dem der Übertragung verbundenen Bildervorrat und der Bilderwahl nicht nur vorübergehende Begleitumstände unserer Erkenntnis gemeint sind, die im Abstraktionsvorgang abgestreift werden müssen, sondern Informationen enthalten sind, die mit der zunehmenden Bilderentleerung verschwinden und damit den Sinn- und Bedeutungsgehalt der Metapher entscheidend verändern. Nach Bildern zu fahnden, bedeutet daher, das der Vergegenständlichung Unerreichbare „analogisch vorstellig“ zu machen. Darauf verweist am allermeisten die mit dem Wahrheitsverständnis verbundene Lichtmetapher hin. In Verbindung mir ihr lassen sich Sinneinheiten und Sinnbedeutungen im Wahrheitsverständnis benennen, die ohne solche Symbolisierung nicht zu erkennen wären. Die Figur der Wahrheit als sich selbst durchsetzende Macht zu charakterisieren, wäre ohne den Bildgehalt des Lichts nur schwer erklärlich. Das lässt sich auch direkt an theologischen Gehalten aufdecken. Darauf hat wiederum Ernst Cassirer hingewiesen. Die Idee der Kommunion des Menschen mit Gott lässt sich mithilfe sachlich-abstrakter Begriffe erfassen und darstellen, doch der dem Symbol innewohnende sinnliche Gehalt enthält gerade den spezifisch religiösen Gesichtspunkt, der im anderen Fall der reinen abstrakten „Schematisierung“ gar nicht enthalten wäre.[48] Das gilt gerade für die religiös bestimmte Vorstellung vom Opfer. Die im Vorgang des sakramentalen Geschehens mitenthaltene sinnliche Bestimmtheit des religiösen Rituals ist gerade das entscheidende Moment im kultischen Vorgang, der ohne seinen Bildgehalt um seinen religiösen Inhalt betrogen würde. Die Vermutung liegt nahe, dass auch die im Übergang vom späten Mittel-

---

[48] Philosophie der symbolischen Formen, 2. Teil, Darmstadt 1964/[9]1994, 272.

alter zur frühen Neuzeit im konfessionellen Streit ausgebildete Rechtfertigungslehre von solchem religiösen Bildervorrat zehrt, der alle noch so abstrakte Logik „kanalisiert“ und deren Anwendung bestimmt.

Im Übergang zur sprachlichen Vermittlung bleibt der mit der Metapher angesprochene Übertragungsvorgang erhalten. Diesen Zusammenhang hat Jürgen Habermas in verschiedenen Hinsichten herausgearbeitet. Dass alle menschliche Erkenntnis letztlich sprachlich imprägniert ist, ist dabei nur die letzte Variante einer Denkform-abhängigen Logik, die innerhalb der modernen hermeneutisch verfahrenden Sprachpragmatik zur Geltung kommt. Menschliche Erkenntnis lässt sich nicht unabhängig von der Sprachfähigkeit analysieren, weil der Mensch sich immer schon im Horizont lebensweltlicher Praktiken befindet. „Sprache und Realität durchdringen sich auf eine für uns unauflösliche Weise.“[49] Ein sprachlich ungefilterter Zugriff auf die Realität ist daher gar nicht möglich. Der Mensch vermag zwar den Horizont seiner sprachlich strukturierten Lebenswelt zu erweitern oder zu verschieben, er kann aber nicht aus ihm heraustreten. Zwischen unterschiedlich sprachlich, d. h. weltanschaulich strukturierten Lebenswelten kann durch „Konversion“ vermittelt werden, aber der Mensch bewegt sich immer schon in einem sprachlich erschlossenen Horizont. Die Sprache ist dabei selbst Ausdruck der symbolisch strukturierten Lebenswelt mit eigenen Überlieferungen und Mentalitäten.

Robert Brandom hat bei der Beschreibung von jeweils abgeschlossenen lebensweltlichen Praktiken auf eine Reihe von strukturellen Merkmalen hingewiesen, deren Kenntnis erlaubt, zwischen verschiedenen Praktiken navigieren zu können. Die Wahrheit von Behauptungen und der Erfolg von Handlungen innerhalb menschlicher Gemeinschaften hängen von normativen

---

[49] Wahrheit und Rechtfertigung. Philosophische Aufsätze, Frankfurt a.M. 2004, 41.

Festlegungen ab, die durch eine bestimmte „Hintergrundsprache“ bedingt sind. Um einander verstehen zu können, müssen solche implizit vorhandenen Festlegungen explizit gemacht werden. „Die Struktur dieser Praktiken kann beleuchtet werden, allerdings nur aus dem Inneren des normativen Raumes, innerhalb unserer normativen Praktiken des Gebens und Verlangens von Gründen.“[50] Die Mitglieder einer Gemeinschaft als Teilnehmer einer speziellen diskursiven Praxis müssen ihre internen Spielregeln explizit machen, damit diejenigen, die dieser Gemeinschaft nicht angehören, überhaupt solche internen sozialen Praktiken verstehen können und umgekehrt. Jeder Vorgang eines Verstehens läuft daher gegensinnig von innen nach außen und von außen nach innen. Der Grundbegriff der Referenz soll daher einer Strategie des Verstehens dienen, die uns erlaubt, uns innerhalb verschiedener Lebenswelten überhaupt noch untereinander verständlich machen zu können. „Denken und Reden werden als Strukturen von Festlegungen und Berechtigungen dargestellt, und Ausdrücke haben den begrifflichen Gehalt, den sie haben, aufgrund der Rolle, die sie in einer inferentiell gegliederten Struktur solcher deontischer Status spielen.“[51] Verstehen ist in diesem Sinne auf die Konvergenz externer und interner Interpretationen angewiesen. Soziale Gemeinschaften erweisen sich in diesem hermeneutischen Sinne als Interpretationsgemeinschaften.

Im Blick auf das Problem konfessioneller Gemeinschaften liegt der Sinn dieser Darlegungen damit unmittelbar auf der Hand. Dass konfessionell unterschiedliche Gemeinschaften als durch den Konfessionalisierungsvorgang geprägte Sozialgebilde, wie konfessionelle Kirchentümer sie darstellen, abhängig sind von sprachlich und normativ bestimmten Praktiken, die das Ganze der Lehre und das Leben betreffen, bedarf wohl keiner weiterfüh-

---

[50] R. B. Brandom, Expressive Vernunft. Begründung, Repräsentation und diskursive Festlegung, Frankfurt a.M. 2000, 899.

[51] A. a. O., 898.

renden Darstellung mehr. Die Konsequenzen, die aus dieser Rekonstruktion sozialer sprachlich imprägnierter Lebenswelten folgen, sind freilich beträchtlich. Mit Brandom kann nämlich festgestellt werden, dass es nie eine allgemein und immer gültige Antwort darauf geben könne, was richtig ist, jede unserer Beurteilungen kann weiter besprochen und beurteilt, angezweifelt, verteidigt oder berichtigt werden.[52] Gehalte und Festlegungen können in unzähligen Einzelheiten unterschieden und doch interpretierbar sein. „Wie radikal verschieden können sie nun sein?"[53] Besteht unter diesen Bedingungen überhaupt noch Aussicht, einen Konsens in bestimmten Gehalten oder Auffassungen untereinander zu erzielen? Die Antwort legt sich nahe: es kommt gar nicht auf den Konsens an, sondern auf die Bereitschaft zur prozeduralen Klärung von Differenzen, um sich gegenseitig verständlich zu machen. Hermeneutik, in diesem Sinne verstanden, braucht keinen Konsens in der Sache, weil er nicht zu den unaufgebbaren Bedingungen der gegenseitigen Verständigung gehört. Damit wird deutlich: Ökumenische Hermeneutik steht vor der Gefahr, zu einem Vehikel eines unaufhebbaren Differenzierungsvorgangs zu werden; solche Hermeneutik dient lediglich dem Prozess der Ausdifferenzierung konfessioneller Gebilde. Der zunächst gedachte und intendierte Prozess der Verflüssigung konfessionell erstarrter Fronten, der mit der ökumenisch sinnvollen hermeneutischen Theorie der Denkformen-Analyse in Gang kommen sollte, kehrt sich, so zu Ende gedacht, in sein Gegenteil um. Doch sind die Konsequenzen richtig zu Ende gedacht?

---

52 A. a. O., 897.

53 A. a. O., 894.

7.6 Die Idee der transzendentalen Logik nach Thomas von Aquin

Hatte Kant mit der Unterscheidung von direkter und indirekter Darstellung den Blick auf die Denkform-abhängige Logik der Erkenntnis eröffnet, so bieten Metaphorologie und Sprachphilosophie weitere Ansätze zur Erforschung strukturierter Sprach- und Lebenswelten, die Einblicke in jeweils in sich geschlossene Universen mit eigener Semantik und sozialen Praktiken erlauben. Die Konfessionalisierung menschlicher Lebenswelten – seien sie politischer, kultureller und religiöser Natur – macht Wissenschaften notwendig, die über besondere Sprachen und je eigene Metaphorik verfügen und zugleich Methoden bereitstellen, zwischen den verschiedenen Lebenshorizonten Verstehen zu ermöglichen. Jürgen Habermas hat indessen den problematischen, dieser philosophischen Hermeneutik immanenten Grundzug ausfindig gemacht, nämlich den unausweichlichen Pluralismus von anscheinend inkommensurablen Weltansichten.[54] Angesichts der unaufgebbaren Wahrheitsfrage plädiert Habermas daher für eine transzendentale Hermeneutik. Das geschieht nicht ohne Grund. Denn richtet die Hermeneutik den Blick auf die Sprache als Medium des Verstehens, wendet sie zugleich den Blick vom Sein ab. In der Geschichte des europäischen Denkens verbindet sich mit der Hinwendung der Philosophie zu Sprache und Verstehen der lange Abschied vom Sein.[55] Steckt in der Hermeneutik demnach der Grundanspruch einer Kritik der Ontologie? Verneint die Hermeneutik die Objektivität und Universalität der Metaphysik? So scheint es jedenfalls Hans-Georg Gadamer gesehen zu haben,

[54] J. Habermas, Hermeneutische und analytische Philosophie. Zwei komplementäre Spielarten der linguistischen Wende, in: ders., Wahrheit und Rechtfertigung. Philosophische Aufsätze. Erweiterte Ausgabe, Frankfurt a.M. 2004, 93.

[55] J. Simon, Verstehen und Nichtverstehen oder der lange Abschied vom Sein, in: Internationales Jahrbuch der Hermeneutik 1 (2002) 1–19.

wenn er ausführt: „Die Überlegenheit der klassischen Metaphysik scheint mir darin zu bestehen, daß sie über den Dualismus von Subjektivität und Wille auf der einen Seite, Objekt und Ansichsein auf der anderen Seite von vornherein hinaus ist, indem sie die vorgängige Entsprechung des einen und des anderen denkt. Freilich ist es eine theologische Entsprechung, auf der Wahrheitsbegriff der klassischen Metaphysik, die Angemessenheit der Erkenntnis an die Sache, beruht. Denn es ist ihrer beider Kreatürlichkeit, worin Seele und Sache geeint sind ... Nun kann sich die Philosophie einer solchen theologischen Begründung gewiß nicht mehr bedienen und wird auch die säkularisierten Gestalten derselben, wie sie der spekulative Idealismus mit seiner dialektischen Vermittlung von Endlichkeit und Unendlichkeit darstellt, nicht wiederholen wollen. Aber der Wahrheit dieser Entsprechung wird sie auch ihrerseits sich nicht verschließen dürfen. In diesem Sinne besteht die Aufgabe der Metaphysik fort."[56] Wenn die Hermeneutik auch letztlich keine Antimetaphysik sein will, so steht doch die Frage im Raum, welchen Anspruch die transzendentale Frage an die Hermeneutik stellt. Lässt sich der unbestreitbare Vorteil der hier aufgenommenen hermeneutischen Fragen, den Blick auf eigenes und zugleich fremdes Verstehen eröffnet zu haben, nur mit dem Verzicht auf universales Verstehen verbinden, dem zugleich die Abkehr von dem am Gegenständlichen orientierten Denken innewohnt?[57] Selbst Kant hat diese Frage nicht mit einem Ja beantwortet, und Kant lässt sich auch nicht an dieser Option festmachen. Die Reflexion auf Bedingungen der objektiven Erkenntnis setzt zwar bei subjektiven Erkenntnisbedingungen an, aber Kants Fragestellung zielt natürlich auf „Bedingungen der Möglichkeit der Gegenstände der Erfahrung" und damit

---

[56] H.-G. Gadamer, Die Natur der Sache und die Sprache der Dinge, in: ders., Gesammelte Werke, Bd. 2, Tübingen 1986, 70f.

[57] Eine Kritik des Antirealismus leistet neuerdings H. Krämer, Kritik der Hermeneutik. Interpretationsphilosophie und Realismus, München 2007.

durchaus auf die objektive Gültigkeit der Erkenntnis. Somit bleibt diese Fragestellung, einmal klassisch ausgesprochen, auf Seiendes bezogen. Darin mag sich noch der Sinn einer Rede vom Ding an sich melden, auch wenn dieses prinzipiell unerkennbar bleibt. Wo die Hauptfrage aber nicht mehr sein kann, ob das Vorgestellte auch *sei*, sondern nur noch, in welchem Modus es *vorgestellt* sei, wird die ontologische Frage ganz fallen gelassen.[58] Doch ist diese Alternative schief, wie sich zeigen wird. Deshalb richten wir unsere Aufmerksamkeit ganz auf die Frage, ob die im Umfeld der modernen Hermeneutik vorgetragenen Bedenken gegen die klassische Metaphysik berücksichtigt werden können, ohne den Anspruch auf universales Verstehen letztlich aufgeben zu müssen. Denn das scheint mir die unabwendbare Konsequenz zu sein, die aller Denkformen-Typologie innewohnt.

Transzendentalphilosophie ist ein System aller Prinzipien der reinen Vernunft, also „ein System aller Verstandesbegriffe und Grundsätze", „weil sie die Bedingungen und ersten Elemente aller unserer Erkenntnis a priori enthält"[59]. An einer prominenten Stelle seines Werkes hat sich Kant einmal mit der „Transzendentalphilosophie der Alten" befasst.[60] Dort finde sich, wie er ausführt, „noch ein Hauptstück vor, welches reine Verstandesbegriffe enthält ... Diese trägt der unter den Scholastikern so berufene Satz vor: quodlibet ens est unum, verum, bonum".[61] Ein solcher Gedanke, führt Kant weiter aus, so leer er auch sein möge, verdiene immer eine Untersuchung seines Ursprungs; allerdings kommt Kant dann rasch zu dem Urteil, dass diese vermeintlich

[58] J. Simon, Verstehen und Nichtverstehen, a. a. O., 12.

[59] I. Kant, Preisschrift über die Fortschritte der Metaphysik, in: Kant's gesammelte Schriften, hrsg. v. d. Preußischen Akademie der Wissenschaften, Bd. XX, Berlin 1942, 260.

[60] Kritik der reinen Vernunft B 113. Vgl. N. Hinske, Verschiedenheit und Einheit der Transzendentalen Philosophien. Zum Exempel für ein Verhältnis von Problem- und Begriffsgeschichte, in: ABG 14 (1970) 41–68.

[61] Kritik der reinen Vernunft B 113.

transzendentalen Prädikate der Dinge nichts anderes als logische Erfordernisse und Kriterien der Erkenntnis der Dinge seien, nicht aber, wozu die Scholastiker sie „unbehutsamerweise ... machten", Eigenschaften der Dinge.[62] Man geht wohl nicht fehl in der Annahme, dass dieses Urteil Kants die Auffassung der Philosophie der Neuzeit nicht wenig beeinflusst hat, insofern Kant selbst die Transformation der Transzendentalphilosophie der Alten in sein eigenes neues Konzept einmünden lässt. Diese dabei auftretende metaphysikkritische Haltung gegenüber den Alten beruht bei Kant jedenfalls auch auf einer Geringschätzung der Argumentationskraft der Scholastiker, wie der Gang seiner eigenen Gedanken zeigt. Eine weitere Auseinandersetzung mit der Logik des Transzendentalen findet daher nicht statt. Insoweit hängt der Verdacht der Verdinglichung ziemlich in der Luft.[63] Umgekehrt lässt sich dagegen zeigen, dass der Terminus „Transzendental" eine gewisse Kontinuität zwischen scholastischer und neuzeitlicher Philosophie zum Ausdruck bringt.[64] Darüber hinaus wird auch deutlich, welchen Beitrag eine Logik des Transzendentalen für die Lösung des hier infrage stehenden Problems leisten kann.

„Die Lehre von den transzendentalen Bestimmungen des Seins ist das Kernstück der scholastischen Ontologie und Metaphysik."[65] Geburtsort der Transzendentalienlehre ist die Logik, insoweit sie die Grundlage für jedes intellektuelle Begreifen und jede verstan-

---

62 A. a. O., B 114.

63 F. Inciarte setzt sich mit dem Vorwurf der Verdinglichung der Metaphysik auseinander: Metaphysik und Verdinglichung. Zur sprachanalytischen Metaphysikkritik, in: PhJ 85 (1978) 19–41.

64 So jedenfalls ausdrücklich: J. Aertsen, Medieval Philosophy and the Transcendentals. The Case of Thomas Aquinas, Leiden–New York–Köln 1996, 17–24.

65 J.B. Lotz, Zur Konstitution der transzendentalen Bestimmungen des Seins nach Thomas von Aquin, in: P. Wilpert (Hg.), Die Metaphysik im Mittelalter (Miscellanea Mediaevalia, Bd. 2) Berlin 1963, 334.

desmäßige Erkenntnis bildet.[66] Die Transcendentia umreißen „den Gegenstandsbereich des menschlichen Verstandes und beschreiben die Grundlagen der Erkenntnis, die dem Menschen auf natürliche Weise möglich ist“[67]. Diese Lehre von den Transzendentalien als den ersten und allgemeinen Bestimmungen der Wirklichkeit und ihrer Erkenntnis kann durchaus als eine Transzendentalphilosophie moderner Prägung verstanden werden. Das Konzept einer Metaphysik als Transzendentalphilosophie muss sich aber auch der Differenz zur modernen Transzendentalphilosophie bewusst sein.[68] Unter dieser kritischen Rücksichtnahme lässt sich jedenfalls zeigen, dass sich eine Theorie der endlichen menschlichen Erkenntnis keineswegs in einer reinen Gegenstandserkenntnis erschöpfen muss. Dies lässt sich nicht nur an der von Johannes Duns Scotus sogenannten Transzendentalwissenschaft zeigen, auf die Kant womöglich rekurriert[69], sondern ebenso gut an einigen zentralen Texten der Ontologie des Thomas von Aquin.

Berücksichtigt man den nicht zu übersehenden Unterschied zwischen der „Transzentalphilosophie der Alten“ und der neuen Transzendentalphilosophie, so lassen sich doch einige für unser infrage stehendes Problem wichtige Erkenntnisse gewinnen.[70]

---

66 M. Pickavé, Einleitung, in: Die Logik des Transzendentalen. FS für Jan A. Aertsen zum 65. Geburtstag, hrsg. von M. Pickavé (Miscellanea Mediaevalia, Bd. 30) Berlin–New York 2003, XI-XXI.

67 M. Pickavé, a. a. O., XII.

68 L. Honnefelder, Transzendentalität und Moralität. Zum mittelalterlichen Ursprung zweier zentraler Topoi der neuzeitlichen Philosophie, in: ThQ 172 (1992) 185f.

69 A. a. O.

70 Es geht mir hier nicht darum, die Transzentalphilosophie der Alten gegen Kant auszuspielen. Das käme einem Taschenspielertrick gleich. Es lässt sich aber auch nicht übersehen, dass die moderne Transzendentalphilosophie kantischer Prägung allzu schnell über die mittelalterliche Philosophie und ihre Fragestellung hinausgegangen ist. Warum sich die heutige Philosophie, wie Gadamer behauptet, einer theologischen Begründung nicht bedienen

Der menschliche Intellekt hat nach Thomas von Aquin keinen direkten und unmittelbaren Zugang zum Wesen der Dinge.[71] Menschliche Erkenntnis geht nicht allein aus empirischer Erfahrung hervor, sondern setzt eine Abstraktionsleistung voraus, die zwischen passivem und aktivem Vermögen zu unterscheiden vermag. Thomas stellt sich daher ausdrücklich die Frage, worauf menschliches Erkenntnisvermögen denn Bezug nimmt, in Sonderheit auf die in der Seele vorhandenen Erkenntnisbilder, species intelligibiles genannt. Wenn aber das Erkenntnisvermögen nur auf diese species Bezug nimmt, so kann es auch nur über diese urteilen. Streng genommen bezöge sich das menschliche Erkenntnisvermögen immer nur auf das, was ihm durch empirische Erfahrung gegeben ist. Das aber heißt: das Erkenntnisvermögen bezöge sich nur auf das, wie erkannt wird, wodurch ein Zirkelschluss entsteht. So sagt Thomas daher ausdrücklich: der Verstand beugt sich über sich selbst zurück, er erkennt sowohl sein eigenes Erkennen wie auch das, was erkannt wird.[72] Das, wodurch erkannt wird, unterscheidet sich von dem, was erkannt wird. Konkrete Erkenntnis wird demnach konstituiert durch die Idee, wodurch erkannt wird; zugleich gehört diese dem reflektierenden Verstand an, der über sie verfügt. Damit ist klar: menschliche Erkenntnis ist nicht allein Gegenstandserkenntnis, sondern immer zugleich reflexiv. Damit wird der Weg zur Logik des

---

darf, muss wohl als ein unbegründetes Vorurteil verstanden werden. Das Nachdenken über die mittelalterliche Philosophie kann jedenfalls Argumente beibringen, die zumindest erwogen werden können. Möglicherweise könnte ein kritischer Blick auch aufzeigen, dass das Verhältnis der neuen zur alten Transzendentalphilosophie eher durch Polemik denn durch Sachkenntnis bestimmt ist.

71 G. Mensching, Zur konstitutiven und regulativen Funktion der Ideen bei Thomas von Aquin, in: M. Pickavé (Hg.), Die Logik des Transzenentalen, a. a. O., 198–211, bes. 207f.

72 „Sed quia intellectus supra seipsum reflectitur, secundum eamdem reflexionem intelligit et suum intelligere, et speciem qua intelligit." (S.th. I, qu. 85, a. 2).

Transzendentalen eröffnet, ohne dass diese Transzendentalphilosophie im strengen systematischen Sinn ist. Denn eine Theorie des Transzendentalen hat Thomas nicht vorgelegt.[73]

Erwägungen zu einer Theorie des Transzendentalen liefert Thomas in „De veritate". Auf die Frage „Was ist Wahrheit?" gibt Thomas die knappe Antwort, Wahrheit sei dasselbe wie Seiendes. In einem Analogieschluss führt Thomas aus: Schlussfolgern und Beweisen vollzieht sich durch Rückführung auf solche dem Verstand bekannte Prinzipien. Dieses gelte auch für jede Erforschung dessen, was ist.[74] Insoweit gilt also der Satz: Seiendes ist jenes, was der Verstand als das ihm Bekannteste zuerst begreift. Was Thomas hier mit resolutio oder reductio benennt, meint nichts anderes als die Rückführung auf das „Erste und Allgemeinste" in der Erkenntnis. Die Begründung hierfür ist einleuchtend. Ohne Rückführung auf „Erstes" verliefe sich jede Wissenschaft oder jede Erkenntnis ins Unbegrenzte und würde sich schließlich auflösen. Dieser Zugang zur Notwendigkeit des Zuerst-Erkannten kann man durchaus als transzendental verstehen. Jede Erkenntnis hebt von ihm als dem Unhintergehbaren an. Die resolutio oder reductio genannte Analyse menschlicher Erkenntnis ist, insoweit sie reflexiv ist, als transzendental zu kennzeichnen.[75]

Jedwede Wirklichkeit ist wesenhaft Seiendes.[76] Thomas unterscheidet damit zwischen Sein und Wesenheit. Denn mit Wesen wird vom Seienden die Washeit oder Wesenheit ausgedrückt, Seiendes wird hingegen nur vom Akt des Seins her verstanden.[77]

---

73 M. Pickavé, a. a. O.

74 A. Zimmermann, Einleitung, in: Thomas von Aquin, Von der Wahrheit/De veritate (Quaestio I), ausgewählt, übersetzt und hrsg. v. A. Zimmermann (PhB 384) Hamburg 1986, XIVff.

75 J.A. Aertsen, Medieval Philosophy, a. a. O., 104.

76 „Quaelibet natura est essentialiter ens" (De ver. qu.1, a. 1).

77 „Ens sumitur ab actu essendi sed nomen rei exprimit quiditatem vel essentiam esse" (De ver. qu.1, a. 1).

Seiendes, nicht Wesenheit ist damit das erste Transzendentale. Nun ist klar, worauf Thomas hinaus will: Sein kommt dem Seienden nur über die Aktualität der Form, nicht über die Wesenheit zu. Darin ist ein entscheidender Fortschritt in der Philosophie und Metaphysik des Mittelalters erkennbar.[78] Transzendentalien lassen sich dadurch charakterisieren, dass sie als das Erste und Allgemeine schlechthin dem Seiendem nichts Unterscheidendes hinzufügen. Darin können wir nun das Eigentümliche der transzendentalen Bestimmungen erkennen. Alle anderen Begriffe des Verstandes müssen sich aus einer Hinzufügung zu dem des Seienden auffassen lassen und insoweit führen sie zur kategorialen Einteilung der Wirklichkeit.

Thomas nennt in „De veritate“ eine Reihe von Transzendentalien, die Seiendes ausdrücken und bestimmen: unum, verum, bonum. Die grundlegendste Existenzbedingung für Wirklichsein ist gemäß diesem ontologischen Ansatz Eines-Sein. Denn, das sei zunächst einmal vorausgesetzt: Eines ist nichts anderes als ungeteiltes Seiendes.[79] Das Eine fügt dem Seienden keine neue sachliche Bestimmtheit oder Eigenschaft hinzu. Das Eine und das Seiende fallen deshalb zusammen. Thomas begründet damit die Konvertibilität von Sein und Eines-Sein. Hieran lässt sich nun insbesondere die Charakteristik der transzendentalen Bestimmungen deutlich machen. Klar wird jedenfalls, dass Kants Urteil bezüglich der „Transzendentalphilosophie der Alten“ den Ausführungen des Thomas nicht angemessen erscheint, denn Thomas selbst versteht die Transzendentalien nicht als Eigenschaften der Dinge, sondern als formale Bestimmungen des Seienden. Damit wird aber auch der zwischen Kant und Thomas charakteristische Unterschied von kategorialer und transzendentaler Bestimmung deutlich.

---

78 B. Wald, Substantialität und Personalität. Philosophie der Person in Antike und Mittelalter, Paderborn 2005, 141.

79 „Nihil aliud enim est unum quam ens indivisum“ (De ver., qu.1, a. 1).

Das Eine und das Viele können sowohl kategorial (im scholastischen, nicht im Kantischen Verständnis genommen) wie transzendental bestimmt werden. Das Eine in kategorialer Hinsicht bezeichnet die Eins als Zahl, sie gehört zu den mathematischen Größen. Das Eine, das mit dem Seienden konvertibel ist, bezieht sich auf die transzendentale Bestimmung und drückt das Ungeteiltsein aus. Thomas grenzt sich von der anders lautenden Auffassung des Avicenna ausdrücklich ab. Wenn das Eine, das mit dem Seienden zusammenfällt, als Zahl aufgefasst würde, wie Avicenna behauptet, fügt es dem Seienden etwas hinzu wie das Weiß-Sein zum Wesen des Menschen. Beide Annahmen können aber nicht zugleich richtig sein. Thomas fügt also zur Unterscheidung das Argument hinzu: Das Eine, das mit dem Seienden zusammenfällt, kann genau deswegen nicht der Zahl nach eins sein, weil Seiendes dann durch ein anderes eins sein müsste. Dann aber fügt es dem Seienden etwas Wirkliches hinzu, womit die Grundannahme nicht mehr zu halten wäre. Thomas liegt freilich einiges an dieser transzendentalen Bestimmung der Einheit. Die Gründe liegen auf der Hand: Eines-Sein heißt nämlich nicht in jedem Fall Einfachsein. Die Konsequenzen sind beträchtlich. Zwischen Einheit und Vielheit besteht zufolge dieser ontologischen Unterscheidung nicht immer ein Gegensatz. Insoweit erweist sich der Begriff der Einheit als differenzierungswürdig.[80]

Als Element der Zahl ist die Eins der Vielheit als Zahl selbst entgegengesetzt, in transzendentaler Hinsicht nicht in allen Fällen.[81] Thomas spielt hier verschiedene Fälle, in denen keine Gegensätze vorherrschen, durch. (1) Einheit und Vielheit stehen sich gegenüber wie Ungeteiltes zu Geteiltem. Weil kein Mangel (privatio) Sein schlechthin aufhebt, kann auch jede Vielheit in gewissem Sinne Einheit sein. (2) Ein Ding kann der Art nach ein

---

[80] Vgl. B. Wald, a. a. O., 163.

[81] „Unum opponitur multis, sed diversimode" (S.th. I, qu. 11, a. 2).

gleichartiges oder ein ungleichartiges Ganzes sein. Ein ungleichartiges Ganzes setzt sich aus ungleichartigen Teilen zusammen. So hat kein Teil eines Hauses die Form des ganzen Hauses. „In diesem Sinne ist auch die Vielheit ein Ganzes."[82] (3) Vielheit bezeichnet auch ein Übermaß. Insoweit ist „vieles" das Gegenteil von „wenig". (4) Kann die Vielheit nur dadurch erkannt werden kann, als die Einheit vorausgesetzt wird, wird Vielheit durch Einheit erkannt und nicht umgekehrt.

„Durch das Eine wird nicht die Vielheit aufgehoben."[83] Es gehört daher zum Wesen der Vielheit, dass sie sich auf mehrfache Weise auf die Einheit zurückbezieht. Die transzendentale Bestimmung der Einheit nach Thomas von Aquin führt damit nicht zu einer monolithischen Vorstellung von Einheit, die sich lediglich vom quantitativen Verständnis herleitet. Die Konsequenz hieraus wäre ein Formenpluralismus, der ins Unendliche ausgreifen würde. Formen und Gestaltungen wechseln einander ab, weil ein suppositaler Träger als konkretes Bezugsobjekt fehlt. Eigenschaften erschienen dann als Modi des Ganzen, nicht mehr im Bezug zu einem Träger.[84] Thomas konnte zwar die Konsequenzen, welche die moderne Philosophie auf sich zu nehmen bereit war, nicht vorwegnehmen, aber er denkt hier umfassender, und zwar erkennbar innerhalb einer Logik des Transzendentalen. Gemeint sind transzendentalphilosophische Aussagen, keine mathematischen, auch keine essentialistisch-quidditativen. Im Bereich des Seienden, hält Thomas ausdrücklich fest, finden wir sowohl Einheit wie Vielheit.[85] Es kommt deshalb darauf an, die Logik der Differenzierung zu betreiben. Sie bleibt auf einen Zielpunkt gerichtet, der nicht außer Betracht bleiben darf: Seiendes ist durch Einheit bestimmbar und nicht anders. Vieles und Vielheit gibt es nur deshalb, weil das

---

82 S.th. I, 11, 2 ad 2.

83 S.th. I, 30,3, ad 3.

84 B. Wald, a. a. O., 161–168.

85 Vgl. hierzu die gesamte Quaestio 11: De Unitate Dei (S.th I, 11,1).

Viele und die Vielen in sich eines sind, seien sie auch zusammengesetzt ein Ganzes oder in sich ungeteilt. Wäre es anders, könnte eine sinnvolle Bestimmung durch menschliche Erkenntnis nicht gelingen. Kommunikation wäre nicht möglich, wenn Seiendes, das Allgemeine und das Erste in der menschlichen Erkenntnis, nicht durch Einheit identifizierbar wäre.[86] Deshalb sagt Thomas zu Recht: Das substanziale Sein eines jeden Dinges besteht in der Unteilbarkeit[87]. Der Bestimmung eines identifizierbaren Subjekts dient letztlich diese Logik des Transzendentalen. Deshalb muss es heißen: Vielheit durch Einheit, nicht Einheit durch Vielheit. Erst diese Erkenntnis erschließt den Sinn und die Bedeutung von Identität. Deshalb meint die These von der Konvertibilität von Einheit und Seiendem kein Wortspiel, sondern dient der begrifflichen Erfassung dessen, was immer ist.[88] Diese These impliziert im Sinne der modernen Philosophie keine ganze Ontologie, die sozusagen eine alle gemeinsame Voraussetzung böte, sondern fungiert lediglich als regulative Idee, die eine gemeinsame Interpretation der Christentumsgeschichte ermöglicht. Sie hängt von keiner weiteren Voraussetzung ab als der, das vorausgesetzte Gemeinsame auch gemeinsam zu vollziehen.

7.7 Die Komplementarität der Konfessionen und die Frage nach der Einheit

Nach dieser kritischen Sichtung verschiedener philosophischer Fragenkomplexe und Argumentationsfiguren sind wir jetzt in die Lage versetzt, die eingangs gestellte Grundproblematik klarer

---

86 „Ohne die Annahme von Substanzen wäre daher schon so etwas wie menschliche Kommunikation unmöglich.“ (F. Inciarte, Die Einheit der Aristotelischen Metaphysik, in: PhJ 101 [1994] 5).

87 „Nam esse substantiale cuiuslibet rei in indivisibili consistit“ (S.th. I, 76, 4 ad 4).

88 S.th. I, 11, 1 ad 3.

zu erfassen und eine Antwort zu suchen. Dies geschieht in einer Reihe von Thesen:

(1) Der Kontinuitätsthese ist Vorrang zu geben vor der Diskontinuitätsthese. Das heißt in unserem Zusammenhang: Metaphysik und Ontologie stehen nicht gegen Bewußtseins- und Sprachphilosophie. Auch Jürgen Habermas und Hilary Putnam sprechen sich für sie aus. „Das Konzept der sprachlich verfassten, in ihren allgemeinen Strukturen von innen, aus der Teilnehmerperspektive zugänglichen und verständlichen Lebenswelt tritt in gewisser Weise das Erbe des metaphysisch verstandenen Realismus an"[89]. Die Fähigkeit, Objekte unter verschiedenen Beschreibungen als dieselben zu identifizieren, muss dabei erhalten bleiben. Das „hermeneutische Sinnverstehen historischer Gebilde teilt mit der metaphysischen Wesenserkenntnis zwar nicht mehr den fundamentalistischen Anspruch, wohl aber den Modus des geistigen Erfassens allgemeiner Strukturen"[90]. Das wird wohl nichts anderes heißen können als: Nimmt man das Wort „fundamentalistisch" in dem wohl richtigerweise verstandenen Sinn als universal oder allgemein, so kommt keine an der Sprachpragmatik orientierte Hermeneutik an der transzendentalen Voraussetzung vorbei, die wie ein Sinn-Apriori funktioniert: Ohne diese Voraussetzung ist gemeinsames Verstehen überhaupt nicht möglich. Auch die Konzeption eines Sprachtranszendentalismus hält an der realistischen Grundannahme fest, dass sich alle sprach- und handlungsfähigen Subjekte auf ein- und dieselbe Welt beziehen.[91] Der transzendentalphilosophische Ansatz behält auch in der an der Sprache orientierten Hermeneutik seinen Sinn.[92] „Die-

[89] J. Habermas, Wahrheit und Rechtfertigung, a. a. O., 168. Ebenso H. Putnam: „Bezugnahme und Wahrheit sind Begriffe, die wir nicht fallenlassen können, ohne in Widersprüche zu geraten" (Vernunft, Wahrheit und Geschichte, Frankfurt a.M. 1982, 194).

[90] J. Habermas, a. a. O.

[91] A. a. O., 276.

[92] H. Putnam bringt das „ontologische" Anliegen der Referenztheorie so zur

se Behauptung hat die Form eines (im schwachen Sinne) transzendentalen Arguments."[93]

(2) Die Pluralität der Formen und Typen hebt das Denken der Einheit nicht auf, sondern setzt es vielmehr voraus. Das aber heißt für das theologische Verstehen: Ohne die Voraussetzung eines den Differenzen vorausliegenden Konsenses ist eine Verständigung gar nicht möglich. Nicht mehr und nicht weniger besagt in diesem Zusammenhang der Rekurs auf das transzendentale Verstehen der Einheit. Das Verstehen des Pluralen sowohl in historischer wie in systematischer Hinsicht ist gebunden an den Willen, dem christlichen Glauben eine Gestalt zu geben, die dem Bekenntnis zur Einheit der Kirche entspricht. Nichts anderes will diese transzendentale These besagen, als dass ohne diese grundlegende Voraussetzung, dass Eines dem Vielen vorausgeht, das ökumenische Anliegen sich erübrigen würde.

(3) Denkformen dienen der Mediatisierung, sie sind Muster, Typen, die eingesetzt werden, um Unbedingtes oder Ganzes repräsentativ darzustellen. Die Bedeutung einer symbolischen Denkform ergibt sich nicht nur im Blick auf die Analogie der Rede von Gott, sondern zeigt sich auch im methodologischen Sinn, der angelegt ist auf die Vergleichbarkeit unterschiedlicher Denktypen, die sich nicht prinzipiell ausschließen. Somit liegt die Bedeutung derselben in einer zweifachen Richtung. Das Symbol für die Reflexion leistet Entscheidendes für die Erkennbarkeit des ansonsten unentdeckt bleibenden religiösen Objektes; andererseits leitet es den Blick auf die Reflexionsregeln, die

---

Geltung: „Freilich, von meinem Standpunkt sind das ‚Erkenntnistheoretische' und das ‚Ontologische' eng miteinander verbunden. Wahrheit und Bezug bestehen in engem Zusammenhang mit epistemischen Begriffen. Die Porosität des Gegenstandsbegriffs, die Porosität des Bezugsbegriffs, die Porosität des Bedeutungsbegriffs und auch die Porosität des Vernunftbegriffs – sie alle hängen wechselseitig zusammen" (Repräsentation und Realität, Frankfurt a.M. 1991, 211).

93 J. Habermas, a. a. O., 279.

untereinander in Bezug gesetzt werden müssen, um einander von einer konfessioneller Gestaltung zur anderen verstehen zu können. Denkformen verlieren allerdings ihre repräsentative Form, wenn sie von der ihnen gleichursprünglich mitlaufenden Identität der Wirklichkeit losgelöst werden. Darin liegt die Hypothek solcher hermeneutischer Verständigung. Es kommt dann lediglich noch zur Veranschaulichung untereinander sich historisch abwechselnder Gestaltungen, zwischen denen allein ein Bezug hergestellt werden kann. Denkformen beziehen sich nur dann vollständig aufeinander, wenn vorausgesetzt wird, dass sie sich auf ein und dasselbe Objekt beziehen. Das kann aber nur gemeinsam vorausgesetzt werden und nicht nachträglich bewiesen oder abgewiesen werden.

(4) Somit lebt das ökumenische Einverständnis von der apriorischen Voraussetzung, dass die Einheit der Kirche eine Gabe ist, die den Christen von ihrem Herrn selbst übermittelt worden ist. Sie geht aller konfessionellen Differenzierung voraus. Das begründet eine Logik der Komplementarität, die damit rechnet, dass sich innerhalb der Christentumsgeschichte unterschiedliche Bezeugungsgestalten herausgebildet haben, die den Anspruch auf das wahre Erbe Jesu Christi aufrechterhalten, ohne es gegeneinander auszugrenzen.

8. Präsenz und Repräsentation. Zur Geschichtlichkeit der Selbstoffenbarung Gottes

Die Theologie des Zweiten Vatikanums geht von der Souveränität der Wirklichkeit und Wahrheit Gottes in Jesus Christus aus. Sie folgt damit dem biblischen Wahrheits- und Wirklichkeitsverständnis. Biblisch verstanden ist das christliche Wirklichkeitsverständnis als die Selbstüberlieferung Gottes durch Jesus Christus im Heiligen Geist geschichtlich vermittelt. „Die Geschichte Jesu, seine Person und sein Werk, besonders sein Tod und seine Auferstehung, werden im Heiligen Geist geschichtlich präsent und wirksam; durch ihn ist Jesus Christus und sein Werk bleibend in der Gemeinschaft der Glaubenden gegenwärtig."[1] Wahrheit und Wirklichkeit des erhöhten Christus werden in der Geschichte der Menschheit und in menschlicher Überlieferung immer wieder neu Gegenwart. Das Überlieferungsgeschehen selbst hat damit sakramentale Struktur. Geschichte fungiert als Zeichen und Werkzeug der Selbstüberlieferung Gottes. Das Grunddatum des christlichen Glaubens ist die Selbstoffenbarung Gottes als Geschehen. Das Zweite Vatikanum hat deshalb Offenbarung als Geschehen zur Sprache gebracht. „Dei Verbum" spricht ausdrücklich von „Offenbarungsgeschehen"[2]. Es ist „geschichtliches Ereignis, in dem geschieht, was offenbar wird, und auch nur, weil es geschieht, offenbar werden kann".[3] Das Selbstverständnis

---

[1] W. Kasper, Tradition als theologisches Erkenntnisprinzip, in: Dogmengeschichte und katholische Theologie, hrsg. von W. Löser / K. Lehmann / M. Lutz-Bachmann, Würzburg ²1988, 395.

[2] DV 2.

[3] T. Pröpper, Freiheit als philosophisches Prinzip der Dogmatik. Systematische Reflexionen im Anschluß an Walter Kaspers Konzeption der Dogmatik, in: Dogma und Glaube. Bausteine für eine theologische Erkenntnislehre, FS

der Theologie, die diesem Ansatz folgt, bewährt sich demzufolge an der Geschichte Jesu selbst.

Das heißt hermeneutisch betrachtet: Die Wahrheit des Glaubens ist an die Wirklichkeit der Geschichte Jesu gewiesen und muss diese explizieren. Die Explikation erfolgt unter den menschlicher Überlieferung gegebenen Vermittlungsgestalten. Das aber heißt: Diese Explikation erfolgt immer unter den Voraussetzungen der Unterscheidung des Bestimmungsgrundes für die Erkenntnis und des Verständnisses des Glaubens, in dem sich der Bestimmungsgrund artikuliert. Insoweit müssen Grund und Gehalt des Glaubens und seine Vermittlungsgestalten unterschieden werden. Hierbei tauchen zwei Grenzbestimmungen auf: Die alleinige Identifkation beider führt zu einem biblischen Fundamentalismus, die Trennung der beiden zu einem spiritualistischen Mystizismus. Jesu Christi Selbsterschließung im Heiligen Geist geschieht auf jeweils geschichtliche Weise. Dieses geschichtliche Verständnis hält die Spannung und führt nicht zu den genannten Verkürzungen. Andererseits gilt: „Aufgrund der Verheißung Christi können Wort Gottes und Kirche nie grundsätzlich und endgültig auseinanderfallen."[4] „Grundgehalt und Grundgestalt" sind zwar nicht deckungsgleich, verhalten sich aber auch nie nur asymptotisch zueinander. Das aber kann nur heißen: „Der Grundgehalt des Glaubens – Gott und seine Heilstat in Jesus Christus – hat eine Grundgestalt: das Zeugnis der Erstzeugen innerhalb der Gemeinschaft der Kirche."[5] Damit taucht die schwierige Frage auf: Bindet sich das

---

für Bischof Walter Kasper, hrsg. von E. Schockenhoff und P. Walter, Mainz 1993, 178.

[4] Bilaterale Arbeitsgruppe der Deutschen Bischofskonferenz und der Kirchenleitung der Vereinigten Evangelisch-Lutherischen Kirche Deutschlands, Kirchengemeinschaft in Wort und Sakrament, Paderborn–Hannover 1984, Nr. 13.

[5] Bilaterale Arbeitsgruppe der Deutschen Bischofskonferenz und der Kirchenleitung der Vereinigten Evangelisch-Lutherischen Kirche Deutschlands,

Wort Gottes in der Selbstüberlieferung Jesu Christi an eine bestimmte geschichtliche Gestalt, die dann auch verbindlich ist? Heißt das, dass es nur eine einzige Gestalt gibt? Entsprechen der verheißenen Untrüglichkeit im Glauben auch ganz bestimmte ekklesiale Strukturen, die dann unfehlbare Entscheidungen treffen können?[6]

Die Kirche ist in den Dienst der Bezeugung der Wahrheit gestellt. Sie ist Adressat der Offenbarung und zugleich Trägerin ihrer universalen Vermittlung.[7] Lebt die Kirche aus dem Wort Gottes, in dessen Dienst sie gestellt ist, erfüllt sie ihren Auftrag nur, indem sie selbst in der Wahrheit bleibt, die ihr verheißen ist. Wenn nunmehr klar ist, dass das Bezeugen der Wahrheit unter dem Wort Gottes ein „dynamisches Geschehen"[8] ist, ist darin eingeschlossen, dass es im Ringen um die Wahrheit immer auch Irrtum, Schismen, Abfall zur Häresie, aber letztlich eben auch eine legitime Pluralität von unterschiedlichen Entfaltungen der Tradition und der Theologie gibt. Hier öffnet sich der Blick auf die Interaktion der Bezeugungsinstanzen.[9]

8.1 Die Selbstüberlieferung Gottes im ekklesialen Kontext

„Die letzte Grundlage des christlichen Glaubens und der letzte Mittler des Glaubensverstehens ist die uns in Jesus Christus und ein für alle Male mitgeteilte Offenbarung: das Wort Gottes. Es ist in sich selber begründet und ruft zum Glauben auf. Insofern ist es in einem einzigartigen Sinn autoritativ. Alle weitere Vermittlung ist von hier abgeleitet; sie besitzt darum immer nur abgeleitete Au-

Communio Sanctorum. Die Kirche als Gemeinschaft der Heiligen, Frankfurt a.M.–Paderborn 2000, Nr. 41.

6 Kirchengemeinschaft in Wort und Sakrament, Nr. 13.

7 Communio Sanctorum, Nr. 44.

8 Ebd.

9 Das ist Thema in Communio Sanctorum, Nr. 40–73.

torität ..."[10] Im Lichte dieser fundamentalen theologischen Überzeugung, in der sich die Auffassung des Zweiten Vatikanischen Konzils widerspiegelt, lassen sich Fragen nach der Bezeugungsgestalt der Kirche erfassen und darlegen. Sie sind nicht unabhängig von diesen leitenden theologischen Voraussetzungen zu klären, weil sie nicht allein durch Recht und Disziplin bestimmt sind. „Für katholisches Verständnis haben das verbindliche Zeugnis und sein aktueller Vollzug einen unaufgebbaren Platz und eine unabdingbare Funktion im Mysterium der Kirche selber"[11]. Die Frage nach dem Lehramt ist demnach eingebunden in das vom Zweiten Vatikanum erneuerte theologisch-heilsgeschichtliche Konzept. Dieses wird entschieden geprägt durch die in der katholischen Theologie schon vor dem Zweiten Vatikanischen Konzil wirksamen Wiederentdeckung der Theologie des Wortes Gottes.[12] Dazu hat in erster Linie die Dogmatische Konstitution über die göttliche Offenbarung „Dei Verbum" beigetragen. Sie hat eine „Wiederentdeckung des Wortes Gottes" in erheblichem Maße gefördert[13]. Sie in ihrer systematischen Intention zu erfassen und für unsere Frage fruchtbar zu machen, ist deshalb Aufgabe der folgenden Darlegungen.

Für diese Sicht sprechen letztlich auch Transformationsprozesse innerhalb der katholischen Theologie des 20. Jahrhunderts. Zwei Perspektivenwechsel im Verständnis von Offenbarung und Kirche können namhaft gemacht werden:

---

[10] W. Beinert, Theologische Erkenntnislehre, in: Glaubenszugänge. Lehrbuch der katholischen Dogmatik, Bd. 1, hrsg. von W. Beinert, Paderborn u. a. 1995, 144f.

[11] H.-J. Urban, Verbindliches Lehren in der römisch-katholischen Lehre, in: Verbindliches Lehren der Kirche heute. Beiheft zur Ökumenischen Rundschau 33 (1978) 36.

[12] Vgl. dazu jetzt P.-W. Scheele, Wort des Lebens. Eine Theologie des Wortes, Würzburg 2007.

[13] Vgl. A. Buckenmaier, „Schrift und Tradition" seit dem Vatikanum II. Vorgeschichte und Rezeption (KKTS 62) Paderborn 1996, 497–504, bes. 501.

(1) Im Verständnis der Offenbarung vollzieht sich ein grundlegender Wandel: von einzelnen Offenbarungen und geoffenbarten Texten hin zur Offenbarung als Geschehen in Wort und Tat. Offenbarung wird nicht mehr nur verstanden als Information über Gott, sondern als Selbstmitteilung des dreifaltigen Gottes[14]. Entsprechend verändert sich auch das Verständnis von Tradition: Nicht mehr einzelne Traditionen sind primär im Blick, sondern Tradition als Selbstüberlieferung des Wortes Gottes in seiner Fleischwerdung und im Heiligen Geist, die sich Schrift und Kirche schafft[15]. Mit diesem Wechsel kündigt sich ein epochaler Einschnitt an: Er führt von einem doktrinalen und instruktionstheoretischen Verständnis zu einem theozentrisch-heilsgeschichtlichen Begriff von Offenbarung. Es ist Gott selbst, der sich in seinem dreifaltigen Wesen als Gott offenbart. Gott offenbart nicht etwas, sondern sich selbst. „Es gibt kein Heilsgeschehen außerhalb der Offenbarung"[16]. Das ganze Heilsgeschehen wird dem Begriff der Offenbarung unterstellt. Das Zweite Vatikanum gibt somit unter dem theologischen Hauptbegriff vom Wort Gottes als Selbstoffenbarung einer radikalen Theozentrik Ausdruck.

(2) Ebenso ergibt sich ein Perspektivenwechsel im Verständnis von Kirche. In der Ekklesiologie betont das Zweite Vatikanische Konzil gegenüber einer bisher einseitig betonten hierarchischen Verfassung der Kirche ihre Sakramentalität wie ihren Communio-Charakter. Neben den Gedanken von der Kirche als Zeichen und Werkzeug im Heilsgeschehen tritt die Idee von der in Christus gestifteten Gemeinschaft durch Teilhabe (Koinonia-Gedanke). Beides führt zu einer Unterscheidung, nicht aber zu

---

14 H.J. Pottmeyer, Bleiben in der Wahrheit. Verbindlichkeit des Glaubenszeugnisses der Kirche aus katholischer Sicht, in: Verbindliches Zeugnis II. Schriftauslegung – Lehramt – Rezeption, hrsg. von W. Pannenberg u. Th. Schneider (Dialog der Kirchen, Bd. 9) Freiburg i.Br.–Göttingen 1995, 143.

15 Ebd.

16 M. Seckler, Der Begriff der Offenbarung, in: Handbuch der Fundamentaltheologie, hrsg. von W. Kern u. a., Bd. 2, Freiburg–Basel–Wien 1985, 66.

einer Trennung von Christus und Kirche. Das „Bleiben der Kirche als ganzer in der Wahrheit ist Teil ihrer Sakramentalität“[17]. Die in Christus begründete sichtbare Gemeinschaft der Kirche führt zur Einsicht in die Teilhabe aller ihrer Glieder an der sakramentalen Zeichenhaftigkeit im Heilswerk Jesu Christi. Das Glaubenszeugnis aller ihrer Glieder ist mitkonstitutiv für das Bleiben der Kirche in der Wahrheit. Hier macht die Kirchenkonstitution „Lumen Gentium“ den Grundgedanken vom Volk-Gottes-Sein der Kirche geltend.

Nimmt man diese theologischen Transformationsprozesse zusammenfassend in den Blick, so ergibt sich insgesamt: Eine sakramental orientierte Communio-Ekklesiologie, wie sie das Zweite Vatikanische Konzil auf den Weg gebracht hat, führt neben einem erneuerten Offenbarungsverständnis zu einer neuen Sicht im Verhältnis von Offenbarung, Überlieferung, Schrift und Kirche. So kann hier als Grundthese formuliert werden: Offenbarung ist Selbstmitteilung Gottes des Vaters in Person und Werk des Sohnes in der Selbst-Übereignung durch den Heiligen Geist. In diesem Sinne ist Offenbarung die Selbstüberlieferung des Wortes Gottes zum Heil der Menschen. Diese geschieht zunächst in Gestalt des Erstzeugnisses der Apostel und der apostolischen Kirche, das in der Heiligen Schrift seinen Niederschlag gefunden hat. Sie geschieht sodann in der Überlieferung und in der Auslegung des apostolischen Zeugnisses durch die nachapostolische Kirche. In der Aneignung der Überlieferung und ihrer Weitergabe bezeugt die Kirche ihren Glauben an die Offenbarung Gottes. So vergegenwärtigt sie ihre Communio mit dem dreifaltigen Gott in der Gemeinschaft der Glaubenden untereinander und erweist sich somit als Zeichen und Werkzeug des Wortes Gottes. Als sakramentale Communio bezeugt die Kirche das Wirken und die Präsenz des Wortes Gottes[18]. Erst diese der neueren theologischen Erkenntnis-

---

[17] H.J. Pottmeyer, Bleiben in der Wahrheit, a. a. O., 144.
[18] A. a. O., 146ff.

lehre und der Ekklesiologie verpflichtete systematische Zusammenschau erlaubt auch eine angemessene Erfassung der Lehre von der Interaktion der Bezeugungsinstanzen.

Im Folgenden soll die hier dargelegte Grundthese in einzelnen Schritten kurz erläutert und kommentiert werden. Dabei ist besonders auf den inneren Funktionszusammenhang und auf das Zusammenwirken der einzelnen Teilthesen zu achten. Die nachfolgenden Ausführungen verstehen sich als Synthese der vom Zweiten Vatikanischen Konzil intendierten theologischen Erneuerung der kirchlichen Lehre.

8.2 Wort Gottes als Heilige Schrift und Überlieferung

In der Sicht des Zweiten Vatikanischen Konzils ist das in Christus geeinte Volk Gottes Ort der Offenbarung und der Heilswirklichkeit. Durch seine Offenbarung wollte Gott sich selbst und seinen Heilsratschluss dem Menschen zum Heile offenbaren: „Gott hat in seiner Güte und Weisheit beschlossen, sich selbst zu offenbaren und das Geheimnis seines Willens kundzutun ...: daß die Menschen durch Christus, das fleischgewordene Wort, im Heiligen Geist Zugang zum Vater haben und teilhaftig werden der göttlichen Natur“[19]. Es ist daher Aufgabe der ganzen Kirche, Trägerin und Verkündigerin der Offenbarungsbotschaft in der Geschichte zu sein. Die Weitergabe der göttlichen Offenbarung ist der ganzen Kirche zur Aufgabe gemacht. Prinzip aller theologischen Erkenntnis ist das Wort Gottes, wie es sich in der Geschichte selbst auslegt. Höchste Richtschnur des kirchlichen Glaubens ist die Heilige Schrift, an der sich jede christliche Verkündigung orientieren muss. Zusammen mit der Überlieferung bildet die Heilige Schrift das bleibende Fundament, auf dem Kirche und Theologie ruhen.

---

[19] DV 2.

Die Übermittlung des Wortes Gottes geschieht durch die Heilige Schrift und die Tradition. Beide sind „mit gleicher Liebe und Achtung“[20] anzunehmen und zu verehren. Das Zweite Vatikanum stellt sich damit in die Kontinuität der eigenen Lehrtradition, vor allem der des Trienter Konzils. Dabei wird klar, dass mit traditio nicht irgendwelche Traditionen neben der Heiligen Schrift gemeint sind, sondern der Vorgang der Selbst-Überlieferung des Wortes Gottes. Das Zweite Vatikanum lehnt die Rede von Schrift und Tradition als den zwei Quellen der Offenbarung ab und betont: „Die Heilige Überlieferung und die Heilige Schrift sind eng miteinander verbunden und haben aneinander Anteil. Demselben göttlichen Quell entspringend ... [bilden sie] ... den einen der Kirche überlassenen heiligen Schatz des Wortes Gottes.“[21] Zwar wird keine präzise Verhältnisbestimmung der beiden Größen gegeben, doch wird ihre spezifische Eigenart jeweils betont. Von der Schrift wird eine klassische Wesensdefinition gegeben: Die Heilige Schrift ist Gottes Rede; die Überlieferung dagegen gibt das Wort Gottes, d. h. gibt das Wort Gottes weiter, die Tradition wird also funktional beschrieben[22]. So kommt der Vorrang der Schrift deutlich zum Vorschein. Die Weitergabe der göttlichen Offenbarung bezieht sich also ganz auf die Heilige Schrift. Somit ist die Tradition klar an die Heilige Schrift gebunden. Freilich betont „Dei Verbum“ aber auch, „daß die Kirche ihre Gewißheit über alles Geoffenbarte nicht aus der Heiligen Schrift allein schöpft“[23]. Die Tradition fügt der Heiligen Schrift keine weiteren Inhalte zu, es ist aber ihre Funktion, die Botschaft der Schrift den Menschen zu Gehör zu bringen. Die Funktion der Tradition ist auf der Ebene der Vergewisserung zu sehen. Damit stellt die Funktionalität der Tradition die materiale

---

20 DV 9.

21 DV 9 und 10.

22 J. Ratzinger, Kommentar zu Dei Verbum, in: LThKVat, Bd. 2, 525.

23 DV 9.

Suffizienz der Schrift nicht infrage[24]. Die katholische Position lässt sich also folgendermaßen umschreiben: Das maßgebende Wort Gottes ist allein im Zeugnis der Heiligen Schrift gegeben, der Tradition kommt hierbei die Funktion des Vollzuges der Weitergabe des Evangeliums zu[25]. Freilich, eine traditionskritische Funktion der Heiligen Schrift lässt das Zweite Vatikanum nicht erkennen[26].

8.3 Das Volk Gottes als Träger der Glaubensüberlieferung

Das gemeinsame Volk-Gottes-Sein geht allen Unterscheidungen der Ämter, Dienste und Charismen voran[27]. Katholische Ekklesiologie unterscheidet nach der Lehre des Zweiten Vatikanischen Konzils daher nicht mehr zwischen aktiven und passiven Gliedern der Kirche; wohl aber bekennt sie sich zu dem Gedanken eines nach Diensten gegliederten Volkes Gottes[28]. Das gemeinsame Priestertum der Gläubigen unterscheidet sich demnach nicht dem Grade, sondern dem Wesen nach vom hierarchischen Priestertum[29]. Beide sind aufeinander bezogen; beide haben je

---

[24] J. Ratzinger, a. a. O., 526.

[25] Vgl. dazu Ökumenischer Arbeitskreis evangelischer und katholischer Theologen, Schriftverständnis und Schriftgebrauch. Abschließender Bericht, in: Verbindliches Zeugnis III. Schriftverständnis und Schriftgebrauch, a. a. O., 370.

[26] Vgl. A. Buckenmaier, a. a. O., 508.

[27] Die folgenden Ausführungen nehmen zwar Bezug auf den Begriff des Volkes Gottes, wollen aber nicht im Sinne einer eigenständigen Volk-Gottes-Ekklesiologie verstanden werden, sondern fügen sich in den Rahmen einer vom Zweiten Vatikanischen Konzil intendierten Communio-Ekklesiologie ein.

[28] Vgl. W. Kasper, Kirche als Communio. Überlegungen zur ekklesiologischen Leitidee des II. Vatikanischen Konzils, in: ders., Theologie und Kirche, Mainz 1987, 285.

[29] Vgl. LG 10, Bezug nehmend auf die hier vorliegende Unterscheidung, die nicht graduell zu verstehen ist.

auf ihre Weise teil am Priestertum Christi[30]. In der gleichen Weise gilt auch: Das ganze Volk Gottes nimmt auch teil am prophetischen Amt Christi. Das aber heißt: Das ganze Volk Gottes ist zum Zeugnis und Dienst berufen. Deshalb gilt: Die Gesamtheit der Gläubigen kann im Glauben nicht irren.[31]

Kann die Gesamtheit der Gläubigen im Glauben nicht irren, wird damit die Unfehlbarkeit der ganzen Kirche ausgesagt. Dies geschieht insofern, als die Gesamtheit der Gläubigen den ihr von Christus eingestifteten Glaubenssinn dann kundmacht, wenn sie ihre allgemeine Übereinstimmung in Sachen des Glaubens und der Sitten äußert. Das Zweite Vatikanum hat damit die Würde und Funktion des Volkes Gottes in der Verantwortung für das Evangelium neu herausgestellt. Das verbindliche Lehren der Kirche ist in die Gesamtverantwortung des Volkes Gottes eingebettet. Erst von dorther kann die spezifische Aufgabe und Funktion des kirchlichen Lehramtes dargelegt werden. Es ist sinnvoll, im Blick auf diese Tradition von einem gegliederten Lehramt zu sprechen[32]. Im Kontext dieser Unfehlbarkeit der Gesamtkirche ist dann erst die Unfehlbarkeit des Lehramtes zu verstehen und auszulegen.

Aus der vom Zweiten Vatikanum erneuerten Lehre vom gemeinsamen Priestertum aller Gläubigen folgt die Einsicht in die aktive Teilnahme und Mitverantwortung des ganzen Gottesvolkes am Leben der Kirche. Diese schließt ihren Anteil am kirchlichen Lehramt mit ein (auf dem Weg der Erteilung der missio canonica). So ist das durch Papst und Bischöfe ausgeübte Lehramt auch auf die Lehrmeinungen der Theologen angewiesen. Zum Verfahren der Definition einer Glaubenslehre gehört die Übung, eine vorherige Befragung des ganzen Volkes Gottes durchzuführen.

---

30 Vgl. LG 10.

31 LG 12.

32 Vgl. Ökumenischer Arbeitskreis evangelischer und katholischer Theologen, Schriftverständnis und Schriftgebrauch. Abschließender Bericht, in: a. a. O., 380.

Dieses ist auch auf die nachfolgende Rezeption der neu definierten Glaubenslehre angewiesen, die sie vonseiten der Glaubensgemeinschaft erfährt. In diesem Sinne kann man von einem auf den Dialog innerhalb des ganzen Volkes Gottes angewiesenen Lehramtes in der Kirche sprechen[33].

8.4 Wort Gottes und Lehramt

Die Verkündigung des Evangeliums zählt zu den vorrangigen Ämtern der Bischöfe. Sie sind authentische, von Christus beauftragte Lehrer (LG 25). Das Zweite Vatikanische Konzil hat den Dienst an der Verkündigung des Evangeliums zum Dreh- und Angelpunkt für die erneuerte kirchliche Auffassung vom Lehramt der Bischöfe gemacht.[34] Es ist daher die Aufgabe dieses von den Bischöfen ausgeübten Lehramtes, das geschriebene oder überlieferte Wort Gottes verbindlich zu erklären. Das Lehramt steht dabei nicht über dem Wort Gottes, sondern dient ihm. Es lehrt nur, was überliefert ist, weil es das Wort Gottes hört, bewahrt und treu auslegt.[35] So ergeben sich folgende Aufgaben des Lehramtes[36]: (a) Das kirchliche Lehramt ist verantwortlich für die Wahrung, Bezeugung und richtige Auslegung des durch die Schrift gegebenen und durch die Tradition weitergegebenen Inhalts des christlichen Glaubens innerhalb der Gemeinschaft der Kirche. (b) Dem Lehramt ist die Autorität gegeben, letztverbindlich und definitiv zu entscheiden, was Inhalt des Glaubens ist.

---

[33] Vgl. A. Dulles, Lehramt und Unfehlbarkeit, in: Handbuch der Fundamentaltheologie, Bd. 4, hrsg. von W. Kern u. a., Freiburg–Basel–Wien 1988, 169–185.

[34] Vgl. W. Thönissen, Dienst am Wort Gottes. Das Amt der Bischöfe nach dem Zweiten Vatikanischen Konzil, in: Das kirchliche Amt in der apostolischen Nachfolge II. Ursprünge und Wandlungen, hrsg. von D. Sattler und G. Wenz (Dialog der Kirchen, Bd. 13) Freiburg i.Br.–Göttingen 2006, 190–215.

[35] DV 10.

[36] Vgl. dazu W. Beinert, Theologische Erkenntnislehre, a. a. O., 146f.

(c) Letzter Bezugspunkt des Lehramtes ist immer das Wort Gottes, dem es untergeordnet ist. (d) Das Lehramt ist ein Dienst in der Kirche und an der Kirche. Es „soll das der ganzen Kirche anvertraute Evangelium vermitteln, den Glauben der Gesamtkirche repräsentativ artikulieren und vor Verfälschung bewahren"[37]. Daraus folgt wiederum: Heilige Schrift, Überlieferung und Lehramt sind miteinander verknüpft und bestehen nur zusammen. Sie bilden einen Funktionszusammenhang, der nicht auseinander gerissen werden darf.

Das Lehramt in der Kirche kommt den Bischöfen in Gemeinschaft mit dem Papst zu. Seine Autorität bezieht das Kollegium der Bischöfe gemeinsam mit dem Bischof von Rom aus der Sendung der Apostel. Das Kollegium der Bischöfe ist gemeinsam mit ihrem Haupt, niemals ohne dieses Haupt, Träger der höchsten und vollen Gewalt über die ganze Kirche.[38] Das Lehramt kann in ordentlicher Weise von den Bischöfen in Gemeinschaft mit dem Papst oder dem Papst alleine, in außerordentlicher Weise von einem ökumenischen Konzil oder vom Papst alleine mit höchster Lehrgewalt (ex cathedra) ausgeübt werden. Erläuternd ist hinzuzufügen: Die Unterscheidung waltet nicht zwischen dem Bischof von Rom einerseits und den Bischöfen zusammengenommen anderseits, sondern zwischen dem Bischof von Rom für sich und dem Bischof von Rom vereint mit den Bischöfen. Auch an dieser Stelle ist die Leitidee von der communio der Kirche leitend, wenngleich die Nota Explicativa Praevia, die Erläuternde Vorbemerkung zu „Lumen Gentium", ihr die hierarchische Bestimmung hinzugefügt hat.[39]

---

37 Ökumenischer Arbeitskreis evangelischer und katholischer Theologen, Schriftverständnis und Schriftgebrauch, a. a. O., 382.

38 LG 22.

39 Nota praevia explicativa Nr. 2 und 3.

8.5 Ursprung und Aufgabe der Theologie

Innerhalb der Heilsökonomie kommt der Theologie eine vom Lehramt unterschiedene, keineswegs aber von ihm getrennte Stellung und Aufgabe zu. Um zur Erkenntnis der Wahrheit zu gelangen, die Gott den Menschen geoffenbart hat, ist die Theologie zu allen Zeiten wichtig, um zu einem tieferen „Verständnis der überlieferten Dinge und Worte“[40] beizutragen. Sowohl das Lehramt wie die Theologie haben jeweils auf ihre Weise teil an der Wahrheit, die Gott selbst ist. Das Primärobjekt der Theologie ist die Wahrheit, nämlich der lebendige Gott und sein in Jesus Christus geoffenbarter Heilsplan. In dieser Sicht kann dargelegt werden, dass Theologie und Lehramt in Gemeinschaft auf das Wort Gottes bezogen sind. Man kann dies auch so formulieren: Lehramt und Theologie unterscheiden sich nicht dem Grade, sondern dem Wesen nach. Beide bleiben aber wesentlich aufeinander bezogen. Die Theologie ist damit keine Unterabteilung des Lehramtes, sondern dient auf eigenständige Weise der Erfassung der göttlichen Wahrheit[41].

Die Theologie ist in doppelter Weise auf den Glauben als ihrem Ursprung bezogen. Seiner Natur nach strebt nämlich der Glaube nach Erkenntnis der Wahrheit. Dabei ist der Glaube auf die Vernunft angewiesen, jenes Instrument, das der Erfassung der Wahrheit dient. Der Glaubende will das, was er glaubt, verstehen. Der Glaube selbst will verstehen. Die theologische Wissenschaft dient dem Volk Gottes, der ganzen Kirche, diesem Verständnis des Glaubens auf die Spur zu kommen, dem, der nach Hoffnung fragt, Rede und Antwort zu stehen (1 Petr 3,15). Die Theologie folgt dabei der Dynamik des Glaubens selbst: als Ver-

---

40 DV 8.

41 Vgl. zum Folgenden: Kongregation für die Glaubenslehre, Instruktion über die kirchliche Berufung des Theologen. 24. Mai 1990 (VApS 98) Nr. 6–12.

stehenwollen des Grundes des Glaubens, des Ergründens selbst (fides quae) und als Verstehen des Glaubens als genuiner Akt des Menschen, unmittelbar auf Gott selbst bezogen (fides qua). Die Theologie hat ihre Wurzeln folglich in dieser dem Volk Gottes eigenen Dynamik des Glaubens. Sie entspricht damit dem Antrieb der Wahrheit selbst, sich den Menschen mitzuteilen. Die Theologie ist damit keine Setzung des Lehramtes, sondern gehört konstitutiv und integrativ zum Leben der Kirche und ihrer Verfassung[42]. Die Theologie wird in den Glauben der Kirche eingewiesen, sie bleibt an ihn gebunden. Die Theologie ist Glaubenswissenschaft. Hierin liegt der Eigenwert der Theologie und ihre Eigenständigkeit[43].

Mit dieser Eigenständigkeit ist auch die Freiheit der theologischen Forschung verbunden. „Der Ort der theologischen Freiheit liegt im rationalen Diskurs innerhalb des Offenbarungsglaubens“[44]. Die Freiheit der Forschung ist eines der kostbarsten Güter, an denen die Gemeinschaft der Wissenschaftler festhält. Diese Freiheit bezieht sich auf die Auswahl der Methoden, der Unabhängigkeit des Urteils, die Sachbezogenheit, die Kraft zur systematischen Darstellung der Glaubenswahrheit, die Fähigkeit zum wissenschaftlichen Dialog, die Bereitschaft zur Korrektur. Die der Theologie eigene Freiheit gilt innerhalb der Grenzen als Glaubenswissenschaft. Die Theologie ist als Glaubenswissenschaft Wissenschaft und bedient sich wissenschaftlicher Methodik. Die Freiheit bezieht sich nicht auf das Objekt selbst. Die Wahrheit bietet sich

[42] M. Seckler, Der Dialog zwischen dem Lehramt und den Theologen. Zur „Instruktion über die kirchliche Berufung des Theologen“: Streitgespräch um Theologie und Lehramt. Die Instruktion über die kirchliche Berufung des Theologen in der Diskussion, hrsg. von P. Hünermann und D. Mieth, Frankfurt a.M. 1991, 235.

[43] Vgl. dazu M. Seckler, Theologie als Glaubenswissenschaft: Handbuch der Fundamentaltheologie, Bd. 4, hrsg. von W. Kern u. a., Freiburg–Basel–Wien 1988, 179–241.

[44] M. Seckler, a. a. O., 235.

selbst dar; es ist die Aufgabe der Theologie, dieser Selbstüberlieferung der Wahrheit zu folgen und ihren Sinn innerhalb der Gemeinschaft der Kirche zur Sprache zu verhelfen, sodass die Welt glaube.

8.6 Der Dialog zwischen Lehramt und Theologie

Theologie und Lehramt haben unterschiedliche Aufgaben, dienen aber demselben Ziel: Das Volk Gottes in der Wahrheit zu bewahren. Innerhalb der Gemeinschaft der Kirche stehen Theologie und Lehramt in gegenseitiger Beziehung[45]. Es ist die Aufgabe des Lehramtes, Verfälschungen des Glaubens zu markieren und zurückzuweisen. Es legt neue Vertiefungen, Verdeutlichungen und Anwendungen der geoffenbarten Lehre vor. Es ist dagegen die Aufgabe der Theologie, die Lehre der Offenbarung gegenüber den Ansprüchen der Vernunft zu klären und ihr eine systematische Form zu geben. Für die Wahrnehmung der verschiedenen Aufgaben stehen Theologie und Lehramt in gegenseitigem Dialog. Zwar verlangt das Lehramt Zustimmung mit theologalem Glauben, also Zustimmung des Willens und des Verstandes bei Unterweisungen des ordentlichen und universalen Lehramtes, aber diese Zustimmung muss sich in die Logik des Glaubensgehorsams einfügen. Diese Einfügung verlangt Gehorsam, doch kann nicht ausgeschlossen werden, dass hierbei Schwierigkeiten auftreten. So kann es vorkommen, dass Lehrdokumente nicht frei von Mängeln sind. Gerade der Blick auf die geschichtliche Entwicklung gestattet durchaus ein kritisches Urteil. Hier eröffnet sich Raum für eine kritische Sicht des Theo-

[45] Vgl. die „Instruktion über die kirchliche Berufung des Theologen“, Nr. 21–41. Vgl. außerdem K. Lehmann, Notwendigkeit und Grenzen des Dialogs zwischen Theologen und Lehramt, in: Verbindliches Zeugnis II. Schriftauslegung – Lehramt – Rezeption, a. a. O., 157–174.

logen auf die kirchliche Lehrentwicklung. So bleiben Spannungen nicht aus, und gerade in diesen zeigt sich, ob der Dialog des Lehramtes mit der Theologie wirklich gewollt ist. Die von der Glaubenskongregation herausgebrachte „Instruktion über die kirchliche Berufung des Theologen" sieht hier tatsächlich Spielraum, auch hier wird in der Intention des Zweiten Vatikanums eine Öffnungsklausel formuliert. Die Probe darauf ist der Fall des Dissenses zwischen Lehramt und Theologie.

Gerade in der Frage des Dissenses zwischen Lehramt und Theologie ist eine klare Option nötig. Ist Dissens gegenüber dem Lehramt legitim oder wird er von vornherein ausgeschlossen? Man muss deutlich sehen, dass das Lehramt die Legitimität eines auf Veränderung der Kirche drängenden Dissenses nicht dulden kann. Die „Instruktion über die kirchliche Berufung des Theologen" spricht hier klar und deutlich und weist den auf innerkirchliche Oppositionsbewegungen zurückgehenden Willen zurück[46]. Das könnte darauf schließen lassen, dass unterschiedliche Standpunkte in einzelnen Fragen illegitim seien. Sieht man aber genauer hin, so wird nicht jeder Dissens abgewiesen. Es gibt gute Gründe für unterschiedliche Standpunkte. Die müssen dargelegt werden, und insoweit ist ein theologischer Pluralismus berechtigt. Pluralität ist Ausdruck des Glaubens, Pluralität freilich im Bezug zur Einheit, d. h. zur Wahrheit der Offenbarung in Christus. Jede Pluralität der Theologie hat ihre Grenze in der Einheit der Kirche zur Wahrheit Jesu Christi. Innerhalb der Wahrung der Einheit ist das dem Theologen kritische Urteils- und Unterscheidungsvermögen zueigen. Innerhalb dieser Grenzen ist der Dialog zwischen Lehramt und Theologie möglich und sinnvoll, ja ist der Dialog auch gewollt.

---

[46] Nr. 32.

8.7 Die Interaktion der Bezeugungsinstanzen

Diese Darlegungen haben insgesamt das Bild eines differenzierten Umgangs mit dem Begriff „Lehramt" ergeben und so einen spezifischen Einblick in die Lehre von der Interaktion der Bezeugungsinstanzen geliefert. Unter Lehramt kann man danach die mit besonderer öffentlicher Verantwortung betrauten Verkünder, die Gemeinschaft der Bischöfe und den Inhaber des Petrusdienstes, den Bischof von Rom, sowie in partizipativer Weise alle Priester und die mit der Missio canonica beauftragten hauptamtlich in der Kirche tätigen Laien verstehen. Das Lehramt kann Lehrentscheidungen treffen, die in der Kirche Verbindlichkeit beanspruchen. Unter „Verbindlicher Lehre" ist die interpretierende Weitergabe des Wortes Gottes zu verstehen, welche Inhalte des Evangeliums in Form der Lehre zusammenfasst mit dem Ziel einer Rezeption durch die kirchliche Gemeinschaft. Verbindliches kirchliches Lehren ist eingebunden in den Überlieferungsvorgang des einen Wortes Gottes. „Verbindliche kirchliche Lehre ist also immer der Versuch, das Wort Gottes in der Heiligen Schrift in einer bestimmten Zeit der Kirche authentisch zu Gehör zu bringen, auszulegen und vor Verfälschung zu bewahren"[47].

In Bezug darauf wird ein differenziertes Bild katholischer Theologie deutlich. Die Theologie ist nicht die „ancilla" des Lehramtes. Das Lehramt kann nicht auf die Theologie verzichten. Die Theologie hat ihren Eigenwert und ihre Eigenständigkeit. Sie ist als Glaubenswissenschaft plural und dialogfähig, sie setzt auf ihre Freiheit in Forschung und Lehre. Das geschieht in Spannung zum Lehramt, in Spannung überhaupt zur Kirche als Ganzer. Es kommt bei der hier vorgetragenen Beurteilung darauf an, den Gesamtzusammenhang zu wahren und zu reflektieren. Die neuere

---

[47] Ökumenischer Arbeitskreis evangelischer und katholischer Theologen, Schriftverständnis und Schriftgebrauch. Abschließender Bericht, in: a. a. O., 386. Vgl. insbesondere 385f.

katholische Theologie spricht hier von der Interaktion der Bezeugungsinstanzen[48]. Die Bezeugungsinstanzen des Glaubens dürfen nicht isoliert voneinander gesehen werden. Sie sind Instanzen der einen Kirche, deren Aufgabe es ist, das Wort Gottes authentisch zu verkünden und getreu auszulegen. Drei wichtige ekklesiologische Aspekte lassen sich hier unterscheiden: (1) Wesentlich zur Kirche gehört, die Wahrheit Gottes, Gottes Wort in Jesus Christus zu empfangen, zu bezeugen, zu vermitteln. Die Kirche ist im Heilswerk Jesu Christi Zeichen und Instrument für die Gemeinschaft mit Gott. (2) Die Rede von der Sakramentalität der Kirche will die Unterschiedenheit von Christus und der Kirche, aber auch ihre wesenhafte und grundlegende, substanzielle Übereinstimmung zum Ausdruck bringen. (3) Das Bezeugen der Wahrheit in der Kirche als ganzer ist Aufgabe verschiedener Erkenntnis- und Bezeugungsinstanzen. Die katholische Theologie formuliert innerhalb des Rahmens einer kommunionalen Ekklesiologie die Interaktion verschiedener Bezeugungsinstanzen mit unterschiedlichen Aufgaben. Keine einzige Instanz besitzt ein Monopol gegenüber der anderen. Freilich darf an dieser Stelle die für die katholische Kirche insgesamt geltende Maßgabe nicht übersehen werden. Die Kirche steht als Ganze im Dienst an der Bezeugung der Wahrheit. „Sie ist folglich Adressat der Offenbarung und gleichzeitig Trägerin ihrer universalen Vermittlung.“[49] In dieser Aufgabe wirken die verschiedenen Bezeugungsinstanzen geschichtlich zusammen.

---

[48] Vgl. W. Beinert, a. a. O., 182–187.

[49] Communio Sanctorum, Nr. 44.

8.8 Das Ursprüngliche muss in seiner Selbigkeit gegenwärtig bleiben!

Offenbarung ist die in Christus ihren Höhepunkt und ihre Vollendung findende Selbstmitteilung Gottes in der Geschichte. Offenbarung als Selbstmitteilung Gottes umfasst daher immer mehrere unterscheidbare Momente im geschichtlich verstandenen Überlieferungsgeschehen. Das Entscheidende an diesem Verständnis des Geschichtlichen ist zunächst ihr Charakter als Geschehen.[50] Die Selbstoffenbarung Gottes ereignet sich in Jesus Christus als raumzeitliches und sich zeitigendes Geschehen.[51] Damit sind zwei Grundmomente angesprochen: das Geschehen als Ereignis und das Ereignis im geschichtlichen Zusammenhang. Geschichte ist somit immer beides, Ereignis und Kontinuität. Ereignis meint das Hier und Jetzt des Geschehens, gebunden an Raum und Zeit. Heil ereignet sich im einzelnen Ereignis, ist jetzt da. Aber das einzelne Ereignis kann nicht isoliert betrachtet werden, es ist kein bloßes und nacktes Faktum, sondern erschließt sich reflexiv und objektiv im Gesamtzusammenhang des geschichtlichen Handelns Gottes, das die Überlieferungsgeschichte einschließt. Zwischen Ereignis und Kontinuität eingespannt erschließt sich das Offenbarungsgeschehen selbst als Heilsgeschichte.

Blickt man von diesem hermeneutischen Gefüge her auf den Vorgang des geschichtlichen Verstehens, so ergeben sich weitere, entscheidende Aspekte im Verständnis der Geschichtlichkeit des Glaubenszeugnisses. (1) Der christliche Glaube ist zurückgebunden an das Einmalige eines vergangenen Ereignisses, an Leben, Tod und Auferstehung Jesu Christi. Das „Et incarnatus est“ ist wörtlich

---

50 Vgl. H. Hoping, Die Lehraussagen des Konzils zur Selbstoffenbarung Gottes und zu seinem Handeln in der Geschichte, in: HThKVat, Bd. 5, 107–119.

51 Vgl. dazu J. Ratzinger, Das Problem der Dogmengeschichte in der Sicht der katholischen Theologie (Arbeitsgemeinschaft für Forschung des Landes Nordrhein-Westfalen, Heft 139) Köln–Opladen 1966, 15–21; vgl. zur Überschrift dieses Kapitels a. a. O., 37f.

zu nehmen: Der Sohn Gottes ist Mensch geworden, hat Fleisch angenommen in Raum und Zeit. Die Geschichte der Menschwerdung ist ein Factum historicum, unverwechselbar, uneinholbar und unaustauschbar einmalig. Aber Christus ist nicht eine bloße Gestalt der Vergangenheit, er ist nicht nur der Jesus der Evangelien, sondern wirksame Macht der Gegenwart, deshalb Jesus der Christus. Das Ursprungsgeschehen eröffnet sich in den Prozess der Überlieferung hinein. (2) Als der Auferstandene ist Christus der Lebendige, der Gegenwärtige, aber er ist es nicht mehr in der Weise des Einmal-Da-Gewesenen, sondern er ist präsent als der Gegenwärtige im Wege der Repräsentation. Der Einmalige und Ursprüngliche ist sakramental und symbolisch gegenwärtig unter den Zeichen von Brot und Wein in der Feier des Herrenmahles. Seine Selbst-Explikation erfolgt in der Explikation des in der Heiligen Schrift bezeugten Geschehens. (3) Schließlich erweist sich der geschichtlich Bezeugte als der in der Geschichte selbe und einzige Christus. Der historische Jesus ist der wirkliche Jesus im eigentlichen Sinn des Wortes: Jesus ist der Christus. Der Ursprüngliche ist derselbe in Geschichte und Gegenwart. Der Rückgriff des Glaubens auf die Geschichte des Zeugnisses greift nicht auf das Historische allein, sondern auf das Historische in lebendiger Vergegenwärtigung zurück. Die in der Geschichte erfolgte Vermittlung des Glaubens greift nicht willkürlich auf das historische Faktum zurück, sondern ergreift im historischen Faktum den lebendigen und gegenwärtigen Christus, ihn selbst und niemanden sonst.

8.9 Plädoyer für eine Hermeneutik der Reform

Die Erkenntnis des geschichtlich bezeugten Heilsgeschehens eröffnet eine neue Einsicht in die Eigenart der Überlieferungsgeschichte. In der Geschichte des christlichen Glaubens geht es darum, dass das Ursprüngliche in seiner Selbigkeit präsent bleiben muss. Die Identität des Ursprünglichen zu wahren, geht geschichtlich nur auf die Weise des Gegenwärtigwerdens und -seins. „Das Entscheidende ist vielmehr, dass der Glaubende durch das Wort der Botschaft hindurch mit der Wirklichkeit Gottes in Beziehung gesetzt wird, also die Begegnung mit Gott, nicht eine Summe von Erkenntnissen. Wenn es aber so ist, kann Offenbarung nicht einfach mit einer Anzahl von Sätzen identifiziert werden; die Worte haben vielmehr nur vermittelnden Charakter auf den Vollzug der Begegnung hin, aus der sie selbst hervorgekommen sind und in die sie wieder hineinführen wollen."[52] Die Identität des Ursprünglichen zeigt sich in der Gestalt des Gegenwärtigen. Der Grund des Glaubens wird in seinem gegenwärtigen Gestaltwerden offenbar. Die Identität des Ursprünglichen ist daher nicht das Immergleiche in immergleicher Gestalt, sondern dasselbe in der Gestalt seines Gegenwärtigseins. Das schließt allerdings, wie es das Ökumenismusdekret treffend zusammengefasst hat, die „Erneuerung und Reform der Kirche" immer ein (UR 6). Die Erneuerung dient dabei dem Versuch, dem Ursprünglichen immer neu Geltung zu verschaffen.[53]

Hermeneutisch betrachtet führen diese Einsichten zur Erkenntnis: Der These von der Geschichtlichkeit des Glaubenszeugnisses wird erst eine „Hermeneutik der Reform"[54] gerecht. Sie hat mehrere Aufgaben zu leisten. (1) Sie hat das Zeugnis des Glaubens innerhalb der Überlieferungsgeschichte immer wieder neu an die Wahrheit der Selbsterschließung des dreieinen Gottes zu binden. Die Explikation des Glaubenszeugnisses erfolgt im Kontext des bestimmenden Grundes der Offenbarungsgeschichte. Insoweit ist die Kir-

---

[52] J. Ratzinger, Das Problem der Dogmengeschichte in der Sicht der katholischen Theologie, a. a. O. 39.

[53] Ebd. 45.

[54] Vgl. hierzu die Ausführungen Benedikts XVI., welche eine bemerkenswerte Synthese zur Hermeneutik enthalten, in: Ansprache von Papst Benedikt XVI. an das Kardinalskollegium und die Mitglieder der Römischen Kurie beim Weihnachtsempfang. 22. Dezember 2005 (VApS 172) 10–20, hier 11, 12, 16, 20.

che immer in der Wahrheit gehalten. Für dieses Gehaltensein in der Wahrheit ist unter geschichtlichem Vorzeichen die Verbindung von Treue und Dynamik charakteristisch. (2) In diese Hermeneutik der Reform gehört der Umgang mit den verschiedenen Bezeugungsgestalten innerhalb der kirchlichen Überlieferungsgeschichte. Dies bedeutet die Einbindung einer legitimen theologischen Pluralität in die Bezeugungsgestalt der Kirche. (3) Eine Hermeneutik der Reform hat schließlich das Zusammenspiel von Diskontinuität und Kontinuität zu leisten. Weder eine Hermeneutik der Diskontinuität noch eine der Kontinuität allein wird dem Anliegen des Glaubens nachkommen können, das Ursprüngliche in seiner Selbigkeit gegenwärtig sein zu lassen. Hierfür ist das Beispiel der Religionsfreiheit wegweisend.[55] Um die Freiheit des Glaubenszeugnisses zu wahren, ist es heute unerlässlich, Religionsfreiheit als Notwendigkeit für das menschliche Zusammenleben zu betrachten. Das Dekret über die Religionsfreiheit des Zweiten Vatikanischen Konzils hat dabei das Erbe der Kirche im Blick auf die Freiheit des Glaubens zur Geltung gebracht, freilich indem es die jüngere Tradition der Kirche über die Anbindung des Staates an die Freiheit der katholischen Kirche unter Unterdrückung jeglicher anderer Freiheitsrechte nicht mehr weiter verfolgte. Hier wurden einige in der Vergangenheit gefällte Entscheidungen neu überdacht und korrigiert, um das ganze Erbe der Kirche zu wahren. Eine Hermeneutik der Reform sieht im Prozess der geschichtlichen Erneuerung die Notwendigkeit, um der Kontinuität des Erbes der Kirche willen bisweilen Brüche und Diskontinuitäten in der kirchlichen Überlieferungsgeschichte in Kauf nehmen zu müssen. Dies geht nie ohne Spannungen und Widersprüche; diese sind oftmals auch Ausdruck geschichtlicher Selbstverständigungen in der Gesellschaft. Freilich ist diese für das Überleben der Menschheit notwendige Freiheit immer auch Ausdruck für die Wahrheit des Evangeliums.

---

55 A. a. O., 17.

9. Grundwahrheit und Differenz
Zur Logik differenzierter Konsensbildungen

Nach dem bisher offensichtlich ausbleibenden durchschlagenden ökumenischen Erfolg wird heute viel über einen Paradigmenwechsel in der ökumenischen Bewegung nachgedacht.[1] Als probates Mittel wird die Abkehr von der sogenannten Konsensökumene empfohlen.[2] Die Differenzen zwischen den verschiedenen konfessionellen Traditionen treten immer stärker in den Vordergrund. Damit ist die Abwendung von der einstmals in der ökumenischen Bewegung beschworenen Suche nach der sichtbaren Einheit der Kirchen längst im Gang. Von dort aus betrachtet erscheint es notwendig, sich abschließend die Frage zu stellen, was der ökumenische Dialog und die ökumenische Bewegung insgesamt an Ergebnissen, nicht nur theologischer Art, erbracht haben.

Der Erfolg der ökumenischen Bewegung lässt sich nicht allein am Maß eines durch das ökumenische Gespräch hergestellten Konsenses zwischen den verschiedenen konfessionellen Traditionen ablesen, sondern dürfte auch, worüber Verständigung erzielt werden müsste, noch auf einer ganz anderen Ebene liegen. Die Bedeutung des ökumenischen Dialogs liegt auch im kulturellen Bereich auf der Hand. Christen haben im mühsamen Dialog die Fähigkeit erlernt, mit unterschiedlichen, geschichtlich gewachsenen Traditionen, welche die Menschen über Jahrhunderte hinweg nicht nur religiös, sondern auch sozial, kulturell und politisch be-

---

[1] K. Raiser, Ökumene im Übergang. Paradigmenwechsel in der ökumenischen Bewegung?, München 1989.

[2] Vgl. hierzu Grundkonsens – Grunddifferenz. Studie des Straßburger Instituts für Ökumenische Forschung. Ergebnisse und Dokumente, eingeleitet und hrsg. von A. Birmelé und H. Meyer, Frankfurt a.M.–Paderborn 1992.

stimmt haben, in methodisch geklärter Weise umzugehen, zwischen ihnen zu differenzieren und zu vermitteln, die eine auf die andere zu beziehen, also Traditionen komplementär zu verstehen. Das alles sind Früchte des ökumenischen Dialogs.

Es dürfte darüber hinaus auch nicht der geringste Beitrag des Zweiten Vatikanischen Konzils gewesen sein, die Wende von der Abgrenzung zum Dialog mit der Welt, zum Dialog mit den Religionen und zum ökumenischen Dialog unter den christlichen Konfessionen auf breiter Front eingeleitet zu haben. Der Dialog wird nicht um seiner selbst willen geführt, sondern ist Ausdruck der inneren Wahrheit des christlichen Glaubens.[3] Der Glaube bedarf der Kommunikation durch den Dialog. Wie kein anderer hat Papst Paul VI. auf diesen Zusammenhang zwischen Evangelium und Dialog hingewiesen.[4] Er hat damit das Programm des Zweiten Vatikanischen Konzils auf den Punkt gebracht. Das Zweite Vatikanische Konzil hat viel zu einer Erneuerung in Theologie und im Leben der Kirche beigetragen. Das Konzil hat insgesamt die missionarische Ausrichtung der Kirche, ihre Dialogfähigkeit und ihre pastorale Kompetenz neu zur Geltung gebracht. Im Blick auf die ökumenische Bewegung ist es dem Konzil schließlich gelungen, die Jahrhunderte dauernde Abgrenzung unter den Christen zugunsten einer Profilierung des gemeinsamen christlichen Erbes

---

[3] Vgl. hierzu das Ökumenismusdekret: „Die Art und Weise der Formulierung des katholischen Glaubens darf keinerlei Hindernis bilden für den Dialog mit den Brüdern. Die gesamte Lehre muß klar vorgelegt werden. Nichts ist dem ökumenischen Geist so fern wie jener falsche Irenismus, durch den die Reinheit der katholischen Lehre Schaden leidet und ihr ursprünglicher und sicherer Sinn verdunkelt wird. Zugleich muß aber der katholische Glaube tiefer und richtiger ausgedrückt werden auf eine Weise und in einer Sprache, die auch von den getrennten Brüdern wirklich verstanden werden kann. Darüber hinaus müssen beim ökumenischen Dialog die katholischen Theologen, wenn sie in Treue zur Lehre der Kirche in gemeinsamer Forschungsarbeit mit den getrennten Brüdern die göttlichen Geheimnisse zu ergründen suchen, mit Wahrheitsliebe, mit Liebe und Demut vorgehen" (UR 11).

[4] Vgl. seine Enzyklika „Ecclesiam suam" von 1964.

zu überwinden. Von dorther betrachtet ist es sinnvoll und notwendig, auf diese dem ökumenischen Dialog eigene Bedeutung hinzuweisen. Dies geschieht in der Absicht und zu dem Zweck, diesen Prozess selbst unter den Voraussetzungen und Bedingungen nochmals zu lesen, die hier im Einzelnen schon vorgestellt wurden. Der auf begleitende Rezeption setzende Verstehensprozess ist nichts anderes als Aufgabe einer ökumenischen Hermeneutik.

9.1 Der Weg des ökumenischen Dialogs

Der ökumenische Dialog hat im 20. Jahrhundert bereits einen beträchtlichen Weg zurückgelegt. Das ist so zu verstehen: Der Dialog ist selbst nicht nur eine Realität in den Beziehungen der Kirchen und Gemeinschaften untereinander, er hat in seiner Ausformung und Gestaltwerdung historisch bereits Veränderungen erlebt und durchgemacht. Dabei sind auch charakteristische Eigenheiten aufgetreten, die Auskunft über den Mechanismus und die Wirkweise des Dialogs geben. Wir sind bei unseren Überlegungen schon von einer reiferen Gestalt des Dialogs und seiner Methodik ausgegangen, die wir mit dem Begriff des differenzierten Konsenses beschrieben haben. Blickt man auf den Gang des ökumenischen Dialogs zurück, so lassen sich einige markante Etappen herausschälen. (1) Der ökumenische Dialog ist von Christen in den Zwanziger- und Dreißigerjahren des zwanzigsten Jahrhunderts in dem Bewusstsein begonnen worden, die christlichen Kirchen und Gemeinschaften auf der Welt durch Gespräche über theologische Themen zur Umkehr und Erneuerung aufzurufen, und zwar im Geiste der Verständigung und des Dialogs. Der ökumenische Dialog beginnt daher mit dem Ruf zur Buße und dem Aufruf zum Schuldeingeständnis. Kern dieser ersten Phase ist die Reinigung des Gedächtnisses von den verhängnisvollen Taten der gegenseitigen Verurteilungen, Verdammungen und Exkommunikationen, die es in der Geschichte der Kirchen häufig genug gegeben hat. (2) Der ökumenische Dialog richtet zunächst seine Aufmerksamkeit auf die schwierigen Fragen der überkommenen theologischen Differenzen, die meist zur Begründung für die verschiedenen Wege, die Christen in der Geschichte eingeschlagen haben, herhalten mussten. Dabei hat der Dialog seine Aufmerksamkeit auf das Muster der gegenseitigen Abgrenzung gerichtet, die nicht selten die Gestalt der Traditionsbildung und das äußere Verhalten der Christen untereinander beherrschte. (3) Angeregt durch den Willen zur Umkehr und Erneuerung, geprägt durch vielfältige Formen gegenseitiger Abgrenzungen, die auch politisch, sozial und gesellschaftlich wirkten, suchen Christen das Maß an Gemeinsamkeit wiederzuentdecken, das ihnen als gemeinsames Erbe überkommen ist, dessen konkrete Gestalt freilich dieses Erbe als Ganzes nicht mehr erkennen ließ. Erst eine neue Gewichtung der Lehren im Sinne einer Hierarchie der Wahrheiten lässt Christen gemeinsam die göttlichen Geheimnisse ergründen. (4) Bei der gemeinsamen Wiederaneignung des überkommenen Erbes tritt die Grundwahrheit des christlichen Glaubens immer stärker hervor: Jesus Christus ist Mitte, Norm und Maß des christlichen Lebens. Von diesem christlichen Universalismus geleitet, gelingt es Christen in, mit und durch den Dialog, die verschiedenen Lehren und unterschiedlichen Traditionen wieder aufeinander zu beziehen. (5) So entpuppt sich der ökumenische Dialog als Mittel und Werkzeug auf dem Weg der Suche nach der Einheit der Christen. Dabei ist diese Einheit keine bloße Idee oder bereits Gestalt gewordenes Ideal zwischenkirchlicher Vereinbarungen, sondern die unabdingbare Voraussetzung und das Prinzip ihres eigenen Handelns. Auf dem historisch zu beschreitenden Weg ist daher die Suche nach einem Konsens in der Lehre, im Glauben und im Leben der Christen nicht frei von inneren Spannungen und Widersprüchen. Die Überwindung der konfessionell bedingten Trennungen und der konfessionalistischen Verengungen und Abgrenzungen vergangener Jahrhunderte ist ein langwieriger und schwieriger Prozess, der nicht mit Verhandlungen und Verabredungen zu erledigen ist. Er ist deshalb auf Buße und Umkehr, konkrete Zeichen, wie des öffentlichen Schuldbekenntnisses, angewiesen. Was mit dem differenzierten Konsens gemeint sein könnte, lässt sich daher am besten als eine ausführliche und detailgetreue Wegbeschreibung erläutern, die Christen hilft, den Weg von der gegenseitigen Ausgrenzung zu einer überzeugenden gemeinsamen Gestalt ihres Glaubens zu gehen. Um dies genauer darlegen zu können, müssen wir uns noch einmal des eingeschlagenen Weges versichern.

9.2 Die Überwindung der konfessionellen Abgrenzung

Die Herausbildung konfessionell unterschiedener Kirchen gehörte zu den Hauptvorgängen des Zeitalters der Reformation. Als Grund für das Auseinanderbrechen der Einheit der Kirche im Abendland gelten gemeinhin die Differenzen in der Lehre. In einem langen Prozess von über 100 Jahren, in Form und Gestalt je verschieden in den Ländern, in denen die Reformation Fuß gefasst hatte, vollzog sich die Konfessionsbildung. Dieser Prozess betraf aber nicht nur kirchliche, sondern ebenso politische, gesellschaftliche und kulturelle Lebensbereiche gleichermaßen. Die Konfessionalisierung führte zur geistigen und organisatorischen Verfestigung auseinander strebender christlicher Bekenntnisse und zu in Dogma, Verfassung und religiös-sittlicher Lebensform stabilen Kirchentümern, aufgrund der Augsburger Regel je bezogen auf ein bestimmtes Territorium. Gestalt und Auftreten der Konfessionen wurden weithin durch das Gegeneinander in Glaube, Lehre und Leben der Kirchen bestimmt. Art und Ausmaß, in denen die weltliche Obrigkeit die religiösen Verhältnisse beeinflusste, waren je nach Konfession verschieden.[5]

---

[5] Vgl. E.W. Zeeden, Die Entstehung der Konfessionen. Grundlagen und For-

Dieser Prozess der Konfessionsbildung bestimmte die Gestalt und das Auftreten der Konfessionen seit der Zeit der Reformation.[6] Ihr Wesensmerkmal ist der Gegensatz, die Abgrenzung. Widerspruch gegen die von der anderen Seite behauptete Auffassung gehört zur eigenen Identität hinzu. Die eigene Kirche ist die wahre, die andere ist überhaupt gar nicht Kirche oder aber die falsche. Papst Leo XIII. hatte in seiner Enzyklika „Satis cognitum" von 1896 auf diesen existenten Selbstbehauptungswillen hingewiesen: „Die Kirche Christi ist also eine einzige und fortwährende: Alle, die gesondert gehen, irren vom Willen und von der Vorschrift Christi, des Herrn, ab, verlassen den Weg des Heiles und gehen dem Untergang entgegen."[7] Die Verurteilung und Verwerfung dessen, was nicht zur eigenen Konfession gehört, gehört zum Selbstverständnis der eigenen Konfession hinzu. Melanchthon spricht in der „Apologie der Konfession" im Zusammenhang von Artikel 7 der Confessio Augustana von der „rechten Kirche" in der Definition „unserer Confession".[8] Auch Calvin hat auf diese Unterscheidung von wahrer und falscher Kirche aufmerksam gemacht. In seiner „Institutio Christianae Religionis" beschreibt er das Kennzeichen, mit dem die Kirche steht und fällt: es ist allein das Wort Gottes. Wo dieses nicht in Erscheinung tritt, da ist auch keine Kirche. „Denn wer würde es wagen, denen den Titel Kirche zu entreißen, denen Gott die Predigt seines Wortes und die Beobachtung seiner Sakramente in Bewahrung gegeben hat?"[9] Trotz aller Unterscheidung wollte

---

men der Konfessionsbildung im Zeitalter der Glaubenskämpfe, München-Wien 1965; H.R. Schmidt, Konfessionalisierung im 16. Jahrhundert (Enzyklopädie Deutscher Geschichte, Bd. 12) München 1992.

[6] Vgl. H. Klueting, Das konfessionelle Zeitalter. Europa zwischen Mittelalter und Moderne, Darmstadt 2007, 175–347.

[7] DH 3304.

[8] BSLK 241.

[9] IV, 2,7 (Unterricht in der christlichen Religion, übersetzt und bearbeitet von O. Weber, Neukirchen-Vluyn 1955, 710). „Obgleich wir also den Papisten den

auch Calvin Spuren der Kirche in der Zerrüttung sehen. Damit die Kirche nicht ganz und gar unterginge, hat Gott Zeichen gestiftet, an denen wahre Kirche erkannt werden kann, auch unter den Bedingungen der Zerrüttung. Wo immer einzelne Merkzeichen der Kirche bestehen, da zeigen sich Spuren der Kirche.[10]

Ohne hier noch weiter in die Tiefe des Problems eindringen zu wollen, ist klar: Die notwendigerweise auch sozialpolitisch und gesellschaftlich erfolgte Konfessionsbildung nach der Reformation führte zu einem konfessionsgebundenen Christentum. Kirche definierte sich danach als Bekenntnisgemeinschaft. Auch da, wo das Verständnis von Konfession im Sinne des Bekenntnisses nicht ausgebildet wurde, wie in der katholischen Kirche, zeigen sich Elemente des Konfessorischen. Hier gehen Identifikationen des kirchlichen Bekenntnisses so in das Leben des Einzelnen über, dass sie von diesem nicht ohne Verlust der Identität getrennt werden können.

9.3 Christliche Existenz im Zeitalter des ökumenischen Dialogs

Im Zeitalter der ökumenischen Bewegung, mit dem beginnenden 20. Jahrhundert, geraten – zunächst durch die Bemühungen einzelner führender Persönlichkeiten veranlasst und vorbereitet – auch die Kirchen miteinander ins Gespräch, die sich selbst als konfessionell gebunden verstehen.[11] Der Ökumenische Rat der Kirchen geht gerade aus einer solchen konfessionell gebundenen

Namen Kirche nicht rundweg zugestehen wollen, so leugnen wir deshalb doch nicht, dass es bei ihnen Kirche gibt, sondern wir streiten mit ihnen allein über die wahre und rechtmäßige Gestaltung der Kirche, die sich einerseits in der Gemeinschaft an den Sakramenten findet, die die Zeichen des Bekenntnisses sind, andererseits aber vor allem in der Gemeinschaft der Lehre."

[10] IV, 2,12 (a. a. O., 713).

[11] Vgl. J. Ernesti, Ökumene im Dritten Reich (KKTS 77) Paderborn 2007, mit

Ökumene hervor, wie die Geschichte der Kommission für „Glauben und Kirchenverfassung" zeigt. Auch der Eintritt der römisch-katholischen Kirche nach dem Zweiten Vatikanischen Konzil verdankt sich im Wesentlichen der Einsicht, dass es die Kirchen sind, nicht Einzelne oder Gruppen, die den ökumenischen Dialog führen. Der weltweit bilateral geführte Dialog ist hierfür der entscheidende Hinweis. Es ist daher eine stetige Entwicklung von einer Bewegung zu einer institutionalisierten Form des Dialoges zu beobachten, die den ÖRK bis heute geprägt, ihn aber auch in eine tiefe Krise gestürzt hat.

Worin liegt die veränderte Haltung der Kirchen begründet? Man kann darauf eine recht einfache Antwort geben. Zwar versteht sich der Ökumenische Rat der Kirchen selbst nicht als Kirche, aber die ekklesiologische Bedeutung des ÖRK wurde recht bald gesehen, so in einem Votum des Zentralausschusses von 1950.[12] Hier findet sich die Grundaussage: Die Mitgliedschaft in der Kirche Christi ist umfassender als die Mitgliedschaft in der eigenen Kirche. Hier wird also eine Unterscheidung, wenn auch nicht eine Trennung zwischen der Kirche Jesu Christi und der konkret existierenden, konfessionell bestimmten Kirche gemacht. Die Mitgliedschaft in der einen heiligen Kirche deckt sich nicht vollständig mit der Mitgliedschaft in der eigenen Kirche. Es gibt „extra muros ecclesiae" Kirche, es gibt ecclesia extra ecclesiam. Diese Überlegungen führen zu der Einsicht, dass es Elemente der wahren Kirche gibt, die auch außerhalb der eigenen Kirche anzutreffen sind. Auch andere Kirchen haben Elemente, die in bestimmten Traditionen „vestigia ecclesiae" genannt werden. Zu diesen Elementen zählen die Verkündigung des Wortes, die Auslegung der Heiligen Schrift und die Verwal-

---

vielen Lebensbeschreibungen der ersten ökumenischen Protagonisten in Deutschland.

[12] Die Einheit der Kirche. Material der ökumenischen Bewegung. I. A. des Referates für Glauben und Kirchenverfassung hrsg. von L. Vischer (Theologische Bücherei, Bd. 30) München 1965, 251–261.

tung der Sakramente. Diese Elemente sind mehr als blasse Schatten des Lebens der wahren Kirche.

In ganz ähnlicher Weise hat auch die römisch-katholische Kirche im Zweiten Vatikanischen Konzil Überlegungen angesetzt, die zum selben Ergebnis führen. Hier ist es das „subsistit" von „Lumen gentium" Nr. 8, auf das nochmals hinzuweisen ist.[13] Dieses begründet eine Öffnung nach außen. Mit der Vorstellung, dass die eine Kirche Jesu Christi in der katholischen Kirche substanziell verwirklicht ist, verbindet sich die Rede von Elementen der Heiligung und der Wahrheit „extra muros ecclesiae". Das „subsistit" ist als eine Öffnungsklausel zu verstehen, die es erlaubt, die eigene Identität in Relation zu anderer konfessioneller Identität zu sehen, wobei hinzugefügt werden muss, dass die Einheit der Kirche als subsistierend vorausgesetzt werden muss. Wir haben also in der Formulierung des Zentralausschusses und in den Darlegungen des Zweiten Vatikanischen Konzils durchaus ähnliche Ausführungen vor uns, die auf ihre Komplementarität hin zu prüfen sind.

Das Zweite Vatikanische Konzil hat das grundlegende Anliegen der Einheit der Kirche Jesu Christi mit den neuen ökumenischen Erfahrungen zusammengeführt. Das Bekenntnis zur Einheit der Kirche steht nun zusammen mit der Suche nach der Einheit aller Christen. Das ist freilich eine kaum zu übersehende Spannung im Selbstverständnis der katholischen Kirche. Denn lange genug hatte sie sich selbst exklusiv als Anwalt der Einheit der Kirche verstanden. Dieses Anliegen wird nunmehr positiv vorgetragen, nicht mehr abgrenzend. Die hierin sichtbar gewordene „kopernikani-

---

[13] Vgl. hierzu M. Kehl, Die Kirche und die Kirchen: W. Thönissen (Hg.), „Unitatis redintegratio". 40 Jahre Ökumenismusdekret. Erbe und Auftrag, Frankfurt a.M.–Paderborn 2005, 117–129, bes. 122–126; W. Thönissen, Einheitsverständnis und Einheitsmodell nach katholischer Lehre, in: G. Hintzen/W. Thönissen, Kirchengemeinschaft möglich? Einheitsverständnis und Einheitskonzepte in der Diskussion (Thema Ökumene, Bd. 1) Paderborn 2001, 73–125, bes. 98–102.

sche“ Wende besteht darin, das der Kirche ureigenste Anliegen zum Anliegen der ganzen, aber noch getrennten Christenheit zu machen. Die katholische Kirche verzichtet fortan auf Verurteilung und Verdammung und sucht das gemeinsame Anliegen der Christen auf dialogische Weise zu vertreten.

Damit rückt insgesamt eine neue Perspektive heran. An die Stelle der Abgrenzung und Verurteilung der Häretiker tritt die Suche nach dem Gemeinsamen und insbesondere nach dem gemeinsamen Ausdruck des einen christlichen Erbes. Das gemeinsame Bekenntnis rückt in den Mittelpunkt, obwohl Unterscheidungen, Differenzen und Gegensätze bestehen bleiben. Das Zweite Vatikanische Konzil hat der Abgrenzung eine klare Absage erteilt. Als Brücke für diese Form der Gemeinsamkeit fungiert in der Auffassung der Konzilsväter die Taufe, die als ein sakramentales Band der Einheit in Christus verstanden wird. Das Zweite Vatikanische Konzil hat keinen Zweifel daran gelassen, dass die Taufe das Band zwischen allen ist, die durch sie wiedergeboren werden.[14] Trotz der Trennung recht großer Gemeinschaften von der vollen Gemeinschaft der katholischen Kirche, trotz der Spaltungen in der Christenheit bildet die Taufe das Band der Einheit in Christus. Die Schuld der Trennung darf nicht einzelnen Gläubigen angelastet werden. Wer einer anderen Kirche angehört, wird dennoch als Bruder oder Schwester im Glauben anerkannt, hebt etwa das Ökumenismusdekret des Zweiten Vatikanischen Konzils „Unitatis redintegratio“ emphatisch hervor.

[14] UR 3.

9.4 Neue Perspektiven bei der Suche nach der sichtbaren Einheit

Kann man sich den ökumenischen Dialog, der in den letzten 40 Jahren geführt wurde, als einen lebendigen Prozess in der theologischen Gesprächsführung vorstellen, so werden Lehrgespräche mit dem Ziel geführt, bestehende Differenzen zwischen den Lehrsystemen auszuloten und zu überwinden, indem man tragfähige Übereinstimmungen in zentralen Fragen des Glaubens, der Sakramente und des kirchlichen Amtes festzustellen sucht. Hierbei haben sich verschiedene Methoden herausgebildet, so u. a. die Konsens- und Konvergenzmethodik. Konvergenzen zeigen an, dass die Kirchen trotz unterschiedlicher theologischer Ausdrucksformen in dem Verständnis des Glaubens vieles gemeinsam haben. Konsens heißt, dass in genau umrissenen Fragestellungen gemeinsame Aussagen möglich erscheinen. Es hat sich nun aber gezeigt, dass sich solche Konsense je länger je mehr nicht erzielen lassen.[15] Wenn auch der seit vielen Jahrzehnten geführte ökumenische Dialog zu einem hohen Maß an Verständigung in vielen bisher kontrovers bewerteten Fragen geführt hat, in einigen Fragen sogar Übereinstimmungen erzielt werden konnten, ist es bisher nicht zu einem sichtbaren Ausdruck der Einheit gekommen. Je länger der Dialog geführt wird, umso deutlicher wird die Einsicht: ein alle einzelnen theologischen Sachfragen umfassender Konsens ist nicht zu erzielen und auch nicht das Ideal des Dialogs. Ökumenisch betrachtet kommt daher seit den Siebzigerjahren des 20. Jahrhunderts mehr und mehr die Figur einer Einheit in versöhnter Verschiedenheit in den Blick[16]. Doch ist dieser Begriff zunächst eher Aus-

[15] So u. a. U.H.J. Körtner, Wohin steuert die Ökumene? Vom Konsens- zum Differenzmodell, Göttingen 2005.

[16] Vgl. dazu H. Meyer, Versöhnte Verschiedenheit. Aufsätze zur ökumenischen Theologie I, Frankfurt a.M.–Paderborn 1998.

druck einer Verlegenheit und zollt der herrschenden Wahrheitsauffassung Tribut. Er soll vor allen Dingen der nicht mehr zu leugnenden Vielfalt unter den christlichen Konfessionen und Bekenntnissen Gestalt geben. Darin spiegelt sich allerdings auch ein Erkenntnisprozess wider, der die Zielvorstellung von unerwünschten und unrealistischen Idealen befreit.

Hier hat sich nun folgende methodische Einsicht als hilfreich erwiesen. Sie bezieht die bestehenden Unterschiede und die inzwischen gewonnenen Übereinstimmungen aufeinander. Ihr liegt die Erkenntnis zugrunde, dass die angestrebte Einheit im Glauben nicht Einheitlichkeit bedeutet. Verbleibenden Unterschieden kommt aber keine kirchentrennende Kraft mehr zu. Ziel eines solchen Vorgehens ist es also nicht mehr, eine volle Deckungsgleichheit aller Glaubensaussagen zu erzielen. Der lutherisch-katholische Dialog über die Rechtfertigungslehre hat sich daher dieser Methode des differenzierten Konsenses bedient.[17] Diese Methode verfolgt zwei Absichten: (1) Es wird eine Übereinstimmung gesucht, und zwar in den Grundwahrheiten der betreffenden Lehrfrage. Dazu wird eine gemeinsame Aussage in einheitlicher Sprache formuliert. (2) Die bisher einander widersprechenden Lehraussagen – meist in Form von gegenseitigen Verurteilungen – werden im Lichte der gewonnenen Übereinstimmung daraufhin überprüft, ob sie sich immer noch ausschließen oder ob sie sich nicht eher ergänzen können. Es wird keine gemeinsame Sprache gesucht, man muss weiterhin von einer konfessionell geprägten theologischen Aussage in die des anderen übersetzen. Es wird aber verlangt, dass die unterschiedlichen Lehraussagen sich nicht mehr widersprechen dürfen. Die unterschiedlichen konfessionellen Positionen sind somit von dem Zwang befreit, in jeder nur erdenklichen Frage eine volle Übereinstimmung zu erzielen. Eine solche

---

17 Einheit – aber wie? Zur Tragfähigkeit der ökumenischen Formel vom „differenzierten Konsens“, hrsg. von H. Wagner (QD 184) Freiburg i.Br.–Basel–Wien 2000.

Methode verlangt Einheit in den Grundwahrheiten des christlichen Glaubens, erlaubt aber weiterhin Unterschiede in der Sprache, der theologischen Ausgestaltung und der Akzentsetzung. Die verschiedenen Entfaltungen des einen Rechtfertigungsglaubens etwa sind in ihrer Verschiedenheit offen füreinander und heben die Übereinstimmung in den Grundwahrheiten nicht wieder auf. Können solche sich im Denken und Handeln ausschließende Gegensätze wirklich überwunden werden, um einem Denken in komplementären Einheiten oder Spannungspaaren Platz zu machen? Was wir brauchen, ist eine Hermeneutik der Komplementarität. Wahrheit und Wirklichkeit sind komplementär strukturiert. Von diesem Wissen muss die ökumenische Theologie Gebrauch machen.

9.5 Ökumenische Komplementarität

Wenn die Christenheit, will sie sich nicht selbst aufgeben, auf das gemeinsame Zeugnis im einen Glauben an Jesus Christus nicht verzichten kann, muss sie daher darauf achten, dass dieser Anspruch auf Einheit erhalten bleibt, und zwar unter gleichzeitiger Aufnahme von unterschiedlichen Formen und Ausgestaltungen dieser Einheit. Das Zweite Vatikanische Konzil hat auf den hier sichtbar gewordenen Grundsatz von der legitimen Verschiedenheit innerhalb des christlichen Bekenntnisses mehrfach hingewiesen und selbst aufschlussreiche Denkfiguren angeboten. Hilfreich für die weitere ökumenische Diskussion erwiesen sich einige charakteristische Denkfiguren, die die Konzilstexte bereithielten: Gemeinschaft und Teilhabe[18], die Eine Kirche in und aus den Teil-Kirchen[19], die Unterscheidung von voller und nicht voller Gemeinschaft[20]. Eine dieser Denkfiguren taucht auch in folgendem Ge-

---

[18] LG 7.

[19] LG 23.

[20] UR 3.

dankengang des Ökumenismusdekretes auf: Christus hat die eine und einzige Kirche gegründet und doch erheben mehrere Gemeinschaften den Anspruch auf das wahre Erbe Jesu Christi[21]. Sie alle bekennen sich als Jünger Christi. Wird dieses je einzelne Bekenntnis nicht abgewiesen oder negiert, sondern ernst genommen, so erhebt sich sofort die Frage, wie man mit diesem konfessionell differenten Bekenntnis umgeht. Wird der Vorgang der Abgrenzung abgelehnt, so bleibt nur der offen und par cum pari geführte Dialog[22], um die konfessionelle Spaltung zu überwinden, oder es herrscht die Gleichgültigkeit des Nebeneinander-Existierens von gegensätzlichen Bekenntnisformen. Welcher Realitätsgehalt verbindet sich mit diesen eher polaren Begriffspaaren?

Ausgangspunkt ist hier die im ökumenischen Dialog längst bekannte Tatsache, dass unterschiedliche, zum großen Teil divergierende, sogar einander ausschließende theologische Traditionen unter bestimmten Voraussetzungen als komplementär verstanden werden können. Das Ökumenismusdekret des Zweiten Vatikanischen Konzils „Unitatis redintegratio" hat im Blick auf die im Orient und im Abendland unterschiedlich ausgeprägte Methodik der theologischen Erkenntnis eine Komplementarität zwischen verschiedenartigen theologischen Formeln festgestellt, die sich oft mehr ergänzen als gegensätzlich zueinander verhalten. So heißt der Text hier: „Was oben von der legitimen Verschiedenheit gesagt wurde, dasselbe soll nun auch von der verschiedenen Art der theologischen Lehrverkündigung gesagt werden. Denn auch bei der Erklärung der Offenbarungswahrheit sind im Orient und im Abendland verschiedene Methoden und Arten des Vorgehens zur Erkenntnis und zum Bekenntnis der göttlichen Dinge angewendet worden. Daher darf es nicht wundernehmen, daß von der einen und von der anderen Seite bestimmte Aspekte des offenbarten Mysteriums manchmal besser verstanden und deutli-

21 UR 1.

22 UR 9.

cher ins Licht gestellt wurden, und zwar so, daß man bei jenen verschiedenartigen theologischen Formeln oft mehr von einer gegenseitigen Ergänzung als von einer Gegensätzlichkeit sprechen muß (potius inter se compleri quam opponi). Gerade gegenüber den authentischen theologischen Traditionen der Orientalen muß anerkannt werden, daß sie in ganz besonderer Weise in der Heiligen Schrift verwurzelt sind, daß sie durch das liturgische Leben gefördert und zur Darstellung gebracht werden, daß sie genährt sind von der lebendigen apostolischen Tradition und von den Schriften der Väter und geistlichen Schriftsteller des Orients und daß sie zur rechten Gestaltung des Lebens, überhaupt zur vollständigen Betrachtung der christlichen Wahrheit hinführen. Dieses Heilige Konzil erklärt, daß dies ganze geistliche und liturgische, disziplinäre und theologische Erbe mit seinen verschiedenen Traditionen zur vollen Katholizität und Apostolizität der Kirche gehört; und sie sagt Gott dafür Dank, daß viele orientalische Söhne der katholischen Kirche, die dieses Erbe bewahren und den Wunsch haben, es reiner und vollständiger zu leben, schon jetzt mit den Brüdern, die die abendländische Tradition pflegen, in voller Gemeinschaft leben."[23] Der ökumenische Dialog hat sich diese These von sich ergänzenden Sichtweisen der verschiedenen Traditionen zueigen gemacht. Danach lassen sich die von den verschiedenen Traditionen ausgehenden besonderen sprachlichen Ausgestaltungen und theologischen Schwerpunktsetzungen im Lichte einer neu errungenen Grundüberzeugung der Einheit im Glauben als einander komplementäre Denkformen oder Denkfiguren verstehen, die sich nicht mehr prinzipiell aus-, sondern einander einschließen.

Erste Hinweise auf eine komplementäre Denkform bot der amerikanische Philosoph und Psychologe William James. Er benutzte den Begriff der Komplementarität zur Bezeichnung von „relations of mutual exclusion" bei schizophrenen Personen.

[23] UR 17.

Wenn bei entsprechenden Personen Teile des Bewusstseins zwar koexistieren, sich aber gegenseitig nicht zur Kenntnis nehmen, spricht man von komplementärem Verhalten. Obgleich unklar ist, wie diese Vorstellungen den Physiker Niels Bohr beeinflusst haben, dient der Komplementaritätsbegriff der in der Quantentheorie entwickelten Darstellungsweise, nach der das Objekt einer Beobachtung als verschieden und unter zwei sich ausschließenden Beschreibungen erfasst werden kann. Erkenntnisse, die sich auf ein und dasselbe Objekt beziehen, können sich als komplementär erweisen, sie schließen sich allerdings aus, wenn sie zugleich und zum selben Zeitpunkt gewonnen werden. So erweist sich der Komplementaritätsbegriff als Grundbegriff der Logik, eine Beziehung zwischen Phänomenen aufzuweisen, zwischen deren Beschreibungen keine Identität herrscht. Komplementarität wird danach als Gegensatzbeziehung sich sowohl ausschließender als auch gegenseitig bedingender Phänomene definiert, die sich als Aspekte eines noch nicht abschließend verstandenen Sachverhalts zeigen. Das Komplementaritätsdenken hält den Grundgedanken von der Einheit des Denkens in der Zusammenschau unterschiedlicher Methoden und Erkenntnisse fest, auch wenn diese untereinander nicht kompatibel sind und auch nicht erklärt werden kann, auf welche Weise sie zusammenhängen.[24]

Um dieses Problem zu lösen, wird in philosophischer Hinsicht heute eine Logik der Differenz als produktives Prinzip vorgeschlagen. Alle Wirklichkeit, so könnte man formulieren, basiert auf einer realen Distinktion, die nicht pure Negation

---

[24] Vgl. W. James, Principles of Psychology, 1952, 132–139; N. Bohr, Atomtheorie und Naturbeschreibung, 1931; K.M. Meyer-Abich, Korrespondenz, Individualität und Komplementarität, 1965; ders., Art. Komplementarität, in: HWPh, Bd. 4, 933f.; E.A. Röhrle, Komplementarität und Erkenntnis, 2001; M Böhnke, Die Ursprungsbeziehung von Vater und Geist. Über die Bedeutung eines Denkens in Komplementarität für die ökumenische Hermeneutik, in: Cath(M) 59 (2005) 305–325.

ist.[25] Verschiedenheit wird nicht als zu beseitigender Mangel gesehen, sondern als unreduzierbare eigenständige Organisationsweise von Wirklichkeit. In der Philosophie ist es üblich, Positionen, die man klassifizieren will, durch Verortung in einem Feld zu bestimmen, die durch Gegensatzpaare bezeichnet sind. Solche Gegensatzpaare haben sich in der Philosophiegeschichte selbstverständlich etabliert, um nur einige zu nennen: Realismus und Idealismus, Empirismus und Rationalismus und andere.[26] Besitzen solche polaren Strukturierungen Realitätsgehalt oder sind sie lediglich Ausdruck eines ideologisierten, konfrontativen Denkens? Hier können wir nun auf die schon früher gemachten Überlegungen zurückgreifen. Es kommt darauf an, die vielen Gestaltungen, die sich in der Tradition herausgebildet haben, durch den Rückbezug auf das eine apostolische Erbe der Christenheit als ihr suppositales Subjekt zu verstehen. Das Viele kann als Ausdruck möglicher Gestaltungsweisen des einen apostolischen Erbes deshalb gerechtfertigt sein, weil es sich durch den Bezug zum einen Grund überhaupt erst als existent erweist. Die thomanische Konvertibilitätsthese macht jedenfalls den Gedanken der Vielheit durch Einheit plausibel. Deshalb muss die Formel von der Einheit in versöhnter Verschiedenheit auf ihren Realitätsgehalt hin bedacht werden. Die Formel „Einheit durch Vielfalt“ ist jedenfalls nicht vor dem Irrtum gefeit, das „Viele“ als Ausdruck des „Einen“ zu verstehen. Das aber würde bedeuten, dass konkrete Realisationen des Vielen auf den einen, nur transzendenten Grund verweisen. Das Viele wäre dann nur die Aneinanderreihung pluraler Gestaltungen, die aufeinander folgen oder einander bestreiten, letztlich ein holistischer Formenpluralismus. Das hieße konkret: Unterschiedliche Gestaltungen,

---

[25] H.-D. Gondek, Art. Differenz/différance, in: Enzyklopädie Philosophie, hrsg. v. H.J. Sandkühler, Bd. 1, Hamburg 1999, 256–258.

[26] J. Engfer, Entweder – Oder? Über das Denken in Gegensätzen, in: PhJ 110 (2003) 273–286.

die jeweils in der Zeit historisch hervortreten, wechseln einander sukzessive ab, profilieren sich gegenseitig, verlangen schließlich nach gegenseitiger Anerkennung. Umgekehrt aber bedeutet die Formel „Vielfalt durch Einheit", dass aller Vielfalt das Eine, das heißt hier die eine Tradition der Kirche, zugrunde liegt. Einheit und Vielfalt sind gemeinsam Faktoren der Gestaltwerdung. Aus dem Vielen ist das Eine, das Eine ist aus dem Vielen in der konkreten Gestaltung nicht herauszunehmen. Die Formel sagt vielmehr: Das Eine ist existent, es subsistiert in der konkreten Gestaltung und kommt in ihr zur Geltung. Somit ist das Viele nicht allein nur die Teilhabe am Einen, sondern das konkrete Allgemeine, das als Ganzes existiert. Übertragen heißt das: das eine Erbe der Christenheit gibt es nicht an sich als eine, sondern nur in der konkreten Gestaltung der Tradition, die in sich wiederum vielfältige Traditionen kennt. Das eine apostolische Erbe der Christenheit existiert in und aus den Traditionen. Hier macht sich der fundamentale Unterschied zu einer der platonischen Ideenlehre ähnlichen Denkform bemerkbar. Nicht das Eine als allgemeine Idee liegt der Vielfalt der Traditionen zugrunde, sondern die eine Tradition ist im selben Maße vielfältig wie sie die eine ist. Einheit und Vielfalt liegen logisch betrachtet auf derselben und nicht auf verschiedenen Ebenen. Deshalb muss die Formel in dieser Reihenfolge heißen: Vielfalt durch Einheit, Einheit durch Vielfalt.

Ökumenisch kann daher in Anlehnung an diese tranzendentalphilosophisch-hermeneutischen Überlegungen das Programm so lauten: Christen bekennen den einen Glauben an Jesus Christus dadurch gemeinsam, dass sie dies in unterschiedlichen legitimen theologischen Denkformen tun, die einander nicht kontradiktorisch ausschließen. Sie geben dabei dem einen Glauben im Sprechen eine unterschiedliche konfessorische Gestalt. Sie verantworten den einen Glauben gemeinsam in der Welt, indem sie durchaus verschiedene Akzente setzen. Sie verwirklichen die Eine Kirche Jesu Christi als Gemeinschaft von Kirchen untereinander, die der Einheit Ausdruck gibt. Eine solche Einheit in produktiven Spannungen entlässt das Differente nicht ins Plurale, sondern bindet es in ein gemeinsames Bekenntnis zu Jesus Christus ein. Diese Grundhaltung kann man heute mithilfe der Denkform des differenzierten Konsenses verstehen, wobei der Konsens als Ganzes Ausdruck der Einheit in Spannungen ist, also Differenzen trägt. Freilich steht eine solche Struktur von Spannungen unter bestimmten Bedingungen und Voraussetzungen. Sie ist nicht kompatibel mit einem Modell von konträren oder sogar kontradiktorisch ausgerichteten Spannungspaaren. Ausdrücklich will diese Denkfigur die Idee einer paradoxalen Einheit der Differenz ausschließen. Die Denkfigur der Komplementarität ist dagegen in der Lage, die Unterschiedlichkeit im Bekennen mit dem gemeinsamen Bekenntnis zu Jesus Christus zusammenzuhalten.

9.6 Möglichkeiten und Grenzen eines differenzierten ökumenischen Konsenses

Die in dieser Studie vorgelegten Gedankengänge ermöglichen ein Verständnis von Hermeneutik, das wir nun ökumenisch fruchtbar machen können. So lassen sich folgende, den differenzierten Konsens erkennbare Markierungen hervorheben:

(1) Differenzierte Konsensbildungen, wie sie in der „Gemeinsamen Erklärung zur Rechtfertigungslehre“ vorliegen, müssen auf den Vorgang der Vergegenwärtigung der christlichen Botschaft im Ganzen bezogen werden. Sie wollen den Kern der christlichen Botschaft, oder im Blick auf die Lehre der Kirche, die Grunddogmen des christlichen Glaubens deutlicher unter dem einen Bekenntnis der Kirche zur Einheit hervorheben. Solche Konsensbildungen wollen das offenbarte Mysterium des Glaubens erläutern und verstehen helfen. Wenn sich letztlich nicht im Konkreten zeigen lässt, um welche einzelnen Lehrinhal-

te es sich dabei handelt, so hat das Ökumenismusdekret doch deutliche Hinweise hierzu gegeben, was unter die Grunddogmen des christlichen Glaubens zu zählen ist, nämlich das Mysterium des dreieinen Gottes, des Fleischgewordenen Wortes Gottes selbst.[27] Genauso nimmt es die „Gemeinsame Erklärung" auf, wenn es heißt: „Es ist unser gemeinsamer Glaube, daß die Rechtfertigung das Werk des dreieinigen Gottes ist. Der Vater hat seinen Sohn zum Heil der Sünder in die Welt gesandt. Die Menschwerdung, der Tod und die Auferstehung Christi sind Grund und Voraussetzung der Rechtfertigung. Daher bedeutet Rechtfertigung, daß Christus selbst unsere Gerechtigkeit ist, derer wir nach dem Willen des Vaters durch den Heiligen Geist teilhaftig werden."[28] So wird festgehalten, dass der gemeinsame Glaube an den dreieinigen Gott zum Ausdruck gebracht werden soll. Zu Recht heißt es deshalb: Gemeinsam bekennen wir.

(2) Ökumenische Konsensbildungen wollen immer im Kontext eines nexus mysteriorum (Zusammenhang der Geheimnisse)[29] verstanden werden, der dem Anspruch gerecht wird, den Zusammenhang aller Teillehren mit dem Fundament des Glaubens zum Ausdruck zu bringen. Hier wirkt sich eine systematische Lehre von der Hierarchie der Wahrheiten positiv aus. Von daher muss auch der Gedanke der prinzipiellen Bedeutung der Rechtfertigungslehre verstanden werden. Hiervon geht eine notwendige Orientierung aus, die fundamentaltheologischen Charakter hat. Deshalb heißt es in der „Gemeinsamen Erklärung": die Lehre von der Rechtfertigung ist „nicht nur ein Teilstück der christlichen Glaubenslehre", sondern sie steht „in einem wesenhaften Bezug zu allen Glaubenswahrheiten, die miteinander in einem inneren Zusammenhang zu sehen sind"[30]. „Christus" ist

---

[27] UR 14.

[28] Gemeinsame Erklärung zur Rechtfertigungslehre, Nr. 15, in: DwÜ 3, 423.

[29] DH 3016.

[30] Nr. 18, in: DwÜ 3, 424.

das die einzelnen Lehren der Kirche orientierende Prinzip der Theologie.[31]

(3) Innerhalb solcher Konsensbildungen können der Grund oder das Fundament des christlichen Glaubens in verschiedenen Gestaltungen festgehalten werden. In der Kirchenkonstitution „Lumen gentium" findet sich folgende knappe Formulierung zum Thema der Rechtfertigungslehre: „Die Anhänger Christi sind von Gott nicht kraft ihrer Werke, sondern aufgrund seines gnädigen Ratschlusses berufen und in Jesus dem Herrn gerechtfertigt, in der Taufe des Glaubens wahrhaft Kinder Gottes und der göttlichen Natur teilhaftig und so wirklich heilig geworden. Sie müssen daher die Heiligung, die sie empfangen haben, mit Gottes Gnade im Leben bewahren und zur vollen Entfaltung bringen ... Da wir aber in vielem alle fehlen ..., bedürfen wir auch ständig der Barmherzigkeit Gottes."[32] Die „Gemeinsame Erklärung" nimmt analog hierzu in sieben einzelnen ausgewiesenen Fragestellungen den Grundkonsens in der Rechtfertigungslehre auf und verdichtet ihn: Der Mensch ist immer auf die rettende Gnade Gottes angewiesen. Aus Gnade vergibt Gott dem Menschen seine Sünde und befreit ihn zu einem neuen Leben in Christus. Rechtfertigung geschieht aus Glauben und aus Gnade. In der Taufe wird der Mensch mit Christus vereint. Unabhängig von Werken des Gesetzes und im Vertrauen auf die rettende Zusage der Gnade Gottes folgen gute Werke der Rechtfertigung.[33] Man sieht diesen beiden Grundformeln des Rechtfertigungsglaubens ihre unterschiedliche konfessionelle Gestaltung an. Dennoch ist ebenso zu erkennen, dass sie demselben theologischen Grundgedanken folgen: Rechtfertigung ist Handeln Gottes aus Gnade in Christus durch das Wirken des Heiligen Geistes in

[31] So heißt es auch im Annex: „Als solche hat sie ihre Wahrheit und einzigartige Bedeutung im Gesamtzusammenhang des grundlegenden trinitarischen Glaubensbekenntnisses der Kirche" (Nr. 3, in: DwÜ 3, 440).

[32] LG 40.

[33] So die Nr. 19, 22, 25, 28, 31, 34, 37 der „Gemeinsamen Erklärung".

Glaube und Taufe zum Heil der Menschen. Von diesem verdichteten Grundkonsens ausgehend, werden nun die differenzierenden traditionsbestimmten Schwerpunktsetzungen wahrgenommen und aufeinander bezogen.

(4) Ökumenische Konsensbildungen werden im Zusammenhang unterschiedlicher Bezeugungsinstanzen mit ihren unterschiedlichen Bezeugungsformen und Verbindlichkeitsgraden ihrer jeweiligen Aussagen verstanden. Zeugnisinhalt und Bezeugungsinstanzen gehören zusammen, sie lassen sich nicht voneinander trennen. Es kommt hierbei entschieden auf die Interaktion der Bezeugungsinstanzen an.[34] In diesem Sinne kann man die verschiedenen konfessionellen Traditionen, wie sie in der „Gemeinsamen Erklärung" aufgenommen wurden, nennen. Neben der Feststellung des gemeinsamen Bekennens differenziert die „Gemeinsame Erklärung" zwischen der Auffassung der Katholiken und der der Lutheraner. Hier werden die konfessionellen Auffassungen und Überzeugungen als legitime Traditionen der Kirche verstanden und komplementär aufeinander bezogen.

(5) Bezogen auf das eine Mysterium des Glaubens, das eine gemeinsame Grundaussage festhält, folgen die traditionellen Bestimmungen der jeweiligen Lehren den innerkonfessionellen Festlegungen, wobei unter Zugrundelegung des Grundkonsenses und in Bezug darauf die unterschiedlichen konfessionellen Auslegungen so prädiziert werden, dass sie sich nicht gegenseitig ausschließen, dennoch aber unterschiedliche Perspektiven entfalten. Das geschieht so, dass die lutherische Lehre in ihrem Akzent dargelegt wird, dieser aber so verstanden wird, dass er der katholischen Lehre in dieser Frage nicht widerspricht und umgekehrt. So wird die jeweilige Lehre dergestalt dargelegt, dass sie das nicht behauptet, was die andere negiert und umgekehrt. Das aber muss in jedem Einzelfall historisch und systematisch gezeigt werden. Die Argumentation der Gemeinsamen

34 Vgl. dazu „Communio Sanctorum", a. a. O., 43–45.

Erklärung baut so auf folgendem Gedankengang auf: Nach lutherischer Auffassung ist der Mensch unfähig, bei seiner Errettung mitzuwirken, weil er sich als Sünder aktiv Gott und seinem rettenden Handeln widersetzt. Die Gottwidrigkeit ist wahrhaft Sünde; ihre den Menschen knechtende Kraft kann nur von Christus gebrochen werden. Deshalb kann dem Sünder der rettende Zuspruch Gottes nur geschenkt werden, der Mensch empfängt die Rechtfertigung (mere passive) allein im Glauben und aus Gnade. Im Vertrauen auf Gottes Zusage ist er sich seines Heiles gewiss und kann in Gnade und Glauben wachsen.[35] Wenn Katholiken sagen, dass der Mensch bei der Vorbereitung auf die Rechtfertigung und deren Annahme durch seine Zustimmung zu Gottes rechtfertigendem Handeln „mitwirke", so sehen sie in solch personaler Zustimmung selbst eine Wirkung der Gnade und kein Tun des Menschen aus eigenen Kräften. Die rechtfertigende Gnade, die die Sünde tilgt, wird in der Taufe verliehen. Die vergebende Gnade Gottes wirkt sich unter dem Heiligen Geist in tätiger Liebe aus (fides caritate formata). Dabei bleibt der Mensch stets auf die Gnade Gottes angewiesen. Im Glauben vertraut er sich ganz Gott an, der ihn aus der Sünde befreit und ihm neues Leben schenkt. Diese von Gott empfangene Gerechtigkeit bewahrt er unter dem Wirken des Heiligen Geistes und wächst so immer tiefer in die Gemeinschaft mit Christus hinein.[36] – So erkennt man deutlich die jeweiligen Schwerpunkte der Lehren und ihre Intentionen. Lutheraner setzen ganz auf die rettende Macht der Gnade durch Christi Erlösungswerk, ohne die Verantwortung und das Handeln des Menschen zu leugnen. Katholiken hingegen betonen die Mitwirkung des Menschen in Gottes Heilshandeln, ohne zu leugnen, dass alle Verantwortung und „Mitwirkung" des

---

[35] Diese Aussagen beruhen auf den Nrn. 21, 23, 26, 29, 32, 35, 39 der Gemeinsamen Erklärung.

[36] So die Nrn. 20, 24, 27, 30, 33, 36, 38.

Menschen unter der Wirkung Gottes und seines Heilswerkes in Christus steht.

(6) Der Konsens in Grundwahrheiten und die Differenzierungen in konfessionsspezifische Gestaltungen liegen auf derselben Ebene. Sie sind Ausdruck des einen apostolischen Erbes. Das schließt ein, dass in der Vergangenheit gefällte Entscheidungen immer wieder neu rezipiert werden müssen, um so das Fundament und die Wahrheit des Glaubens in der einen apostolischen Tradition zu bewahren. So bleibt die konfessorische Qualität der jeweiligen Lehre erhalten, sie ist erkennbar und identifizierbar, aber sie wird im Licht der neu gewonnenen Übereinstimmung gemeinsam angeeignet. Die Anforderungen, die aus dem Anspruch der Komplementarität entspringen, erweisen sich in einer gegenseitigen Zumutung, die der formulierte Konsens mit sich führt: Die reformatorische Theologie darf nicht übersehen, was die katholische sieht und umgekehrt. Die katholische Theologie stellt ihre Lehre so dar, dass sie die reformatorische Auffassung nicht negiert, ebenso geschieht es umgekehrt. Dabei muss sich letztlich zeigen, ob die jeweiligen Lehren so ineinander – also einander einschließend – dargelegt werden können. Die Legitimität der unterschiedlichen konfessorischen Gestaltungen hängt dabei vom Grad der gefundenen Übereinstimmung ab.

(7) Daraus ergeben sich Folgerungen: Der Konsens umfasst das Eingeständnis, künftig auf Lehrverurteilungen zu verzichten. Dies beruht auf der Erkenntnis, dass „die in dieser Erklärung vorgelegte Lehre der lutherischen Kirchen ... nicht von den Verurteilungen des Trienter Konzils getroffen“ werden. „Die Verwerfungen der lutherischen Bekenntnisschriften treffen nicht die in dieser Erklärung vorgelegte Lehre der römisch-katholischen Kirche.“[37] Damit ist die „Gemeinsame Erklärung“ auf die Rezeption in den Kirchen angelegt. Die feierliche Unterzeichnung in Augsburg 1999 unterstreicht diesen offiziellen Charakter.

---

[37] Nr. 41, in: DwÜ 3, 430.

Die „Gemeinsame Erklärung zur Rechtfertigungslehre“ stellt insgesamt ein vielfältiges Gebilde dar und ist keinesfalls auf eine theologische Kompromissformel eingeschränkt. Sie enthält tatsächlich eine Konsensformel, die gemeinsam formuliert wurde und nun auch gemeinsam angeeignet werden muss. Sie umfasst einen differenzierten Konsens als Gesamtgebilde, der in einer gemeinsamen Sprache ausgedrückt wird, sowie konfessionelle Differenzierungen, die miteinander, also komplementär, ausgesagt werden. Dieser Konsens erlaubt die Erfassung unterschiedlicher theologischer Sprachformen und konfessionell erkennbarer Gestaltungen. Er eröffnet den Partnern im Dialog die Möglichkeit einer Transformation zwischen verschiedenen Traditionssträngen, die weder kurzfristigen Abgrenzungen noch modischen Konsensbildungen gehorchen. Es kommt auf die Logik der Einheit an, auf die Grundregeln, die den Ordnungszusammenhang bestimmen. Soll das Gemeinsame des christlichen Glaubens zur Sprache gebracht werden, steht nicht mehr die Abgrenzung im Vordergrund. So verlangt das gemeinsame Bekenntnis zu Christus eine andere hermeneutische Regel des Verstehens als die Grundhaltung der Abgrenzung. Freilich behalten Abgrenzungen innerhalb dieses Perspektivenwechsels ihren kritischen Sinn und ihre aufklärende Bedeutung. Sie können und dürfen aber nie isoliert betrachtet werden. Andererseits erlaubt eine solche ökumenisch verstandene Hermeneutik der Reform, die Abgrenzungen überwindet, im Blick auf das Fundament des christlichen Glaubens und innerhalb des Ganzen der Traditionsbildung bewusste theologische Schwerpunktsetzungen vorzunehmen. Denn das von den Aposteln überkommene Erbe ist immer in verschiedenen Formen und auf verschiedene Weise übernommen und immer wieder verschieden ausgelegt worden.[38] Es kommt im ökumenischen Prozess darauf an, die legitime Verschiedenheit der Formen, Formeln und theologischen Traditionen nicht zu ver-

---

[38] UR 14.

leugnen, sondern sie im Sinne der gegenseitigen Ergänzbarkeit gemeinsam fruchtbar zu machen. Eine ökumenische Hermeneutik ist dabei kein Zaubermittel für untereinander Verträge schließende Kirchen, sondern Mittel der Verständigung, welche das gemeinsame Erbe negierende Verhalten der gegenseitigen Ausgrenzung und Verdammung endlich zu überwinden hilft.

9.7 Chancen der ökumenischen Hermeneutik

Was kann eine ökumenische Hermeneutik leisten? Solche Hermeneutik kann Wege zueinander aufzeigen, indem sie dazu verhilft, Zeugnisse der Tradition im Lichte der stets notwendigen Erneuerung der Kirche – welche auch ihre lehrmäßige Gestalt einschließt – zur größeren Gemeinsamkeit unter den Christen zu rezipieren. Entscheidend ist hierbei die grundlegende Einsicht, dass alle gemeinsamen Bemühungen immer auf das eine Ziel, den Glauben an Christus gemeinsam zum Ausdruck zu bringen, bezogen bleiben. Vielfalt der Ausdrucksweisen wird durch Einheit möglich, nicht umgekehrt. Der Wille, sich das eine Erbe der Christenheit gemeinsam neu anzueignen und zum Ausdruck zu bringen, steht dabei immer im Vordergrund. Ökumenische Hermeneutik ist daher kein Mittel zur Herstellung von Konsens unter den Lehren christlicher Gemeinschaften. Solche Hermeneutik ist auch keine Kunst der Auslegung allein, sondern Mittel und Werkzeug, die gegenseitigen konfessionalistischen und konfessionellen Abgrenzungen zu überwinden. Ökumenischer Hermeneutik geht es in erster Linie darum, die Geschichte der gegenseitigen Abgrenzungen aufzudecken, die Ursachen, Gründe und Folgen der gegenseitigen Verurteilungen und Verdammungen zu erkennen, damit Mittel und Wege vorgeschlagen werden können, um der Einheit der Christenheit und schließlich der Einheit der Kirche immer mehr Ausdruck zu verleihen. Sie belässt es nicht bei einem Nebeneinander unaufhebbarer Differenzen, sondern setzt auf das Wachsen der gemeinsamen Überzeugung von der einen apostolischen Tradition der Christenheit, die sich auch gemeinsam unter Beibehaltung unterschiedlicher Perspektiven zum Ausdruck bringen lässt. Auf diese Entscheidung läuft der ganze ökumenische Prozess hinaus: Die Christenheit will dem Glauben an Christus eine gemeinsame Gestalt geben. Dieser Wille lässt sich nicht begründen, sondern nur verstehen. Er wird mit dem Glauben an Gott vorausgesetzt. Thomas von Aquin hat in der Frage, ob die Theologie wie andere Wissenschaften ein Beweisverfahren kennt, ausgeführt, dass auch sie es mit Prinzipien zu tun habe, die, wie in jeder anderen Wissenschaft auch, nicht bewiesen, sondern nur vorausgesetzt werden können.[39] Die Theologie empfängt ihre Prinzipien durch die Offenbarung. Was Wissenschaft leistet, ist Schlussfolgerungen aus Prämissen zu ziehen. So folgert die Theologie ihre Wahrheiten aus den Prinzipien, die ihr mit der Offenbarung vorgelegt wurden. Wenn jemand diese Prinzipien leugnet, so bleibt nur die Auseinandersetzung mit den Gegengründen. Denn Prinzipien können nicht bewiesen werden. Ökumenische Hermeneutik will in diesem Sinne zum Verstehen der ökumenischen Bewegung und ihrer Motive, Einsichten, Kenntnisse und Ergebnisse beitragen. Beweisen lässt sie sich jedenfalls nicht. Die ökumenische Bewegung des zwanzigsten Jahrhunderts lebt aus der Überzeugung, dass Christus eine Christenheit und die eine und einzige Kirche gewollt hat.

[39] Sth I, q.1 a.8.

Abkürzungsverzeichnis

AAS	Acta Apostolicae Sedis
ABG	Archiv für Begriffsgeschichte
BSLK	Die Bekenntnisschriften der evangelisch-lutherischen Kirche. Herausgegeben im Gedenkjahr der Augsburgischen Konfession 1930, Göttingen ^{9}1982.
CA	Confessio Augustana (in: BSLK)
Cath(M)	Catholica. Vierteljahresschrift für ökumenische Theologie
CCL	Corpus Christianorum – Series Latina
DH	H. Denzinger, Enchiridion symbolorum, definitionum et declarationum de rebus fidei et morum. Kompendium der Glaubensbekenntnisse und kirchlichen Lehrentscheidungen. Übers. u. hrsg. v. P. Hünermann, Freiburg i.Br. ^{40}2005.
DiH	„Dignitatis humanae“. Erklärung über die Religionsfreiheit
DV	„Dei Verbum“. Dogmatische Konstitution über die göttliche Offenbarung
DwÜ	Dokumente wachsender Übereinstimmung Sämtliche Berichte und Konsenstexte interkonfessioneller Gespräche auf Weltebene. 3 Bde. Hrsg. v. H. Meyer u. a., Frankfurt a.M.–Paderborn 1983–2003.
EKK	Evangelisch-katholischer Kommentar zum Neuen Testament
HDG	Handbuch der Dogmengeschichte, Freiburg i.Br. 1951ff.
HKG	Handbuch der Kirchengeschichte. Hrsg. v. H. Jedin, Freiburg i.Br. 1962–1979.
HÖ	Handbuch der Ökumenik. Im Auftrag des J.A.-Möhler-Instituts hrsg. v. H.J. Urban und H. Wagner, Paderborn 1985–1987.
HThKVat	Herders Theologischer Kommentar zum Zweiten Vatikanischen Konzil. Bd. 1–5. Hrsg. v. P. Hünermann u. B.J. Hilberath, Freiburg i.Br. 2004–2006.
HWPh	Historisches Wörterbuch der Philosophie, Basel 1971ff.
IKaZ	Internationale katholische Zeitschrift Communio
Irén	Irénikon. Chevetogne
KKTS	Konfessionskundliche und Kontroverstheologische Studien
KNA-ÖKI	Katholische Nachrichtenagentur. Ökumenische Information

LG	„Lumen gentium". Dogmatische Konstitution über die Kirche
LJ	Liturgisches Jahrbuch
LThK	Lexikon für Theologie und Kirche, 3. Aufl. Freiburg i.Br. 1993–2001
LThKVat	LThK². Das Zweite Vatikanische Konzil. Dokumente und Kommentare, Freiburg i.Br. 1966–1968.
NA	„Nostra aetate". Erklärung über das Verhältnis der Kirche zu den nichtchristlichen Religionen
NHThG	Neues Handbuch theologischer Grundbegriffe. Hrsg. v. P. Eicher, München 1984f.
NR	J. Neuner – H. Roos, Der Glaube der Kirche in den Urkunden der Lehrverkündigung, neub. u. hrsg. v. K. Rahner u. K.-H. Weger, Regensburg 1971, ¹¹1983.
OR(D)	L'Osservatore Romano. Wochenausgabe in deutscher Sprache
PhB	Philosophische Bibliothek
PhJ	Philosophisches Jahrbuch der Görres-Gesellschaft
QD	Quaestiones disputatae
RAC	Reallexikon für Antike und Christentum, Stuttgart 1940 (1950)ff.
StZ	Stimmen der Zeit
ThGl	Theologie und Glaube
ThQ	Theologische Quartalschrift
ThR	Theologische Rundschau
ThWNT	Theologisches Wörterbuch zum Neuen Testament, Stuttgart 1933–1979.
TRE	Theologische Realenzyklopädie, Berlin-New York 1976ff.
UR	„Unitatis redintegratio". Dekret über den Ökumenismus
VApS	Verlautbarungen des Apostolischen Stuhls
WA	Luther, Martin, Werke. Kritische Gesamtausgabe (Weimarer Ausgabe)
ZThK	Zeitschrift für Theologie und Kirche